4주간의
운동치료

4weeks Exercise Therapy · 1

허리통증

4주간의
운동치료

4weeks Exercise Therapy · 1

허리통증

운동치료 전문가 **한동길** 지음
재활의학 박사 **김명신** 감수

아우름

Contents

Part 2

허리통증의 맞춤 운동치료를 하자!

Part 3

허리통증의 재발을 막자!

Part 4

허리통증에 도움을 주는 보조적인 방법들

불가능을 가능케 한
나의 운동치료

2004년 9월경으로 기억한다. 첫 책인 『남자 몸 만들기 4주 혁명』을 읽고 연락을 한다는 부산의 한 정형외과 의사 선생님의 전화를 받았다. 아드님의 문제를 상의하기 위해 사모님께서 서울행 기차에 올라타 내가 일하고 있는 호텔의 피트니스 클럽으로 오시고 계신다는 말이었다. 나는 순간 당황을 했으나 일단은 만나보기로 하고, 그분을 기다렸다.

이윽고 어머니로 보이는 여자 분과 작고 왜소하지만 눈빛이 예사롭지 않은 한 아이가 나타났다. 태어나서 얼마 되지 않아 뇌염을 앓아 오른쪽 뇌의 손상을 입었고, 몸 왼쪽 부분의 마비와 발육장애가 생겨, 왼쪽 팔과 다리의 길이가 짧아지고, 보행과 움직임에 많은 불편을 느끼는 중학교 2학년의 D라는 남자 아이였다.

지금도 눈에 선한데, D는 겉모습만 봐도 꽤 똑똑해 보였고 나이와는 다르게 성숙했다. 하지만 말수가 적고 수줍음이 있어 처음엔 목소리가 너무 작아 귀를 입에 가져가야 들을 수 있을 정도였다. 어머님은 사람 만나기를 꺼리던 아이가 방송과 신문을 통해 나의 이야기를 알았고, 서점에서 『남자 몸 만들기 4주 혁명』까지 찾아 읽었다는 것이다. 『남

자 몸 만들기 4주 혁명』 프롤로그에서 내가 장애를 운동치료를 통해
스스로 극복한 이야기를 읽고는 나를 만나고 싶다며 부모님을 졸라서
이렇게 물어물어 서울까지 오게되었다고 이야기 해주셨다.

운동을 통해 몸을 치료한다?

나는 그렇게 먼 거리를 한달음에 와준 두분에게 감동해 우선 D의 상태
부터 면밀히 체크했다. 그런 다음, 운동을 통해 D의 몸의 문제들을 차근
차근 해결하기 위해 3개월간의 운동치료를 시작하기로 했다. 부모님,
특히 정형외과 의사이신 아버님은 처음엔 단순히 트레이너를 만나 무엇
을 하겠냐고 생각하셨다고 한다. D의 간곡한 바람으로 멀리 있는 나를
만나게는 해주셨지만, 걱정이 되셨는지 친절히도 아드님에 대한 의사

라 끄리닉 드 빠리 운동치료 센
터에서 재활과 치료를 위한 운동
치료를 하고 있다.

로서의 소견서와 X레이 필름, MRI, CT 촬영서부터 각종 검사용지를 잔
뜩 보내주셨다. 아마도 내가 물리치료와 운동처방을 전
공한 트레이너라는 사실을 모르고 계셨던 것이리라.

　D의 검사를 마친 후 보내주신 자료를 확인해 보고
나서 아버님에게 전화를 드렸다. D의 아버님께서 먼
저 한마디 하셨다. "적당히 이야기를 들어주시고, 용
기나 주셨으면 합니다."

　순간 나는 이 말에 많은 의미가 내포되어 있음을 알았
다. 하지만, 내가 D에 대한 검사결과와 의학적 소견을
이야기하고 거기에 운동치료적인 관점을 말씀드리자
놀란 목소리로 "정말 가능할까요? 어떻게 겪어보지 않

고서 D의 몸과 마음, 생각까지 다 아시는 거죠?"라고 하셨다.

"음, 저도 17년 전 아드님과 똑같은 상황이었습니다. 의학적 검사와 소견만으로는 앞으로 걸을 수 없다는 판정을 받았을 정도의 사고를 겪었지만 우리 몸은 신비롭게도 열정과 노력으로 장애를 끝내 극복하게 만들더라고요."

이어 앞으로 D의 운동치료 계획을 상세히 설명하고, 나 역시 장애를 어떻게 극복해 왔는지 말씀드렸다. 이 이야기를 먼저 들은 D도 나와 함께 운동치료를 해보고 싶어하더라는 말과 나 역시 D의 열정에 감동해 3개월 동안 최선을 다해보겠노라며 전화를 끊었다.

D는 3개월 동안 1주일에 1번, 토요일 아침에 서울로 올라와 운동치료를 받고, 그 다음날 부산으로 내려가는 이른 바, 출장 운동치료를 나와 함께 시작했다. 3개월이 지나 D의 절뚝거리는 보행은 조금씩 자연스러워져 갔다. 한창 자랄 나이의 D는 뼈가 성장함에 따라 근육과 힘줄도 함께 성장해 늘어나는 것이 정상인데, 마비로 인해 근육이 팽팽하게 잡아당기고 서서히 굳어가던 것을 적절한 운동치료를 통해 부드럽게 늘어나 자연스럽게 움직일 수 있게 된 것이다.

멋진 몸매를 만드는 것이 먼저냐, 몸을 바로 잡는 것이 먼저냐

시간은 흘러 2008년 1월 두 번째 책 『여자 몸 만들기 4주 혁명』이 나온 후의 일이다. 책 홍보를 위해 주말마다 서울과 수도권의 오프라인 대형서점을 중심으로 독자 강습회가 약 한달 넘게 진행되었다. 서점에서 '운동'을 테마로 강습회를 한다는 것이 아직 생소한 터라 2~30여명의

소규모 강습회를 목표로 독자들을 직접 만날 기회를 가질 수 있었는데, 이때 만난 많은 독자들에 대한 기억이 아직도 생생하다.

전작에 이어 여성편이라고 할 만한 책을 4년만에 출간했기에, 그동안 사람들을 만날 때마다 들었던 '여자들은 어떻게 운동을 해야 하나요?' '여자가 『남자 몸 만들기 4주 혁명』에서 소개된 운동을 해도 될까요?' 이런 류의 질문을 예상하고 강습회에 임했는데, 내 생각이 여지없이 깨지는 시간이 되었던 것이다.

『남자 몸 만들기 4주 혁명』이 나왔을 시절에는 웨이트 트레이닝에 대한 인식조차 국내에서 자리 잡기 전이었다. 보디빌딩 = 웨이트 트레이닝이라고 알고 있던 시기에 과학적인 처방에 따라 신체를 균형있고 조화롭게 발달시키는 방법을 알리고자 했던 이 책을 수많은 여성들도 따라 했고 어느 정도 많은 효과를 봤다는 이야기를 익히 들어왔다. 강습회에는 의외로 남성 독자들이 더 많았는데, 이들의 주요질문은 몸매를 만드는 것이 먼저냐, 몸을 바로잡는 것이 먼저냐로 압축되었다.

서울의 신라호텔 내, 라 끄리닉 드 빠리의 재활의학 박사 김명신 원장님과 운동치료를 널리 알리고 있다.

독자들은 이제 내 생각보다 앞서가기 시작한 것이다. 틀어진 골격을 바로잡고 건강한 신체의 바탕 위에 몸을 멋있게 만드는 것이 먼저라는 것을 두권의 책 집필의 기조로 삼았던 것을, 직접 따라해본 독자들은 이미 잘 알고 있었던 것이다.

그렇다. 감히 자부하건데, 두 권의 책은 남들에게 자랑할 만한 몸매만을 만들어주는 운동 프로그램만은 아니다. 타고난 체형과 체질별로 자신에게 맞는 운동을 실시하면 외면과 내면의 건강함과 아름다움을 동시에 얻을 수 있고 질병과 질환을 예방하고 치료를 할 수 있는 능력이 만들어진다는 것을 전하고 싶었던 것이다.

건강한 몸은 일생의 재산이다! 그 무엇을 잃는다 해도 건강만 잃지 않으면 누구나 다시 시작할 수 있는 큰 재산이 되어준다. 그래서인지, 독자들의 질문은 열심히 운동을 하다 보면 어느새 자신의 몸이 바르지 않다는 것을 깨닫는다는 것이다. 가령 골격이나 근육의 비틀어짐, 좌우의 불균형을 느끼게 되고 이는 운동을 제대로 따라 하기 힘들게 만들고 운동효과를 떨어뜨린다는 것을 몸소 체험하게 되더라는 이야기였다.

가령 축구선수였던 한 독자는 무릎의 전방, 후방 십자인대가 모두 끊어지면서 운동을 포기하고 인생이 바뀌었다고 한다. 여러 번의 재건 수술과 재활치료에도 불구하고 본인이 만족할 만큼의 재활이 이뤄지지 않았고, 자신의 몸에 대해 더 자세히, 내 몸에서 어떤 일이 일어나고 있는지 알고 싶어 강습회에 나왔다고 했다.

또한 출산한지 얼마 안 되는 한 여성의 경우, 임신과 출산 후 늘어난 체중으로 인해 무릎과 허리통증에 극심하게 시달려 병원에서 엑스레이를 찍고 약물치료와 물리치료를 받아도 의사 선생님은 체중만 빼라고 할 뿐, 별다른 처방을 해주지 않아 막연히 운동을 시작하기도 겁난다고 했다. 운동을 하려고 해도 할 때마다 몸이 더 아프고, 운동을 안하면 살이 더 쪄서 이로 인해 산후 우울증으로 인해 죽고 싶을 정도라고 털어놓았다.

또 다른 분은 한 병원의 내과 전문의인 여성 독자셨는데, 외국에서 오랫동안 살아오셨고, 각종 의학적인 방법과 수술 등을 잘 알고 계신 아버님 때문에 강습회에 나오셨다고 했다. 고혈압과 당뇨를 가지고 계시고 노화로 인해 허리가 나날이 안 좋아져서 힘들어 하신다는데, 젊고 건강한 사람들이 자신의 몸을 만들기 위해, 소위 몸짱이 되기 위해 운동을 하는 것은 기존의 책들로도 큰 도움이 되겠지만, 이 아버님처럼 질환이나 몸에 여러 문제를 가지고 계신 분들에게 그런 운동 책들이 오히려 치명적인 위험을 낳을 수도 있지 않겠느냐고 질문해 오셨다.

중국의 기자, 언론인들을 위한 운동치료 강의중인 저자

　　그렇다. 현대 사회에서 운동부족은 많은 질병질환을 낳고, 병원에 갈 때마다 '운동하세요!' 라는 말을 들으며 살 정도로 누구나 운동을 해야 건강해진다는 것을 잘 알고 있는 시대가 되었다. 그리고 나이가 들어갈수록 사람들은 외면의 건강보다는 내적인 건강이 더 중요하다는 것을 깨닫는다.

대형 교통사고로 나는 장애자가 되었다

짧게 살아왔지만 내 삶을 뒤돌아봐도 앞의 분들과 같은 상황을 겪었고, 이를 운동으로 극복해 가며 살아왔다. 나는 현재, 6급 판정을 받고 살아가는 장애자다.

　　고 2때까지 수영선수로 활동한 나는 경기성적에 연연하기 보다는 수영 자체를 무척이나 좋아했다. 그러나, 고등학교 2학년 1학기 때, 야간 자율학습을 끝내고 집으로 돌아가던 길에 횡단보도를 건너가다 총

알택시에 받쳐, 왼쪽 다리 무릎 아래의 뼈가 다 으스러져, 다리로 내려가는 감각신경이 끊어지고 아킬레스건이 완전히 파열되는 큰 사고를 당했다. 체대입학을 희망하며 살아가던 나에게는 청천벽력과 같은 일이었다.

　사고 당시 목격자들은 내가 완전히 죽었을 것이라고 생각했을 정도의 처참한 사고였다. 다리의 근육과 신경이 뒤엉켜 재생이 불가능할 것 같아 다리를 잘라야 할지도 모른다고 했고, 코뼈가 부러지고 앞윗니가 뿌리까지 다 뽑혀 부러진 것이다. 그동안 운동을 한 덕분에 사고 당시 2m 정도나 나가 떨어졌는데도 양손으로 머리를 받쳐 머리는 덜 다쳐서인지, 택시 기사님이 나를 싣기 위해 몸을 드는데, 감각이 없고 통통 부은 왼쪽 다리의 앞꿈치가 완전히 뒤로 돌아가 있던 것을 본 기억이 난다. 경찰이 오기 10분 전까지 나는 그렇게 죽은 듯이 누워있었다.

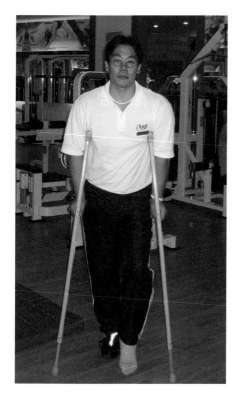

수영선수였던 고교시절, 다시는 걷지 못할 정도의 큰 사고를 입었다.

　병원에 도착한 후, 침대에 눕고 나서부터 척추를 타고 극심한 통증은 시삭되있고, 나는 끔찍하고 절망적인 진단을 받게 되었다. 끊어진 신경들을 살릴 수 없고 근육마저도 제대로 살려낼지 장담을 못하겠으며, 으스러진 뼈는 지금 맞출 수조차 없어 그대로 깁스를 한 채 굳혀야 한다는 것이었다. 수술로 신경과 근육을 제대로 연결하기 힘드니 다리 형태만 살리자는 소견이 나왔다. 당시 수술을 집도했던 영동 세브란스 병원의 장재석 박사님 말씀으로는 수술을 한 다음, 걷지 못할 확률이 100퍼센트, 걷는다고 해도 목발이나 보조기를 통해 조금이나마 거동할 수 있는 정도일 것이라는 이야기를 들었다.

다리수술은 무려 6번이나 계속되었고, 성형수술, 아킬레스건 재건수술, 인공치아 이식수술 등 통틀어 9번의 수술을 해야 했다. 무려 10개월 동안이나 이런 수술과 치료를 반복하며 나는 병원에서 살아야 했다.

장애는 극복하라고 있는 것이다!

퇴원 후, 걷는 연습을 해야 했는데, 병원의 물리치료실에서는 걷는 연습을 시키지 않고 보조기 사용법만 연습시켰다. 이때 어머니는 "걷는 연습을 하고 싶은데, 왜 보조기 사용법을 알려주는 거죠?"라며 항의했고, "지금으로 봐서는 걷는 것보다 장애에 적응하고 보조기를 통해 일상생활 속으로 빨리 돌아가도록 하는 것이 최선이다"라는 절망적인 대답을 듣게 되었다.

이때 어머니는 단호히 말씀하셨다. "내 아들은 걷기 위해서 재활치료를 받는 것이지, 보조기 사용법을 배우려는 것이 아닙니다. 그리고, 장애는 극복하는 것이지, 적응하는 것이 아니라고 생각합니다!"

어머니는 장애극복을 위해 걷는 연습시켜주는 것을 계속 요구하셔서, 보름 동안은 싸움의 연속이었다. 보조기 연습만으로는 성에 안찼던 어머니 때문에, 의사 선생님 눈을 피해 몰래 걷는 연습을 시작했다. 어머니는 걷는 연습을 하는 환자의 모습을 보고 메모하고 따라하면서, 그것을 나에게 다시 연습시켜주셨다.

그런 후, 4개월 만에 상체를 일으키게 되었고, 약 한달 만에 똑바로 일어설 수 있었다. 아직도 기억이 난다. 그때 다시 일어났을 때의 느낌을. 온몸의 피가 왼쪽 다리로 쏠리면서 내 몸에 있는 모든 혈관의 피가 그쪽으로 쏟아져 나가는 극심한 통증을 느꼈다. 비명을 지르는 내 입을 막으며 어머니는 "아프겠지만 참아야 한다, 동길아! 지금 일어서는 연습을 하지 않으면, 걷는 것은 더 늦춰질 수밖에 없다. 미안하지만 참아라!"

그때의 통증까지도 내 온몸에 또렷이 남아있다. 어머니는 늘 차가운 물에 적신 수건을 가지고 다니시면서, 힘든 연습과 고통에 시달리는 내게 재갈을 물리시며 연습을 계속하도록 이끄셨다. 이때 어머니의 판단과 확신이 없었다면, 나는 아직도 일어서지도 못한 채, 보조기를 달고 정상인에 가까운 삶을 살아갈 수 없었을 것이다.

시도도 해보지 않은 채, 앞날이 창창한 아들의 미래를 가만히 방치할 수 없으셨던 어머니. 어머니는 이때, 어떤 확신을 가지고 나를 일으킬 수 있으셨던 것일까?

당시 의사 선생님도 이 결과를 보고 깜짝 놀라셨다. 평소 걷기연습을 몰래 했기에 어머니와 연습한 것을 알리지 않았기 때문이다. X-레이 상으로는 아직 문제가 남아있어, 걷기연습을 하면 오히려 더 문제가 생길 수 있는 상태지만 의사 선생님도 한번은 시도해보자고 하셨다. 어머니의 결의와 책임 하에 어떠한 문제가 생겨도 병원과 담당 주치의에게 책임을 묻지 않겠다는 약속을 받고서야 제대로 된 걷기훈련 처방을 받을 수 있었다.

다음날부터 새로운 걷기연습을 하게 되었다. 깁스를 풀기 전에는 장애인 환자였지만, 목발을 사용하게 되면서 정상적으로 걷기 위한 전 단계로 정상인 환자로 취급받으며 새로운 재활치료에 들어가게 된 것이다.

한 고비를 넘을까 말까한 시점이었지만, 교통사고로 인한 문제는 학교에서 또 발생했다. 여러 번의 수술로 출석일이 모자라 유급되기 직전까지 간 것이다. 2번의 피부이식과 접합수술이 남아있었음에도 불구하고 유급되지 않기 위해 퇴원을 하고 등교를 해야만 했다. 어머니의 도움과 간곡한 기도로 휠체어를 타고 학교에 가긴 했지만, 아무것도 할 수가 없었다.

간신히 등교해 1주일 정도 지나 조금 익숙해질 무렵, 아침과 저녁에 재활치료 차원에서 집앞 스포츠센터를 끊었다. 사고가 난지 10개월이 채 지나지 않았던 무렵이었다.

휠체어를 타고 다니다 목발로 바꾸었는데, 아직 무릎 위까지 깁스가 올라와 있어 무릎을 구부리지 못할 때였다. 이 시기 병원에서 걱정스러운 이야기를 들었다. 무릎 상태가 제대로 돌아오고 있지 않다는 것이었다. 이것을 완화시키려면 보조기를 써야 하고, 보조기를 쓰면 로봇처럼 걷게 되고 허리통증까지 낳는다는 것. 게다가 보조기를 써도 무릎을 구부리는 데, 1년 이상 걸릴 것 같다는 진단. 나는 보조기를 쓰기로 결정은 했지만, 통증이 너무도 커서 사용하기가 싫었다.

운동치료는 나에게 새 생명을 주었다

그 다음부터는 나 혼자만의 훈련이 시작되었다. 깁스를 풀고 나서, 매일 아침 5시에 눈을 뜨면 침대 위에서 허벅지를 올리는 연습을 힘들게 했다. 5시 반이 되면 스포츠센터에 도착해서, 수건을 가지고 스트레칭을 통해 다리 구부리기를 해댔다. 낑낑 대는 것이 어찌나 불쌍해 보였던지 다른 두 명의 회원 분들이 양쪽 다리를 붙들고 도와주기까지 했다.

그중 유도선수 출신의 한 아저씨가 "나도 직접 많이 겪어봐서 아는데, 이렇게 구부러지지 않는 팔, 다리를 구부리는 최고의 방법은 의자 위나 높은데 올라가서 뛰어내리면 착지하면서 저절로 무릎이 굽혀진다"는 얘길하셨다.

참 무모한 방법이지만 귀가 번쩍했고 연습한 것만큼 재활에 진전이 되지 않자 이 얘기가 떠올랐다. 며칠을 마음을 다잡고 기도를 한 끝에 어느 날, 다른 때보다 더 일찌감치 스포츠센터에 문을 열고 들어갔다. 가장 낮은 의자를 찾아내 기도를 한번 하고, 입에 수건을 물고 어렵게 의자 위에 올라섰다. 의자 위에 서자 별 생각이 다 떠올랐다. 일단, 너무 아플 것 같아 겁이 나고 어지럽기 시작했다. 서있는 것조차 힘들었기 때문이다.

한참을 그렇게 서있다가 이대로 도전도 못해 보고 가만히 있다 걷지 못하는 것이나, 뛰어내리다 혹시 나빠져 못 걷는 것이나 똑같으니, 한번 해보자는 생각에 이를 악 물고 뛰어내렸다.

악- 하는 소리와 함께 그 다음은 기억이 나지 않았다. 내 소리를 듣고선 사람들이 몰려들었는데, 정신을 차리고 내 모습을 내려다보니 오른쪽 다리를 뻗은 채, 왼쪽 다리를 구부리고 누워있었다. 왼쪽 무릎이 퉁퉁 부어 심각한 상황이 되어 곧바로 병원에 실려갔다. 입원하라는 권유에도 불구하고, 집으로 가서 붓기를 없애겠다고 우겼다. 붓기가 없어지면서 다리를 들어올렸다 내리는 연습을 하는데, 극심한 통증에 울면서도 다리가 구부러진다는 사실에 눈물범벅으로 웃기도 했다.

1주일 후, 검사결과가 나와 병원에 갔더니 인대와 근육은 좀 다쳤지만 관절에는 큰 무리가 없으니, 일단 안정을 되찾으라는 진단이 나왔다. 너무나 기뻤다. 그날 이후 무릎을 구부리게 되었고, 이상한 일이지만 아직도 그 무릎 부위에서는 빽빽-거리는 소리가 오늘까지 나고 있다.

그 다음부터 스스로 실시한 재활치료는 물속운동이었다. 병원에서는 구부렸다 폈다 연습만 시키는데, 이것만으로는 반쪽이 된 왼쪽다리 근육을 두껍게 만들기 어려워, 무리하게 운동을 했더니 곧바로 다리가 아파왔다.

그러던 어느 날, 집 욕실에서 욕조에 뜨거운 물을 받아 다리를 담궈봤더니 너무도 편하고 좋은 것이 아닌가. 마침 나는 수영선수 출신이겠다 물속에서 운동을 하면 통증도 적고 운동도 쉽지 않을까 하는 생각에 물속운동, 즉 아쿠아 워킹을 시작했다.

중력이 덜한 물속이라 서있는 것도 편했고, 통증도 한결 가벼워졌다. 덕분에 걷는 것도 훨씬 속도가 빨라졌고, 깁스도 빨리 풀게 되었다.

10개월 전 사고를 당하고, 평생 걷지 못할 것이라는 진단을 받은 내가 불편하나마 다리를 구부리고 걸을 수 있게 되었던 것이다. 병원에서 나온지 불과 몇 개월만의 일이었다.

무릎이 풀리고 나서부터 걷는 연습만 하다 지겨워져서 수영연습을 해봤다. 키판을 배와 왼쪽 다리에 붙이고 전신운동 삼아 살살 자유형을 해봤다. 생각보다 너무 기분이 좋고 훨씬 건강해지는 것이 느껴져서, 아침저녁으로 3시간씩 몸이 퉁퉁 불을 정도로 수영에 매달렸다. 그러자 스스로 몰라볼 정도로 몸의 근력이 좋아졌고, 비록 목발을 짚고 다니지만 목발을 짚는 손과 발에도 힘이 생겼고 자신감이 쑥쑥 커갔다.

사고로부터 1년이 채 되기 전에 목발을 벗어던졌다. 그 다음부터는 미친 듯이 수영연습에 매진했다. 그러나 아직도 왼쪽 다리는 내 다리라는 느낌이 나지 않았다. 이런 상태에서 뒤처진 대학입시 준비로 진도를 따라가기 위한 공부까지 해야 했다.

체육특기생을 지망했으나 자신이 없어서 공부도 더 열심히 하게 되었다. 정말 너무나도 체대에 가고 싶었다. 내가 만약 병원에서 말한 대로, 보조기를 달고 장애를 인정하고 살았다면 지금의 내 모습조차 얻지 못했을 것이 아닌가? 그러니, 체계적으로 장애를 더 잘 극복하고 싶다는 생각에 단국대 운동처방학과에 진학했다. 특기생 자격으로 공부를 시작하게 된 나는 그때까진 수영만 열심히 했으나, 입학 후부터는 운동을 바꿨다.

사고 후, 운동치료에서 가장 큰 역할을 한 것이 '근력'을 다져준 수영이었고, 그런 의미에서 근력운동의 필요성이 가장 크다고 절감했다. 약해진 곳과 건강한 곳을 구분해서 선택적으로 강화시킬 수 있는 운동을 찾던 중, 근육을 하나하나 분류해서 선택적으로 강화시킬 수 있는 강점이 있는 '웨이트 트레이닝'에 빠졌고, 이를 통해 근육이 단련되는 매력에 빠져 보디빌딩을 시작하게 되었다.

이후 놀라울 정도로 외면적인 건강을 되찾을 수 있었고, 근육량이 늘어나 113kg까지 나가는 거대한 몸으로 변했다. 누가 봐도 건강한 남자라고 볼 수 있을 정도가 되었던 것이다. 그러나 시간이 지나 운동 중 몸의 이상을 발견하게 되었다.

'퇴행성 척추관협착증'이 진행되고 있었고, 와중에 운동을 많이 해서 척추디스크가 뒤로 튀어나와 '추간판탈출증'이라는 디스크까지 발병했다. 왼쪽 다리의 문제로 얻은 질환이었기에 더 이상 운동을 하지 말라는 의사의 진단을 받았다.

그제서야 내 나이와 상태, 즉 나를 둘러싼 환경과 질환에 맞는 운동을 하는 것이 중요하다는 것을 깨닫고 제대로 된 '나만을 위한 내 몸 관리법'을 찾아내야겠다는 생각이 들었다.

그래서 더 열심히 공부하게 된 것이 바로 '운동처방학'이었다. 운동처방이란 그 사람의 질환과 질병에 맞도록 적합한 운동과 강도를 설정해주고, 지도해주는 학문이다. 하지만 공부만 하다 보니 학문으로서의 한계가 있다는 것을 깨닫게 되었다.

나를 그 대상으로 봤을 경우, 왼쪽 다리가 7cm나 짧다. 게다가 왼쪽 다리 아킬레스건이 파열되어 있고, 왼쪽 무릎은 퇴행성 관절염, 오른쪽은 좌골신경통, 요추 4, 5번은 추간판탈출증(디스크)에 요추 부위의 퇴행성 질환인 척추관협착증, 척추측만증, 왼쪽 어깨 습관성 탈골, 경추 5, 6번 목디스크까지 있어 한 가지 운동처방만으로는 이렇게 복합적인 질환을 다루기가 힘들다. 한 가지 질환 당 한 가지 처방밖에 불가능한 운동처방학은 중복질환자의 경우, 치료가 불가능하다는 벽에 부닥친 것이다.

그렇다면 사람들이 가진 각종 질환에 대한 정확한 기초 의학지식이 필요했는데, 체육대학에서는 의학적 질환의 특성을 가르쳐주는 것이 아니라, 그저 그 질환에 맞는 강화법 전달에 그쳐 늘 부족함을 느꼈고, 더 심도 깊은 공부를 하고 싶어 고려대 교육대학원에서 운동생리학을 공부하게 되었다.

이곳에서 체육과 과학을 접목시켜 '생리학'을 배울 수 있었는데, '생리학'이란 신체활동이나 운동을 통해 일어나는 인체 내부의 생리적인 현상을 연구하는 것이었다. 이로 인해 여러 '운동효과'에 대한 입증과 근거를 찾을 수 있었다. 그러나 또 다른 한계에 부닥쳤는데, 단순하게 운동중이나 신체활동 중에 일어나는 현상들만 가지고 질환과 질병의 원인을 찾기에는 역부족이었던 면이 있었다.

사람들에게는 생리적인 원인으로 유발되는 질환만 있는 것은 아니기 때문이었다. 대표적인 것이 디스크를 비롯한 근골격계 질환이었다. 내 경우가 바로 그 예가 될 수 있는데, 왼쪽 다리가 7cm가 짧고 아킬레스건이 없어서 늘 잘못된 보행을 할 수밖에 없고, 항상 왼쪽으로 기울어진 몸의 불균형으로 인해, 디스크와 협착증, 퇴행성 관절염이 유발되었는데, 이 문제를 생리적인 원인을 근거로 해결점을 찾기에는 확실히 역부족이었기 때문이다. 그동안의 공부만으론 근육과 골격계통의 '의학지식'이 모자랐다.

그래서 '물리치료학' 공부가 절실했다. 그러나 대부분의 사람들은 '물리치료'라고 하면, 병원이나 한의원에서 경험하는 허리가 아플 때는 온찜질, 타박상을 입으면 냉찜질, 전기치료나 고주파 치료 등만을 생각하는 것이 일반적일 것이다.

하지만 물리치료학의 근간은 '운동치료'다. 타자의 물리적인 힘으로 치료하는 것이 아니라, 운동을 통해 자신의 힘(자연치유력)으로 약한 부분을 강화시켜야 부작용 없이 몸이 치료되는 것이기 때문이다.

이런 생각을 바탕으로 물리치료학을 공부하고 싶어 여러 의사 선생님을 비롯한 전문가의 조언을 구했으나, 많은 분들이 나를 말렸다. 현재 우리나라에서 '물리치료' 란 보통 전문대에 개설된 학과로 '물리치료사 면허증' 을 따기 위한 것만 전수해주는데 그치는 것이 현실이라는 얘기였다.

당시 병원으로는 유일하게 제대로 된 물리치료인 '운동치료' 를 하고 있던 곳은 영동 세브란스 병원의 운동치료실이었다. 그래서 연세대학교 물리치료학과에 진학했다. 연세대학교 물리치료학과의 경우, 커리큘럼이 국내 물리치료학과들 수준에 맞춰진 것이 아니라, 세계적인 기준이라고 할 수 있는 미국 기준의 커리큘럼을 가르친다. 때문에 유일하게 연세대학교 물리치료학과를 졸업한 사람들만이 미국을 비롯한 다른 나라에 가서도 물리치료사 자격증을 딸 수 있는 '국제적인 자격' 이 주어진다.

영동 세브란스 운동치료실에서 근무하던 시절의 저자와 동료들

공부를 시작하면서 굉장히 놀랐다. 이제까지 공부하던 것과는 다르게 4년 내내 거의 모든 공부를 영어원서로 진행하고 교수님들 대부분이 의대 출신이며, 단순히 학문과 이론만 암기시키는 것이 아니라, 뼈와 근육, 신경 등 인체의 기능적인 부분을 체계적으로 배울 수 있었기 때문이었다.

그동안 운동만 해온 나로서는 정말이지 귀한 경험이었다. 운동을 하면서 결과만을 알았을 뿐인 내 몸의 현상들에 대해 6년 동안 체육에 대해서 공부하고, 20여 년 넘게 운동을 해왔으면서도 어떤 원리와 근거로 인해서 건강해지고 치유가 되는지, 확실한 신체적 원인, 의학적 바탕을 하나둘씩 깨닫게 되었다. 즉, 단순히 허리운동을 하면 허리가 강해진다는 식이 아니라, 허리운동을 하면 어떤 근육과 신경, 생리 작용에 의해서 치유가 되어가는지 정확하게 실타래처럼 풀어가며 설명할 수 있었기 때문이다. 의학이론과 체계적인 학문적 바탕이 서서히 다져진 놀라운 경험이었다. 그간의 궁금증이 단번에 해소되는 쾌감을 느꼈다.

몸을 알아야 병을 고친다

이때가 되어서야 비로소 '몸을 알아야 병을 고친다'는 진리를 깨달았다. 앞서 공부해온 운동처방에 대해서도 의학적 치료근거를 얻게 되었고, 그제서야 실제적으로 과학적인 운동처방이 가능해진 것 같다. 물론, 그 이전에도 이런저런 운동을 하면 건강해진다고 트레이너로서 여러 운동을 지도했지만, 이 공부로 인해 운동이 주는 '운동치료 효과'를 제대로, 기령 4주 만에도 맞춤운동 프로그램을 만들면 좋은 효과를 낼 수 있다는 자신감이 생겨 『남자 몸 만들기 4주 혁명』까지 쓸 수 있었던 것이다.

첫책이 나오고 내 생활은 정말 많이 변했다. 만나는 사람마다 질문을 해댈 정도로 소위 '몸짱'에 대한 관심이 이 책으로 인해 더욱더 증폭되었던 시기였다.

나의 경우, 아침에 일어나서 뭉친 근육을 풀어주는 스트레칭과 약한 부위의 근력보강 운동, 틀어진 골격을 바로 잡아주는 교정운동을 하루라도 해주지 않으면, 평생 가지고 가야 할 영구장애로 인해 하루종일 극심한 통증을 느끼게 된다. 이렇게 나 역시 운동치료사

2004년부터 각종 매체를 통해 맞춤운동과 운동치료를 전해왔다.

24

이면서도 운동을 하지 않으면 몸이 안 좋아지는데, 94년도에 첫 직장 생활을 시작해서 2006년 연세대 물리치료학과를 졸업할 때까지 직업적인 트레이너와 학생, 그리고 글을 쓰는 저자로서 3가지를 병행하느라 몸은 갈수록 더 나빠져만 갔다.

하지만, 나에게 일을 하면서 공부를 한다는 것은 매일매일 회원들의 몸의 상태와 아픔을 들으면서, 학문을 통해 규명한 운동치료적 근거들을 적용할 수 있는 즐거운 기회이자 내 운동처방을 통해 변해가는 회원들의 모습을 보면서, 크나큰 보람을 주기도 한다. 몸이 나빴던 회원들의 변화는 그저 외형적인 것에 지나지 않고, 내면의 변화까지 일으켜 스스로도 운동의 힘으로 건강해질 수 있다는 자신감을 갖게 되는 것이 가장 큰 기쁨 중에 하나다.

단순히 운동에 대한 조언에 그치는 것이 아니라, 운동치료와 의학적 지식을 전달해 줌으로써 나에게 운동을 지도받는 회원들은 스스로 자신을 더 강화시켜 나갈 수 있게 되었다. 그분들의 변화는 내가 공부해 오고 현장에서 직접적으로 '운동치료 효과'를 입증해 나가는 계기가 되어 운동치료에 대한 믿음은 나날이 더 굳건해져만 간다.

나 자신을 고치기 위해서 시작한 '운동'이, 그리고 내 몸을 이해하기 위해서 시작한 '공부'가 아픈 사람들에게 바로바로 쓰여 건강해지고, 건강해진 사람들이 더욱더 아름다워지고 활기찬 인생을 다시 시작하는 것을 보면서, '운동치료'가 사람들의 삶의 변화를 이끌어낸다는 확신을 갖게 되었다. 그래서 나에게 있어 운동이란 단순히 스포츠를 즐기고 몸을 만든다는 개념을 뛰어넘어 '치료의 기틀'을 만든다는 사명감으로 변하게 되었다.

운동은 치유의 기틀이다

이렇게 정확한 근거에 의거하지 않는 운동치료는 치료적 방법으로서 효과를 입증할 수 없다는 고민 때문에, 의학대학원에서의 교류와 연구를 통해 나는 운동의 부작용까지 예방하고 싶었다. 운동에 대한 확신만큼 다른 부작용과 위험성도 막고 싶었던 것이다.

의사들은 아픈 사람들에게 어떤 관점으로 의학적 처방을 내는지…. 어떤 사람들은 '운동'을 해도 치료가 되지 않기도 한다. 그렇다면 보조도구로서 '운동'은 어떻게 적용되어야 하는가 하는 마지막 궁금증이 남아있었다.

운동의 치료적 견해, 검진과 의학적 견해, 진단을 어떤 식으로 내리는지 의사들의 관점도 궁금했고 그 눈높이를 알고 싶었다. 의사들이 바라보는 재활이란 무엇인지 함께 공유하고 연구하고 싶었던 것이다.

그런 생각에 새로 배우게 된 것이 바로 가톨릭 의과대학 대학원에서 공부하고 있는 '인간재활공학'이었고, 〈만성 요통환자들의 기능성 회복운동을 통한 치료적 효과〉 연구논문으로 석사학위를 따게 되었다. 이것은 학문적 성취감보다는 그동안 현장에서 일하며 공부하며, 사람들의 몸을 '운동치료'를 통해 변화시켜온 결과에 대해 의학적으로 받은 인정이자 확인이기에 나에게는 그 의미가 컸다.

운동, 정말 함부로 하면 안 된다. 운동이 위험하거나 해로운 것은 아니라고 해도, 운동도 제대로 알고 해야 한다. 내 몸에 맞게, 질병에 맞게 하면 약이 될 수 있으나 잘못된 운동은 독이 될 수 있기 때문이다.

『여자 몸 만들기 4주 혁명』 출간 이후, 독자들에게 골격을 바로잡고 통증을 없애는 맞춤운동에 대한 질문을 끊임없이 받아왔다.

현대인의 늘어만 가는 각종 질환과 질병. 그리고 이를 해결하기 위해 나날이 의학적 첨단 수술기법, 치료기법이 발달할수록 트레이너들도 그런 치료환경의 수혜를 받고 온 사람들의 상황에 맞는 운동을 처방해야만 하는 현실에 처해 있다. 건강에 관해서는 더할 나위 없이 많은 정보와 지식을 가지고 있는 우리나라 사람들이야 말로 트레이너들로서는 감당하기 쉽지 않은 대상임이 분명하지만, 이것은 곧 함께 좋은 결과(좋은 운동효과)를 낼 수 있는 잠재적 기틀이 되어주기 때문에 오늘도 많은 트레이너들이 단순히 외형적인 몸짱만을 위한 공부가 아니라, 사람의 몸 자체에 대해서 공부하느라 땀을 흘리고 있다.

나이가 들면 이제는 당연한 것처럼 여길 정도로 누구나 고혈압, 당뇨병 같은 질환에 쉽게 노출되어 있다. 나이를 더 많이 먹을수록 이러한 질환에 걸릴 확률도 높아만 간다. 하지만 우리나라의 의료환경은 어떠한가? 소득격차로 인해 각종 질환, 질병을 치료하는데 사람들마다 큰 차이와 한계를 가질 수밖에 없는 현실이다. 의료 마케팅이라고 할 정도로 보통 병원들과는 차별화된 서비스를 자랑하는 병원들이 늘어만 가는 현실에서 낮은 소득의 사람들은 의료보험만으로는 해결이 되지 않는 시대가 점점 다가오고 있다. 아니 이미, 현실인지도 모른다.

몸짱이 되는 것보다 몸을 바르게 하는 것이 먼저임을 이제는 독자들이 더 잘 알고 있다. 책 출간 후, 강연회 모습

그럼에도 불구하고 의학적 치료는 여전히 한계가 많다. 사고나 충격으로 몸이 부러지거나 찢어지거나, 면역력과 기능저하, 근골격적인 문제는 약과 주사, 수술만으로 결코 이전과 같이 재생되지 않는 부분이다. 의학적 치료란 어쩌면 악화된 상황을 멈추게 하는데 있는지도 모른다. '예전과 같은 삶'은 절대 보장되지 않기 때문이다. 그것이 인간이 가진 한계일지도 모르지만 말이다.

의학적 치료만으로는 한계가 있다

현대인들이 달고 사는 각종 성인질환 등은 우리에게 평생 약을 먹고 살아가야 할 것을 강요한다. 그럼에도 불구하고 약에는 부작용이 있어서, 한 부분을 치료해준다고는 해도 다른 부분을 약화시키는 문제점을 또 야기한다.

가령, 척추 디스크로 병원에 입원해 수술을 마치고 회복기에 있는 어르신들을 생각해보자. 실제로 어르신들의 경우, 한 가지 질병만 있는 경우가 드물기 때문에 근골격계 문제의 수술을 거쳤다고 해도, 지속적인 약의 복용으로 위장장애라든가 갖가지 부작용, 후유증, 합병증에 시달리시는 것은 흔히 볼 수 있다.

내가 생각하는 '운동치료'는 단순히 약의 효과나 수치(혈압이나 혈당)에 연연하는 게 아닌, 몸의 조절능력을 회복시키는 것으로서의 운동, 그로 인한 치료효과를 말한다.

많은 사람들이 젊을 때 열심히 일하고 돈을 벌어 여생을 편안히 살기 위해 하루하루 분투하지만, 어느 정도 사회적으로나 경제적으로 여유가 생겨 여행이나 휴식 등을 누리려고 할 즈음, 병이 생겨 치료에 그동안 모은 시간과 돈을 다 쓰게 된다면 얼마나 억울할까?

따라서 젊은이들만이 할 수 있는 힘든 운동이나 몸짱을 위한 운동이 아닌, 평생의 보험과 같은 건강테크로서의 운동치료가 꼭 필요하다. 재테크 중에서도 가장 중요한 게 '건강'이다. 실제로 나이가 들어감에 따라 연간 지출하는 의료비 규모를 생각하면 잘 이해할 수 있는 부분이다.

우리나라와는 다른 의료보험 제도를 실시하고 있는 미국과 같은 경우, 중년 이후 갑자기 닥친 사고나 질환으로 평생의 기반이 흔들리고 무너지는 것은 한순간의 일이다. 높은 의료비가 한 사람의 인생에 치명적인 결정타를 날려 고단하고 불행한 노후를 만들기 때문이다.

그렇다면 지금 우리에게 필요한 것은 무엇일까?

내 몸을 어떻게 조절해 가며 건강하게 살아갈 수 있는가에 대한 해답으로 '운동'이 있을 수 있다. 그러나 모든 의사가, 운동 트레이너처럼 의학적으로 생리학적으로 완벽한 운동처방을 할 수는 없다. 그러니 사소한 질환과 몸의 불균형이 있는 사람이라도 당장 찾아갈 곳이 없다. 의논할 사람이 없는 것이다.

트레이너들은 근육을 강화시키는 운동만 시키고, 병원에서는 위험하다고 운동을 막는 일도 부지기수이기 때문이다. 의학지식이 없는 트레이너들은 병원으로 환자를 내몰고, 운동지식이 부족한 의사들은 위험한 운동을 하지 말라고 하고. 이런 현실 속에서 나는 내가 직접 경험하고 오랜 시간 동안 연구한 '운동치료'를 통해 그 연결고리가 되고 싶었다.

치료와 재활은 함께 가야 한다

운동치료를 통해 '내 몸은 내가 고친다'는 각오가 바로서면, 재활이 가능해지며 질환에 대한 치료의 바탕을 만들 수 있다. 운동이야말로 명약이기 때문이다.

졸저 『남자 몸 만들기 4주 혁명』과 여성독자를 위한 『여자 몸 만들기 4주 혁명』의 근거가 사람마다 타고난 체질과 체형에 따른 과학적 운동처방이었다면, 이 책 『4주간의 운동치료』시리즈는 의학적인 근거를 바탕으로 한 운동의 치료적 효과를 입증하는 책이라고 볼 수 있다.

즉, 아픈 사람들은 운동을 해야 건강해진다는 것은 누구나 알고 있다. 하지만, 그것이 정확히 어떤 치료적 효과와 의학적 근거에 의해서 치료가 되고 결과가 나타나는지에 대한 이론을 알기 쉽게 풀어보고 싶었고 이에 대한 대안을 다시 '운동'에서 찾아 전해주고 싶었던 것이다. 내가 운동치료를 통해 새로운 삶을 맞이했던 것처럼….

앞서 언급했던 『여자 몸 만들기 4주 혁명』 출간시 대형서점에서 실시했던 강습회에게 내가 내린 결론은 이미 사람들은 멋진 몸을 만드는 것보다 자기 몸의 부분적 결함이나 질환을 바로잡는 것을 더 중요시

부천 교보문고 강연회 때 모습. 운동에 대한 독자들의 끊임없는 질문에 시간을 초과해 행사를 마쳐야 했다.

한다는 사실이었다.

이 책 『4주간의 운동치료』 시리즈는 사실 오래 전부터 기획하고 준비해온 것이다. 앞으로도 책을 통해 많은 운동법을 독자들에게 알려주고 싶은데, 내가 만들어낸 운동 프로그램의 근간에는 언제나 '운동치료'가 있다.

누구나 재테크와 부자되기에 관심이 많은 요즘이다. 부동산 정보에 관심을 가지는 것만큼 내 몸과 건강, 그리고 운동에 대한 정확한 관점, 지식, 그리고 실천이 있다면 당신은 이미 부자라고 생각한다. 그리고 진짜 부자들은 대부분 재테크만큼이나 건강관리에 열심이다. 이것은 내가 늘 현장에서 느끼는 점이다. 소득이 낮을수록 건강에 더욱더 신경을 못 쓰게 되고 이것은 악순환의 고리처럼 더욱더 많은 어려운 일들을 낳는다. 그러니, 건강할 때 건강을 지키라는 말은 최고의 진리라고 생각한다.

나는 스스로 경험한, 그리고 아직도 계속되는 아픔을 사람들이 더 이상 겪지 않고 건강하게 될 수만 있다면 오늘도 더 열심히 연구하고 현장에서 땀을 흘릴 것이다. 그것이 교통사고 후 다시 태어난 나에게 주어진 달란트(소명)라고 생각하기 때문이다. 앞으로 이 시리즈가 계속될 수 있도록 독자 여러분의 끊임없는 관심과 질책을 기대한다.

운동치료 전문가 한동길

Part 1
운동치료란 무엇인가?

운동으로 몸을 치료한다는 것은 자연치유력을 통해 몸 스스로가 치유를 위한 활동을 하게 만드는 과학적인 배경을 가지고 있다. 4단계로 이뤄지는 운동치료는 통증해소를 뛰어넘어 부족한 신체기능을 회복시키고 나아가 부상과 질환까지 예방하는 것을 목표로 한다. 남녀노소를 불구하고 전 연령대의 사람들이 앓고 있지만, 잘 치료되지 않는 고질적인 '허리통증'으로 『4주간의 운동치료』시리즈 첫 권을 시작한다.

01

운동으로
몸을 치료한다?

5년 전 출간한 『남자 몸 만들기 4주 혁명』을 집필시에는 '프로 트레이너' 란 명칭이 나에게 더 친숙했고, 운동에 대한 생각도 살을 빼고 몸을 보기 좋게 만들어 아름답고 건강한 몸으로 만들기 위한 가장 중요한 방법이라는 정도까지만 머물러 있었다. 그 후 『여자 몸 만들기 4주 혁명』을 집필할 때는 프로 트레이너란 호칭보다 '운동치료 전문가' 로 나의 직업적 정체성과 운동에 대한 생각이 바뀌게 되었다.

  17년 전에 운동은 나에게 살기 위한 유일한 방법이었다. 그 운동효과로 인해 나는 다시 걷게 되었고 겉모습만 보면 그 누구보다 건강한 몸을 가지게 되었다. 하지만 위의 책들에서는 독자들에게 운동의 '치료적 효과' 보다는 외면적 효과밖에 못 깨닫게 하는 안타까움이 있었다. 두 책의 근간은 몸의 아름다움을 만들기에 앞서 건강하고 바른 몸으로 바꿔주는데 기반을 두고 있지만, 대부분의 사람들이 소위 '몸짱' 이 되기 위한 교과서쯤으로만 이해하고 있어서, 더 쉽고 빠르게, 운동의 중요한 기본을 무시한 수많은 아류의 책들이 복제되기에 이르렀다.

첫 책이 나오고 지난 5년 여 동안 인터넷 카페를 통해 만났던 수많은 독자들과 강연회에서 만난 남녀노소를 통해 내가 절실하게 깨달은 것은 대개의 평범한 사람들은 멋진 외모가 아니라 운동을 통해 통증을 극복하고 스스로 치유할 수 있는 능력을 간절히 원하고 있다는 것이다. 나 역시 15년여 직업 트레이너의 삶을 살면서 정재계의 유명인들과 연예인, 학자, 스포츠선수 등을 골고루 운동시켜왔지만, 이 즈음에는 놓치고 있었던 이들의 간절한 마음을 알았을 때 운동에 대한 생각이 다시 바로잡히는 계기가 되었다.

⚠ 운동을 꾸준히 한 사람들일수록 외모의 변화보다 면역력과 신체를 강화시키는 운동의 '치유효과'에 더 공감한다.

운동의 효과는 자신만이 정확히 안다

'운동의 효과'는 전문가나 타인에 의해 검증받는 것이 아니라, 자신이 스스로 실시하고 느낀 체험결과와 내용에 따른 주관적인 판단이 때론 더 정확하고 정직할 수 있다고 생각한다. 오랜 세월 수천 명의 운동을 지도하고 그들의 건강을 관리하며 책임지고 있는 입장에서 봤을 때, 1차적으로는 거의 대부분 살을 빼서 보기 좋은 몸으로 바뀌고, 더욱 젊어지고 싶은 목적에서 운동을 시작하지만, 운동을 꾸준히 한 사람들이라면 하면 할수록 운동의 외형적인 효과보다는 내면의 효과, 자신의 면역기능과 신체기능이 강화되어 가는 운동의 '치유효과'에 더 공감한다.

그렇게 좋아하는 골프를 하면 할수록 참을 수 없을 정도의 목과 어깨, 허리통증에 시달리는 사람이 있는가 하면, 좋아하는 근육운동(웨이트 트레이닝)을 하는데 갑자기 찾아오는 허리와 팔꿈치, 무릎의 통증들. 건강하다고 자부하며 열심히 달리고 마라톤 대회까지 참가했지만 뛰면 뛸수록 아파오는 발과 무릎의 통증…. 운동을 사랑하는 사람들 모두 쉬지 않고 열심히 하는데, 왜 통증이 생기고 몸이 망가지는 걸까?

분명히 이유는 있다. 과도한 운동과 몸의 균형이 깨지고 틀어질 수밖에 없는 편향된 운동 때문이다. 실력이 발전하면 할수록 관절이 감당해야 할 부담 또한 늘어나는 운동 때문이다. 그렇다고 운동을 그만둬야 할까?

그렇지는 않다. 운동으로 몸이 망가지고 통증이 발생했지만, 운동을 통해 충분히 통증을 치료하고 몸을 바로잡아 건강을 되찾을 수 있기 때문이다. 내 몸에 꼭 필요한 운동으로 치료효과를 높이고 운동을 통해 스스로 문제점을 치료한다면 운동의 본질적인 효과에 더욱더 근접하게 될 것이다.

① 잘못된 동작, 과도한 운동, 편향된 운동은 오히려 우리 몸을 망가뜨린다.

운동을 하면 몸에선 어떤 일이 일어날까?

평상시 우리의 생활은 어떤 모습일까? 일상의 활동만으로는 우리 몸 고유의 신체기능을 건강하게 유지시키기에 턱없이 부족한 활동을 한다는 데 문제가 있다. 하루 종일 앉아서 일을 하며 고작 손가락과 머리만 사용하는 반복되는 생활은 우리 몸의 신진대사 기능을 떨어뜨려 근육을 약하게 만들고 고된 두뇌활동으로 인해 신경은 나날이 예민해진다. 신체활동이라고 해야 화장실을 갈 때나 출퇴근시 잠깐의 걷기를 빼고는 이렇다 할 특별한 움직임도 없을 것이다. 식사도 몸에 필요한 영양소를 골고루 섭취하기보다 빠르고 쉽게 먹을 수 있는 외식메뉴를 선택하기 급급하다.

주부들의 경우도 육아와 집안일처럼 늘 반복되는 가사노동으로 어디 안 쑤시는 곳을 찾기 어려울 정도로 몸이 피곤하고 근육통증은 계속된다. 이런 생활로 나이가 들면서 신체의 기능이 현저히 떨어지고 약해지는 부위와 경직되고 뭉쳐있는 부위로 나뉘게 되어 우리 몸은 점차 '통증'에 익숙해져 간다.

목과 어깨, 허리통증, 무릎통증 등등…. 한마디로 통증을 달고 산다고나 할까? 나이가 드니깐 아프겠거니 하고 방심하다 자신도 모르게 병을 키우게 되고, 후회하고 수습을 하기에 너무 늦어버리는 일까지 초래한다. 현대인에게 흔한 생활습관병이라서 그렇다고 할지, 병원을 찾아가 검사를 해도 약과 휴식 빼고는 딱히 특별한 처방도 주지 않을 때가 많다. 이때 사람들은 건강 보조식품과 각종 보약을 찾지만 그 좋은 영양분을 흡수해 힘을 발휘하기에는 우리 신체가 이미 너무나 약해져있고 과도하게 지쳐있다.

그렇다면 운동을 하면 어떻게 될까? 운동은 안정상태인 몸을 일련의 동작을 통해서 활성화 시키는 '활동(活動)'이다. 평상시에는 맥박도 안정적이고, 특별히 힘든 동작을 하지 않는 한 근육과 신경들은 안정적인 상태를 유지한다. 그러다 운동을 하면 안정상태였던 맥박이 빨라지고 혈압도 높아지며, 근육과 신경 등 신체의 모든 기관들이 활성화 되어 신진대사 기능이 높아진다. 그렇게 운동을 하고 나면 인체는 소비한 에너지를 보충하고 신체활동으로 인해 누적된 피로를 풀기 위해 영양을 흡수하고 몸을 나른하게 하여 푹 쉴 수 있는 휴식상태로 바

ⓘ **턱없이 부족한 활동량**, 신체 기능 저하, 노화 등으로 우리 몸은 점차 '통증'에 익숙해져 간다.

뀐다.

피곤한 몸을 빠르게 회복시켜 정상의 컨디션으로 돌아가기 위해 각 신체기능과 장기들을 활용하여 더 강한 상태로 만들려 애를 쓰며 노력을 하게 된다. 이런 몸의 신체회복 능력을 '항상성(恒常性, Homeostasis)'이라고 한다.

이 '항상성의 원리'로 인해, 우리 몸은 운동 중 근육과 몸에 쌓인 노폐물이나 피로물질(젖산)을 제거하거나 배출시켜 다시 안정된 상태로 회복을 시키고, 다음의 운동을 대비해 몸을 최고의 상태로 유지하려는 성질을 띠게 된다. 운동 후 피곤해서 더 숙면을 취할 수 있게 되거나, 식탐이 생기는 것도 우리 몸에서 피로를 더 빨리 회복하고, 영양을 보충하려는 항상성의 원리 때문이다.

❗운동을 30분 이상, 주 3회 이상 꾸준히 한 사람이라면, 심장병에 걸릴 확률이 운동을 전혀 하지 않는 사람에 비해 1/10 밖에 되지 않으며, 운동을 전혀 하지 않는 20대보다 운동을 꾸준히 하는 50대의 심장이 더 튼튼할 수도 있다.

운동을 하면 심장과 혈관이 튼튼해진다

운동을 하면 심장은 운동 중 각각의 장기와 근육에 필요한 산소, 영양분을 혈액을 통해 빠르게 공급해주기 위해 심장 박동수(Heart Beat)를 증가시키고, 더 많은 혈액을 뿜어내기 위해 심장의 근육은 수축과 이완을 반복하며 스트레스를 받게 된다. 심장은 스스로 조절할 수 있는 근육이 아니기 때문에(불수의근), 빠른 상태가 지속되면 심장의 수명이나 기능에 손상을 입힐 위험이 있어, 안정적인 박동수(Beat)로 돌아가기 위해 노력을 하게 된다.

운동을 꾸준히 하면 높아진 심장 박동수가 빨리 안정상태의 박동수로 돌아갈 수 있게 되는데, 이는 노화가 진행됨에 따라 약해지는 심장의 근육을 강하고 튼튼하게 유지시킬 수 있는 비결이 된다.

심장이 튼튼하게 되면 혈관도 건강해지는데, 혈관의 탄력성은 혈액순환이 잘되는지 알 수 있는 중요한 항목이다. 혈관이 건강해지면 혈관질환인 뇌졸중, 뇌출혈과 치매를 예방할 수 있고 건강수명 또한 길어진다.

운동 중 혈관에는 빨라진 심장 박동수로 인해 혈액양이 많아지고 혈관에 가해지는 압력이 증가되는데, 평소 운동을 하지 않아 혈관이 딱딱하고 노폐물과 지방질이 쌓여 혈관이 좁을 경우, 혈관벽의 압력이 높아져 혈관이 손상되거나 혈관이 막혀 터지는 위험한 상황이 발생할 수도 있다. 이로 인해 뇌혈관 질환이 발생해 생명이 위독해질 수 있는 것이다.

하지만 운동을 꾸준히 반복하면 혈관 안의 노폐물과 지방질이 줄어들어 많은 혈액이 빠르게 지나갈 수 있게 되어 혈관이 깨끗해진다.

특히 운동 중 늘어난 혈액량 때문에 혈관이 늘어나고 줄어드는 이완, 수축작용이 활발해져 혈관의 탄력성이 더 좋아지고, 혈관벽의 회복력도 증가되어 뇌혈관 질환의 발생률이 1/3 이하로 줄어들게 된다. 이렇게 혈액순환이 좋아지면 몸의 신진대사 기능과 노폐물을 배설하는 해독기능까지 활성화 되어 일석이조의 효과를 누릴 수 있다.

> ⓘ 심장이 튼튼해지면 혈관의 탄력성도 좋아져 혈액순환이 좋아지고, 신진대사 기능과 해독기능까지 활성화 되는 일석사조의 효과가 있다!

면역기능이 높아져 쉽게 피로해지지 않는다

혈액순환이 좋아지면 신체의 각 장기들과 몸을 이루고 있는 세포들의 영양상태가 좋아지고, 운동과 회복을 반복하면서 손상된 세포들을 복구하고, 신진대사의 찌꺼기인 활성산소(活性酸素, oxygen free radical)를 배출하게 된다. 세포의 기능이 활발해지고 몸을 파괴하고 노화시키는 활성산소를 쉽게 배출하게 되면, 몸 자체의 정화능력과 면역기능이 좋아지기 때문에 쉽게 피로해지지 않고 빨리 회복할 수 있게 된다.

또 활성산소와 독소로 인해 세포의 변형으로 유발되는 암과 같은 면역질환도 예방할 수가 있고, 설사 체내에 암세포가 있더라도 싸워 이길 수 있는 면역기능이 강해진다.

특히 간은 독소를 해독해주는 중요한 기관으로 신체활동량이 줄어들어 발생하는 비만과 음주·흡연, 패스트푸드 섭취, 몸에 해로운 음식이나 물질로 산성화된 우리 몸을 중화시켜 깨끗한 상태로 바꿔주는 역할을 한다.

운동을 하면 간의 기능을 활성화 시킬 뿐 아니라 운동 중 흘리는 땀으로 중금속과 노폐물이 배출되고, 근육을 사용해 과도하게 축적되어 있는 피하지방과 내장지방을 에너지로 소비시켜 간의 역할을 한층 도와준다.

하지만 적당한 운동은 간의 기능을 높여 우리 몸을 깨끗하게 만들어주지만, 무리한 운동은 오히려 간을 피곤하게 만들고 혹사시킬 수가 있으므로 주의해야 한다.

몸을 해독, 정화시켜 자연치유력이 높아진다

운동으로 간이 바빠지게 되면 신장의 일도 늘어나는데 신장은 더러워진 혈액을 깨끗하게 정화시키는 필터역할을 한다. 신체활동이 줄어들고 운동을 전혀 하지 않으면 신장의 기능이 나빠져 혈액을 깨끗하게 정화시키지 못하고, 더러워진 혈액은 충분한 영양과 산소를 함유하지 못해 몸은 더욱 피로해지고 체내의 독성이 높아져 면역기능과 대사기능을 악화시킨다.

운동을 하면 빨라진 혈액순환으로 인해 신장의 일은 늘어나지만 신장의 정화능력이 좋아지고, 영양공급과 독소와 노폐물 제거기능을 더욱 강화시킨다.

운동을 통해 신장의 해독능력과 정화능력이 좋아지면, 영양과 산소가 풍부한 맑은 혈액이 우리 몸에 흐르게 된다. 그러면 혈액 내 산소농도가 높아져 폐의 기능이 향상되고 운동으로 증가된 호흡수로 인해 체내 산소섭취 능력도 좋아진다. 폐에서는 이산화탄소와 산소의 가스교환이 원활해져, 이산화탄소를 체외로 쉽게 배출하고 몸 구석구석에 신선한 산소를 잘 공급하게 된다.

담배를 습관적으로 피우거나 하루 종일 밀폐된 실내에서 생활하는 사람들의 폐는 각종 먼지와 공해로 더렵혀지고 오염되기 쉬운데 운동 중 빨라진 호흡은 이산화탄소와 노폐물을 빠르게 배출시켜 폐를 깨끗하게 만들어주고, 폐의 기능도 강화시킨다.

면역기능을 높이기 위해 손쉽게는 백신을 맞거나 각종 영양제, 영양식품으로 강화시킬 수도 있기는 하다. 그러나 스스로 운동을 통해 '자연치유력'을 향상시켜 몸을 치유하고 기능을 발달시키는 '운동'이야말로 값비싼 보약 백첩보다 더 큰 힘을 발휘한다.

🛈 운동의 치료적 효과는 신체 회복 능력을 키워주고, 심장, 폐, 혈관, 신장 등 각 장기들의 기능을 높여줘 노폐물과 독소로부터 몸을 정화시키고, 면역력을 높여주는 여러 가지 장점이 있다.

운동은 마음을 건강하게 변화시킨다 - 멘탈헬스 효과

1. 복잡한 생각이 단순해져 여유로운 마음으로 바뀐다 : 운동을 하는 동안 복잡한 생각이 정리되고, 스트레스에서 잠시 벗어나 힘든 일상을 버티고 이겨낼 수 있는 체력과 여유 있는 마음이 길러진다. 하루에 10~30분 정도라도 가벼운 걷기나 스트레칭을 하면 기분을 좋게 만드는 엔도르핀(Endorphin)의 분비량이 높아져 좋은 생각과 느낌이 오래 지속된다.

2. 심리적, 정신적 안정감을 얻는다 : 혼자 하는 운동이든 여러 사람과 함께 어울려 하는 운동이든 모두 정신적 안정감을 얻게 도와준다. 혼자 운동을 하면 자신의 현재 상태를 곰곰이 생각해볼 수 있고, 스스로 몸을 움직이며 활동을 하기 때문에 자신의 문제를 적극적으로 해결할 수 있게 된다. 여러 사람들과 하는 운동은 운동을 통해 공동의 목표를 이루는 노력으로 문제해결의 의지가 더욱 굳건해진다.

이렇게 운동을 통해 자신감을 회복하면 다른 사람과 쉽게 마음을 열고 대화를 나눌 수 있게 되어, 불안한 심리상태를 잘 극복하고 기분 좋은 상태로 바뀐다.

가령, 병원에서도 환자를 1인실에서 치료할 때 보다 2인실 이상의 병실에서 치료하는 것이 심리적인 안정감을 높여준다는 연구결과처럼 운동도 여러 명이 같이 어울리며 실시하면 더 좋다. 운동으로 다른 이들과 어울려 어려움과 불안감을 함께 나누면 정신적 위로와 안정을 쉽게 찾을 수 있기 때문이다.

3. 호르몬 분비의 균형을 잡아준다 : 운동은 호르몬의 분비를 촉진시켜 과거의 행복한 추억과 좋은 기억을 자주 떠올리게 도와주며, 일상의 작은 행복과 높은 만족감을 느끼게 만든다.

체력적인 면에서 근력, 근지구력, 유연성, 민첩성, 심폐지구력 등이 높아지면 우울증과 불안감의 원인이 되는 뇌신경 전달물질인 아세틸콜린(Acetylcholine)이나 도파민(Dopamine), 세로토닌(Serotonin)의 불규칙한 분비가 규칙적으로 바뀐다. 이 호르몬들은 노화를 늦춰주고 활동량을 늘려줘 건강한 모습을 오래도록 간직하게 도와주는 좋은 호르몬이다.

❗ 운동은 행복감과 자기애를 느끼게 해주는 호르몬들의 분비를 촉진시킨다.

4. 숙면을 통한 심리적 안정감을 준다 : 숙면을 취하지 못하면 정신적, 감정적으로 많은 영향을 끼친다. 하루에 30분 이상 1주일에 4회 이상 운동을 실시하는 사람들은 그렇지 않은 사람보다 숙면을 잘 취하고, 피로회복과 면역기능이 향상이 되어 질병과 피로감을 쉽게 극복하는 것이 여러 연구결과로 입증이 되었다. 사람은 자는 동안 하루생활의 여러 일과 감정상태를 뇌에서 정리하는데, 질 좋은 수면은 필요 없는 기억은 지우고 행복한 기억과 감동의 느낌을 오래 간직할 수 있도록 도와주어 정신건강에 큰 도움을 준다.

5. 우울증 극복에 탁월하다 : 남성보다 여성에게서 더 많이 보이는 우울증은 다양한 약물요법과 심리치료도 효과가 있지만, 약을 끊으면 쉽게 재발하거나 부작용 또한 만만치 않아 완전한 치료가 쉽지 않다. 우리나라와 달리 선진국에서는 우울증 치료를 위해 많이 활용하는 것이

바로 '운동치료'다. 운동은 우울증을 극복하기 위한 쉽고 부작용이 없는 치료제로 우울증 초기에 실시하면 완치율이 80% 이상으로 정신적 치료효과가 큰 편이다.

운동을 통해 우울증의 원인인 세로토닌의 분비량이 좋게 바뀌면, 산후 우울증과 갱년기 대표증상인 우울증도 수월하게 극복할 수 있다.

6. 운동을 하면 젊어진다 : 노화는 간단하게 말하면 몸에 나쁜 활성산소로 인해 신체기능이 떨어지고, 세포나 기관의 염증을 개선하지 못해온다. 25세를 기점으로 성장 호르몬의 분비량이 급격히 떨어져, 40세가 되면 미량만 분비되는데, 운동을 하면 성장 호르몬의 분비가 오히려 2배 이상 늘어나 염증을 쉽게 치료하고, 몸에 나쁜 활성산소를 없애 젊음을 유지할 수 있다. 미국 뉴욕 주립대의 마이클 로이진 교수는 운동을 하면 실제의 나이(Body Age)보다 더 어리게 생체나이(Real Age)를 바꿀 수 있다는 연구결과를 내놓은 바 있다.

통증이나 손상시
운동치료의 효과

02

우리는 살면서 건강한 몸 상태를 오래도록 유지하고 싶지만, 예기치 않은 사고나 질병으로 통증이 발생되거나 손상을 입게 될 수 있다. 병원에 가면 대부분의 교통사고나 골절, 질병들은 그 원인과 손상이 검사와 검진을 통해 정확히 밝혀지기 때문에, 그 증상에 맞는 약물이나 수술치료를 받게 된다.

하지만 X–레이나 MRI 등의 각종 검사로도 밝혀지지 않는 통증이나 손상은 어떻게 치료할까? 여기서 말하는 통증이나 손상은 의학적인 진단으로도 원인이 잘 밝혀지지 않는 통증과 손상을 말한다.

예를 들면 허리가 아프다고 가정해보자. 먼저 X–레이를 촬영하여 관절의 손상정도와 뼈와 근육의 골절 등을 확인한다. 이 단계에서 별 문제가 없으면 다행이다. 골절이나 근육의 파열 등은 X–레이 검사로 알 수 있지만, 허리근육이 약해진 상태에서 무거운 물건을 들어올리다 허리를 삔 경우라면 X–레이로 원인을 알 수가 없다. 또 직업적으로 반복되는 작업을 하거나 신체활동으로 인해 근육이 뭉치거나 염증이 발생한 경우도 X-레이로는 알 수가 없다.

그렇다면 MRI로는 확인할 수 있을까? 안타깝게도 MRI 역시 아주 심각한 경우의 염증이나 근육의 파열이라면 확인되지만, 중간 정도나 미약한 정도의 염증과 근육뭉침 증상은 확인할 수가 없다.

이럴 때 병원에서는 의사의 촉진(Palpation : 손으로 만져보고 눌러서 평가하는 검사법), 시진(Inspection : 눈으로 손상부위를 보고 평가하는 검사법)에 의존해 경험과 주관적 판단에 따라 약물과 물리치료를 처방하게 된다.

우리나라의 약물처방은 대부분 염증을 줄여주는 소염제(Antiphlogistics : 비스테로이드성 약물인 아스피린 등)를 주로 처방하며, 물리치료는 저주파나 고주파 치료기를 이용하여 근육을 이완시키고 염증을 치료하는 전기치료(Electrotherapy : 손상부위에 치료기를 적용하는 요법)나 뜨거운 핫팩이나 냉찜질을 하는 온열치료(溫熱治療)를 실시하게 된다.

X-레이나 MRI로 평가되지 않는 정도의 증상을 가진 사람들의 경우 의사들은 환자라고 생각을 하지만, 본인들 스스로는 불편하고 통증이 있을 뿐이지 환자라는 자각이 없다. 즉, 병원에 입원해 치료받기 원하는 것이 아니라, 즉각적인 치료를 받고 곧바로 정상적인 상태로 돌아가고 싶은 정상인이라고 생각을 하는 것이다. 여기서 치료를 둘러싼 가장 큰 이해의 차이가 생긴다.

통증에서 자유롭지 못한 예비환자들을 위하여

늘 통증이나 장애와 싸우며 살고 있는 필자는 외견상 정상인이지만, X-레이나 MRI 검사를 하면 환자로 판정을 받는다. 하지만 운동을 통해 스스로 통증을 치료하고 일상생활에 불편을 느끼지 않을 정도의 몸 상태를 유지하고 있으니, 나 자신을 환자라고 해야 할지 정상인으로 생각해야 할지 혼란스러울 때가 있다.

그래서 나름대로 생각해본 결과 환자는 아니나 정상적인 생활을 할 때 통증이나 신체손상 때문에 불편과 아픔을 느끼는 사람을 '예비환자'라고 생각하기로 했다. 즉, 병원에서 특별한 의학적 치료를 하기는 어렵지만, 그렇다고 보통의 건강한 사람처럼 통증과 손상에서 자유롭지는 않은, 건강인과 환자의 중간에 속하는 사람을 지칭하는 말이다.

이렇게 애매모호한 예비환자의 경우 스스로 몸 관리를 어떻게 하느냐에 따라 환자와 건강인의 경계선 사이에서 아찔한 곡예를 하고 있다는 생각이 든다. 그렇다면 이들한테는 어떤 치료가 가장 효과적일까?

매일 진통제와 소염제를 먹는 약물치료? 병원에 가서 1시간 이상 누워 있으면서 전기치료나 핫팩과 같은 온열치료를 받고 누워있는 물리치료? 아니면 헬스클럽에 가서 땀을 흘리며 런닝머신 위에서 열심히 달리며 운동을 해야 할까? 참으로 난감하다.

하지만, 자신의 몸 상태를 정확히 판단을 하고 간단한 의학지식과 운동지식을 익혀, 체력수준에 맞춘 운동을 조금씩 해보면 통증이 천천히 완화되며, 뭉쳤던 근육이 차츰 풀리고 시간이 갈수록 호전되는 것을 스스로 느낄 수 있다.

수많은 명의와 의학 전문가들이 환자들에게, 건강인들에게 말하는

❗ 환자와 정상인의 중간에 있는 '예비환자'들은 특별한 치료를 하기도 어렵고, 정상인처럼 자유롭지도 못한 딜레마가 있다.

'적절한 영양섭취와 규칙적인 운동'은 바로 자신의 통증을 스스로 치료하고 예방하는 힘을 기르라는 뜻이고, 이것이 곧 '운동치료'라고 말하고 싶다.

이렇듯 운동은 그저 몸짱이 되라고만 있는 것이 아니라, 몸을 직접 움직이고 느끼며 스스로 평가하고 보완해 가면서, 건강한 몸 상태로 오랫동안 유지시킬 수 있는 좋은 치료제가 되어준다.

운동 후 회복작용과 치료의 회복작용은 같다

운동이 우리 몸의 장기와 근육, 신경들에 어떤 좋은 결과를 가져다주는지 알았다면, 이젠 운동이 정확히 어떤 과정을 통해 질병과 염증을 치유하는지 알아보자.

통증이나 질병이 생기면 몸속에서는 어떤 일이 일어날까? 바이러스 감염, 손상, 장애로 신체가 불편하고 허약해지는 상태를 우리는 '질병'이라 하고, 그 부분에 아픈 느낌을 갖는 것을 '통증'이라고 한다. 바이러스가 침투하면 면역기능이 작동하고, 바이러스를 죽이기 위해 백혈구들이 싸워 그 방어반응으로 '염증'이 생긴다.

염증은 각 세포나 신체기관을 손상시키는데 이 상태를 그대로 놔두면 세포와 근육, 장기들의 손상이 점차 확대된다. 이때 몸이 건강한 사람이라면, 적은 손상에서 그치고 회복되는 시간이 빠르다. 하지만 건강하지 못한 사람들은 손상과 통증이 계속되고 이는 만성통증과 장애로 발전되어 우리 몸을 더욱 괴롭히게 된다.

특히 재활의학에선 '최악의 굴레(Bad Cycle)'라는 말이 치료사나 의

ⓘ 의사들이 권하는 적절한 영양섭취와 규칙적인 운동이 바로 '운동치료'임을 알아야 한다.

사들 사이에 널리 쓰이는데, 환자들이 쉽게 빠지는 어려운 상황의 연속됨을 지칭한다.

통증이 있으면 우리는 몸을 잘 사용하지 않게 되고, 운동할 엄두도 못 내게 된다. 이로 인해 근육은 약해지고 신체의 대사기능 또한 떨어져서 살이 찌고 몸은 더 무거워져 척추와 관절에도 무리를 주게 되어, 움직이거나 활동하는 것이 어려워져 누워있거나 무기력한 생활이 길어진다. 결국에는 신체의 모든 기능이 저하되고 면역기능 또한 약해져 다양한 합병증으로 발전되어 악화일로를 걷게 된다.

이 굴레에서 벗어나기 위해선 힘들고 몸이 무겁더라도 자꾸 움직이고 능동적으로 일상생활을 더 바쁘게 만들어야 신체의 기능과 리듬이 유지되고 조금씩이라도 활력을 되찾을 수 있게 된다. 암 환자를 예로 들어봐도 병원에서 계속 항암치료를 받는 입원환자보다 통원치료를 통해 집에서 가족과 함께 치료를 받는 환자의 상태가 더 긍정적이고 치료와 회복기간도 훨씬 줄어든다고 한다.

아프거나 몸이 무거울수록 조금이라도 움직이려고 노력해야 신체 기능이 유지되고 회복하려는 의지도 강해진다. 이 의지를 더 강하게 하고 회복력을 높여주는 것도 바로 '운동'이다. 운동은 다양한 스포츠로도 가능하고 자신이 평소에 하고 싶은 것을 선택해도 같은 효과를 얻을 수 있다.

아침에 일어나서 가볍게 실시할 수 있는 스트레칭은 뭉친 근육을 풀어주고 혈액순환을 좋게 해 가벼운 몸으로 하루를 시작할 수 있게 하고, 점심시간의 간단한 맨손체조와 계단 오르기는 나른하기 쉬운 오후 시간대에 가벼운 활력을 불러일으킨다. 저녁 때는 TV를 볼 때 피곤한

❗ 아파서 활동이 어려워지면 신체기능과 면역기능까지 떨어져 또 다시 다양한 합병증을 일으키는 '최악의 굴레'에 빠지게 된다.

몸 부위를 부드럽게 마사지하면서 스트레칭이나 간단한 근력운동을 더하는 것만으로도 피로에 지친 근육을 풀어주고 통증을 완화시킨다.

저녁 후의 가벼운 산책과 스트레칭은 숙면을 취할 수 있어, 자는 동안 회복능력을 높여줘 호르몬 분비를 돕고 신진대사 기능이 좋아진다. 이러한 운동의 치료적 효과는 결코 얻기 힘들거나 어려운 것이 아니다. 자신의 체력과 상태에 따라서 조금씩 아주 간단한 동작이라도 시작하는 것이 운동치료의 출발이 된다.

운동을 꾸준히 실시하게 되면 처음 시작할 때보다 운동 후의 회복능력이 점점 더 빨라지는데, 운동 자체가 심장과 근육 등의 신체기관들뿐만 아니라 뇌와 신경계통, 그리고 면역기능과 호르몬의 분비량에도 도움을 주기 때문이다. 이로 인해 같은 강도의 통증이라도, 체력이 강해져 그 통증에 대한 반응이 약화되어 잘 참고 견뎌낼 수 있게 된다.

통증에 대해 이렇게 면역이 생기게 되면 신체활동의 제약들이 줄어들어 더 많은 운동과 활동을 감당할 수 있게 되고, 신체의 기능회복과 체력강화 및 면역기능 유지로 이어져 '운동 후 몸의 회복작용'이 '치료의 회복작용'과 같은 효과를 내어 스스로 몸을 치유하는 '자연치유력'을 강화시킨다.

> ❶ 꾸준히 운동을 하면 운동 후의 회복능력이 빨라지고, 같은 강도의 통증이라도 반응이 약해져 잘 견뎌낼 수 있게 된다.

일반적인 치료만 받는 것 vs 운동을 병행하는 것

그렇다면, 질병과 질환에 걸렸을 때 일반적인 치료만 하는 것과 운동을 병행하는 것은 어떻게 다를까? 가령, 초기 척추 디스크 질환이 생겼다고 가정해보자. 병원에서의 일반적인 처방으로는 일단, 약물치료로 통증을 감소시키고 체중을 줄이라고 지시한다. 물리치료로는 핫팩과 전기치료, 견인치료를 병행한다. 이럴 경우, 환자는 병원의 지시대로 수동적으로만 치료에 참여하게 된다.

우선 척추의 가장 큰 부담을 주는 체중을 줄이라는 의사의 처방으로 환자는 가장 먼저, 먹는 양을 줄이는 방법을 택하게 된다. 그러면 몸에서 소비할 수 있는 에너지양이 줄어들기 때문에 신체활동량 또한 감소된다. 신체활동량이 떨어지면 근육을 움직이는 기초대사량이 떨어져 이는 신체기능의 저하로 이어진다.

이로 인해 이전보다 피로를 더 빨리 느끼게 되고 피로회복 능력 또한 현저히 떨어진다. 이런 상태에서 계속 치료를 받으면 일차적으로는 허리통증이 나아질 수는 있을 것이다. 그렇지만, 이는 신체를 강화시켜서 몸을 이전 상태로 회복시키는 것이 아니라, 척추에 가해지는 몸무게 하중을 줄여주는 것으로만 통증을 일시적으로 완화시킨 것에 불과하다.

이때 환자는 정상으로 돌아갔다고 생각하고, 이전과 같이 활동량과 섭취량을 늘리게 되면 체중이 다시 늘어 척추에 부담을 주게 된다. 통증은 계속 재발될 수밖에 없기 때문에 몸속에선 이전보다 더한 악순환이 거듭되는 것이다.

여기에 노화와 앉아서 일하는 시간이 많아서 생기는 신체활동량의 감소까지 감안한다면, 재발된 통증은 이전보다 더 악화될 수밖에 없고, 고통은 배가 되어 원인치료 역시 어려워질 수 있다.

디스크의 경우, 수술을 통해 터지거나 삐져나와 신경을 누르는 디스크를 제거하더라도 그 부분이 다시 터지거나 삐져나오지 않도록 근육

❗ 통증에 대해 면역이 생기면 더 많은 활동과 운동이 가능해져 '자연치유력' 이 훨씬 높아진다.

을 강화시켜야 재발하지 않는다. 그러나 수술 후 재발률이 높아 운동을 병행해야만 재발을 막을 수 있다. 때문에 운동이 병행되지 않는 지금까지의 디스크 치료는 이젠 더 이상의 치료법으로 존재하지 않게 되었다.

자 그럼, 반대로 운동을 통해 신체기능과 척추 주변의 근육을 강화시키는 비수술요법인 '운동치료'를 선택했을 경우를 생각해보자. 척추 디스크 환자의 운동치료는 어떻게 이뤄질까?

척추 디스크 질환의 원인은 각종 사고나 노화로 인한 척추관절의 약화, 신체활동량의 감소로 인한 척추를 지지하고 보호하는 근육과 인대들의 약화, 그리고 퇴행성 관절로 인한 척추와 척추 사이의 디스크의 변형 등의 다양한 원인으로 척추가 더 이상 체중을 지지하기 어려워져, 이 부담이 디스크에 가해져 디스크가 삐져나와 신경을 누르거나, 척추관절의 퇴행성 변화로 이어져 통증이 발생하는 것이 대부분이다.

◉ 4단계 운동치료는 어떤 원리로 진행될까? 56쪽을 보세요!

통증이 생기면 활동하기 어려워져 이전보다 몸은 더 약해지고, 통증에 대해서 한층 예민해지게 된다. 또 통증 때문에 바른 자세를 취하기가 어려워 자세가 더욱 틀어지고 골격이 비뚤어져, 척추에 다시 부담이 가게 되고 결국엔 오래 서있거나 누워 있어도 통증을 느낄 정도에 이른다. 즉, 심각해지면 움직이지도 못하는 진퇴양난의 상황에 닥치게 되는 것이다.

원인을 치료하기 위해서는 당연히 일정량의 약물치료도 병행돼야겠지만, 우선 운동으로 신체기능을 회복시켜야 한다. 운동치료는 다음의 4단계로 이뤄지기 때문에 더 큰 치료효과와 함께 재발률을 낮춘다.

4단계 운동치료는 먼저, 몸의 첫 이상 신호인 1) 뭉친 근육을 풀어준다. 근육이 뭉치게 되면 골격을 틀어지게 만들고, 근육 내 혈관과 신경을 눌러 통증을 발생시킨다. 뭉친 근육은 스트레칭과 마사지로 부드럽게 풀어준다.

이렇게 근육과 관절을 부드럽게 만들어 준 후 2) 틀어진 골격을 바로잡는다. 몸의 중심이 바로 잡히면 척추와 골반의 균형이 잡혀 몸이 한쪽으로 기울거나 근육이 뭉치는 현상을 막는다.

운동을 통해 바르게 된 골격을 건강하게 오래 유지하기 위해서는 3) 약해진 근육을 강화시켜야 한다. 골격이 다시 틀어지지 않게 고정을 시켜주는 역할도 있지만 통증과 질환으로 약해진 근육을 운동으로 강화하고 4) 부족한 신체기능을 회복시켜 부상의 위험과 질병을 예방하기 위함이다.

ⓘ 치료의 주체가 환자 자신이 되는 운동치료는 통증의 재발율을 낮추는 능동적인 치료다.

능동적인 운동치료는 통증의 재발을 막는다

이런 과정을 통해 이뤄지는 운동치료 프로그램은 '운동의 회복력'을 치료에 적용시켜, 환자 스스로 문제점을 확인해 허리통증의 근본원인을 이해하고, 재발을 방지하여 다시는 통증을 느끼지 않도록 예방하는 과정으로 진행되므로, 치료주체가 환자 자신이 되는 것이다. 이렇게 되면 스스로 몸에 나쁜 습관을 교정하고, 재발되지 않도록 예방지식까지 습득하고 이해를 하기 때문에 능동적 치료가 된다.

수술과 약물치료의 단점인 의사와 병원에만 의존하는 수동적 치료와는 것과는 다르게 운동치료는 환자가 의사, 치료사와 함께 능동적으로 통증의 원인을 함께 이해하고, 하나하나 문제점을 해결하는 단계를 거치기 때문에, 병에 대한 지식도 동시에 높아져 재발률을 낮추는 것은 물론, 환자 스스로 몸을 관리해 나갈 수 있는 능력도 키워지는데 크나큰 차이가 있다.

이것이 바로 근본적인 원인치료이며, 운동치료의 장점이라고 할 수 있다.

4단계 운동치료
원리와 과정

03

운동의 치료효과를 높이기 위해서는 본인의 몸 상태를 면밀히 체크한 다음, 상태에 맞게 단계적으로 진행해 나가야 병의 원인을 치료하고 통증을 치료, 예방할 수 있다.

골격과 근육에 문제가 발생하면 먼저 해당 부위의 근육들이 뭉치게 된다. 근육이 뭉치면 그 속의 혈관들도 수축돼 혈액순환이 악화된다. 이로 인해 근육들은 혈액이 모자라 혈액을 통해 공급받는 영양소와 산소가 부족한 상태가 되기 때문에 근육의 기능이 떨어지고 이는 뼈와 관절을 보호하기 힘든 상태로 이어진다.

근육이 뭉치면 골격을 제 위치로 고정시켜주지 못하기 때문에, 차츰 골격이 틀어지게 되고 이로 인해 비뚤어진 체형으로 변해간다. 틀어진 골격들은 척추뼈 사이로 뻗어나가는 신경들을 누르게 되어 다양한 신경통증이 발생한다. 신경통이 발생하면 점점 더 통증에 예민하게 되어 움직임이 줄어들고, 신진대사 기능이 떨어져 만성적인 피로감을 느끼게 된다.

이는 다시 근육의 약화와 뼈와 관절의 노화를 불러오고 몸은 자꾸 약해져 면역기능까지 떨어지고 부상의 위험에 쉽게 노출된다. 별 충격이 아닌 데도 뼈가 쉽게 부러지고, 넘어지지 말아야 할 상황에도 쉽게 넘어져 허리를 다치거나, 골절을 입게 되어 몸은 더욱 약해져만 간다.

이 악순환을 끊어버리고 강한 체력과 건강한 몸 상태로 회복되기 위해서는 과학적인 운동의 치료효과를 몸으로 직접 체험해 가며 자신만의 운동치료법을 스스로 터득해 나가야 한다.

이 책에서는 4단계에 걸쳐 운동치료가 이뤄진다. 4단계는 각각의 레벨이 있는 것이 아니라, 4주간의 운동 프로그램 속에 녹아 있는 것으로 이를 근간으로 통증별 맞춤운동을 제안한다. 몸짱을 위한 운동처럼 무조건 웨이트 트레이닝이나 유산소운동을 적용하는 일은 통증 환자들에게 있어서는 위험천만한 일이기 때문이다.

다음의 운동치료 4단계를 잘 기억하고 성실히 맞춤 운동치료를 진행해 나가자. 고질적인 만성통증과 약해진 체력과 신체기능으로 계속되는 고통 속에서 벗어나, 치료의 주체로 능동적인 실천을 하면 더 나은 삶으로 변화해 갈 것이다.

⊕ 골격이 비틀어지고 근육이 뭉치면 몸에 어떤 통증과 질환이 일어날까? 236~239쪽을 보세요!

1단계 → 뭉친 근육을 풀어준다

몸의 이상신호 중 가장 쉽게 확인되는 것이 바로 근육이 뭉치는 것이다. 지금, 목과 허리부분의 근육들이 뭉쳐서 통증을 느끼고 있는가? 그렇다면 목과 허리부분에 이상이 있다는 경고신호다. 이를 방치해두면 그 근육이 담당하는 기능이 약해지고, 간헐적인 통증이 만성적인 통증으로 발전된다. 근육이 뭉치면 가장 먼저 통증부위의 근육들은 혈액순환이 나빠져 산소와 영양상태가 부족해지게 되고, 근력과 기능이 현저히 떨어져 무거운 물건을 든다거나, 한 자세로 오래 있지 못하고 쉽게 피로감을 느낀다. 더 발전되면 해당부분이 저리거나 찌릿찌릿한 전류가 흐르는 통증이나, 점차 감각이 떨어지는 상태로 진행된다.

특히 근육이 뭉치면 몸의 중심이 한쪽으로 기울어지거나 비뚤어지고, 한쪽으로 쏠린 무게 때문에 척추가 틀어지고, 척추를 지지, 연결하는 관절과 인대에 부담을 주고, 다시 근육의 불균형을 유발시켜 또 다른 부위까지 근육이 뭉쳐 통증을 낳는다.

이때 뭉친 근육을 풀어주고 굳은 관절을 부드럽게 만드는 스트레칭과 자세 교정운동을 실시하면, 혈액순환이 좋아져 산소와 영양공급이 늘어나 근육이 빠르게 회복되고, 굳은 관절을 부드럽게 만드는 활액(Synovial Fluid : 관절 속에 흐르는 윤활액으로 관절의 움직임을 부드럽게 도와준다)이 분비되어 신체의 움직임을 훨씬 좋아진다.

근육 속에는 혈관과 신경이 같이 분포되어 있는데, 스트레칭을 통해 혈액의 공급이 증가되면 신경의 전달속도 및 신경 전달물질의 분비도 원활해지기 때문에 근력도 증가되고 통증도 덜 느끼게 되며, 근육이 쉽게 뭉치거나 굳어지지 않게 된다.

1단계의 운동치료에서는 유럽에서 스포츠선수들의 부상회복을 위해 널리 사용되는 '긴장-이완요법(Hold & Relax Technique)'과 '근육신경 활성화요법(Proprioceptive Neuro muscular Facilitation Technique)'을 사용한 스트레칭을 제안한다.

⊕ 뭉친 근육을 풀어주는 1단계 운동치료에서는 긴장-이완요법과 근육신경 활성화 요법을 이용한 운동동작을 수행하게 된다

긴장 이완요법은 근육이 최대한 늘어날 때까지 근육을 천천히 늘린 후, 최대한 늘어난 상태에서 10초간 멈춘 후, 다시 숨을 내쉬며 근육만이 아니라 신경까지 함께 천천히 늘어날 수 있도록 도와주는 스트레칭 방법이다. 근육신경 활성화요법은 여러 각도로 다양하게 움직이도록 해서, 단순히 근육만 이완시키는 것이 아니라 근육을 뭉치게 만드는 신경과 관절까지 부드럽게 만드는 것으로 각 기능을 활성화 시켜 신체의 움직임을 좋게 하고, 통증을 완화시켜 주는 물리치료시 가장 널리 사용하는 방법이다.

이 책에서는 고급 척추전문 병원에서 일부 스포츠선수들이나 소수의 VIP들만 접하고 혜택을 받아온 이 두 가지 방법을 모든 운동 프로그램에 적용하여 많은 사람들이 병원에 가지 않고도 집에서 손쉽게 뭉친 근육을 부드럽게 늘려주고 통증을 줄여줄 수 있도록 했다.

2단계 → 틀어진 골격을 바로잡는다

뭉친 근육이 부드럽게 풀렸다면, 근육을 뭉치게 만든 틀어진 골격을 바로잡아야 다시는 근육이 뭉치지 않도록 원인치료를 할 수가 있다. 뼈를 고정시켜주는 것이 근육인데 뭉치는 근육이 있다면 그 부분의 뼈들은 틀어진 것이다. 틀어진 골격상태가 근육에 부담을 주어 뭉치게 만든 경우가 대부분이기 때문이다.

한의학과 재활의학에서는 목과 어깨, 허리근육을 뭉치게 만든 주범을 틀어진 골격에서 찾는 경우가 많다. 하지만 보통 사람들은 뭉친 근육이 풀리면 바로 치료를 끝낸다. 원인은 무시하고 통증만 해결하려는 꼴이다.

Part 3에 나오는 〈비뚤어진 골격상태를 확인하자〉에서는 자신의 어느 부분이 틀어지고 어느 쪽으로 몸의 중심이 비뚤어졌는지 체크해볼 수 있다. 이 책의 맞춤운동으로 통증이 사라졌다고 그것으로 그치지 말고 꾸준히 자신의 몸 상태를 체크해 보는 것이 중요하다.

골격의 비틀림을 확인한 다음, 자세와 체형 교정운동을 통해 틀어진 골격을 바로잡고, 몸의 중심인 척추를 바로 세우고, 올바른 골격과 자세로 고정시키기 위해 근력 강화운동을 실시하게 된다.

근력 강화운동을 하면 골격을 더 단단히 고정시키고 보호해 관절과 근육의 문제를 해결하고, 나아가 혈액순환과 신진대사 기능도 좋게 만들 수가 있다. 미약한 통증과 질병은 이 두 번째 단계에서 어느 정도 회복될 수 있다.

→ 242쪽에서 자신의 골격이 얼마나 비뚤어졌는지 확인해보자.

하지만 자만은 금물! 한 번 비뚤어진 골격은 다시 틀어지기가 쉽다. 지속적으로 나쁜 자세를 교정하고 허리나 각 관절에 부담을 주는 자세를 하나 둘씩 고쳐나가고, 올바른 자세유지를 하기 위해 꾸준히 자세교정운동을 실시해야 하는 것이다. 대부분의 틀어진 골격의 70% 이상은 나쁜 자세와 습관에서 비롯된다.

운동치료에서 제안하는 틀어진 골격을 바로잡는 운동법은 스스로 어느 부분의 골격이 틀어졌는지를 확인하고, 운동을 통해서 골격으로 바로잡아 가는 것이다.

2단계 과정으로 올바른 자세와 골격을 유지를 위해 발레리나와 운동선수들을 위해 고안된 '자세 회복운동(Balance Training : 흔들리는 바닥이나 매트 위에서 스스로 균형을 잡기 위해 노력하는 운동)'과 '자세유지 근육 강화운동(Core Training : 척추와 골격을 고정시키는 척추주변의 작은 근육을 강화시키는 운동)'을 제안한다. 특별한 도구나 장소에 관계없이 쉽게 자신의 몸무게만을 활용해 틀어진 골격을 바로잡을 수 있도록 고안했으며, 현재 통증이 있는 사람들도 부상에 대한 두려움 없이 스스로 강도를 설정하여 안전하게 할 수 있도록 맞춤운동을 제안한다.

병원이나 재활센터에서만 교정운동을 할 수 있는 것은 아니다. 경력이 많은 치료사도 남의 몸을 완벽히 판단하기는 어렵다. 자기 몸은 자신이 가장 잘 알고 있기 때문에 문제점을 스스로 파악해 자신이 직접 치료사가 되어, 틀어진 골격을 바로 잡는 것이 가장 확실하고 성공률이 높은 치료방법이다.

3단계 → 약해진 근육을 강화시킨다

약한 근육은 몸을 지지하고 균형 잡는 골격을 흔들리고 불안하게 만든다. 앉거나 서있을 때 우리 몸은 체중과 중력의 부담을 받으며 지탱하는데, 근육이 이 무게의 상당 부분을 지지해줘야 골격이 틀어지지 않고 바르게 설 수 있기 때문이다.

근육의 기능은 크게 2가지로 몸을 움직이게 만들어주는 것과 안정된 자세를 잡아주는 것이다. 근육은 다양한 운동이나 스포츠를 통해 단련시킬 수 있는데, 대부분의 운동은 움직임을 더 좋게, 잘하게 만드는 데만 초점이 맞춰져 있다. 보통은 빨리 달리기 위해 운동(트레이닝)을 하지, 부상을 입지 않기 위해 운동을 하거나, 달릴 때 뼈와 관절이 어긋나지 않게 단단히 고정시켜주는 근육을 단련시키는 데는 소홀한

편이다.

가령 자동차의 빠른 속도에만 관심을 갖다보면 안전하게 정지시켜주는 제동장치에 소홀하게 되는데, 제동장치에 문제가 생기면 큰 사고로 이어진다. 근육도 마찬가지다. 근육만 강화시키다 보면 몸을 움직일 때 골격과 관절을 안전하게 고정시켜 주지 못해 부상과 통증을 일으킬 수가 있는 것이다.

통증이 있는 사람들에겐 몸을 움직여주는 근육도 중요하지만, 안전하게 움직일 수 있도록 골격과 자세를 잡아주는 근육이 더 중요하다. 그러므로 목과 어깨, 척추와 골반, 무릎과 발목을 안전하게 지지하고 고정시키는 안정근(Stabilizer Muscles : 골격과 관절을 고정, 보호해주는 작은 근육들)들을 강화시키는 것이 운동치료 3단계에서 이뤄진다.

3단계의 운동치료 목표는 통증의 치료와 예방을 넘어 다시는 통증에 시달리지 않도록 건강한 몸 상태를 유지, 보수해주는 데 있다. 좋은 자동차를 잘 관리하기 위해서는 훌륭한 정비사와 정비소가 필요한 것처럼 우리 몸과 골격을 지속적으로 유지, 보수해 나가는 건강관리가 필요하다는 뜻이다.

3단계의 운동법은 움직일 때 효과적인 '등장성 운동(Isotonic Exercise : 관절의 움직임을 통해 근육을 이완·수축시켜 근육을 단련하는 운동법)'과 올바른 골격과 자세를 유지시키고, 부상과 통증을 예방하는 '등척성 운동(Isometric Exercise : 관절을 움직이지 않고 근육만을 강화시켜 관절과 골격을 안정시키는 운동법)'을 활용하는, 운동치료 단계로 틀어졌던 골격이 다시는 비뚤어지지 않도록 단단히 고정시키는데 역점을 두었다.

⊕ 운동치료 3단계에서는 골격과 관절을 안전하게 고정시키는 근육까지 함께 강화시키는 등장성 운동, 등척성 운동을 수행한다.

4단계 → 부족한 신체기능을 회복시켜 부상과 질환을 예방한다

신체의 기능을 회복시킨다는 말은 전반적인 균형과 강화를 통해 건강한 몸으로 바뀌면 통증과 장애에서도 벗어날 수 있다는 뜻이다. 이것은 어느 하나의 약한 부분을 강화했다고 해서 근본원인이 해결되는 것은 아니다.

사람이 걸을 때 단순히 다리근육만 사용한다고 생각하는가? 다리를 통해 앞으로 걸어가지만 몸의 중심을 잡지 못하게 되면 걷기가 힘들다. 또 방향을 바꿀 때 몸통과 손발의 리듬이 정확해야 중심을 잃지 않고 걷는 속도를 유지하며 자연스럽게 방향을 바꿀 수 있다. 이렇듯 우리 신체는 다양하고 복잡한 메커니즘으로 서로 연결이 되어 있어서, 강화된 부분과 다른 곳들이 균형과 협응력을 발휘하지 않으면, 그 기능을 제대로 발휘하기 어렵기 때문에 끊임없이 조정해 가며 기능을 회복시켜야만 근본적인 원인치료가 가능하다.

예방과 치료, 재활은 건강관리에 있어 기초라고 할 수 있다. 기존의 의학계에서는 치료와 재활 쪽에만 중점을 두어왔다. 하지만 인체에 한 번 가해지는 손상은 영원히 이전의 상태로 복귀가 불가능하다. 피부가 살짝 그을리기만 해도 그 부위의 피부는 그 손상의 흉터가 남으며, 그 흉터를 레이저로 없애더라도 그 부분의 감각신경은 50%도 기능을 못하고 피부두께가 두꺼워지고 만다. 피부만 해도 이와 같은데 우리 몸의 중요한 척추와 관절, 근육들은 과연 어떨까?

현대의학의 아버지라 하는 히포크라테스도 '최고의 치료는 예방이다'라고 했듯이, 기존의 신체적 장애나 통증을 해결했더라도 그 부분의 기능이 100%는 회복이 되지 않기 때문에 다른 신체부위에 부담을

치료와 재활에 그치는 것이 아니라, 이후에 생길 수 있는 부상의 위험까지 예방해 최고의 신체상태를 유지하게 하는 것이 운동치료의 마지막 과제다.

줄 수 있다는 것을 염두에 둬야 한다. 그러므로 신체의 기능을 더욱 강화시켜 2차적으로 발생할 수 있는 부상의 위험까지 예방하는 것이 바로 운동치료 최고의 목표라고 할 수 있다.

예를 들어 오른쪽 다리를 다쳤다가 회복되었더라도 왼쪽다리와 오른쪽 골반과 허리, 심지어는 어깨까지도 2차적으로 부상을 입을 수 있는 가능성이 있다는 것을 염두에 두고, 그 기능을 강화하고 예방하는 것까지 고려하는 것이 진정한 운동치료인 것이다.

이렇게 운동치료의 마지막 4단계에 이르면 약해진 기능이 강화되어 어떠한 충격과 부상에도 쉽게 회복하고 통증과 손상에서 빠르게 벗어날 수 있는 최상의 상태가 된다. 의료계에서 말하는 '최고의 건강한 신체상태(Human Wellbeing)'를 앞으로도 유지해 나갈 수 있다는 뜻이다.

ⓘ 4단계 운동치료를 마치면 '최고의 건강한 신체상태'로 살아갈 수 있게 된다.

04

허리통증의
운동치료 효과

누구나 쉽고 빠르게 허리통증에서 벗어나고 싶겠지만, 허리통증은 그리 간단하지도 않고 편하게 치료할 수 있는 병이 아니다. 물론 통증을 병으로 치부하기는 어려운 면도 있지만, 조금이라도 허리통증을 느낀 사람이리면 하루 빨리 병원의 검사를 받고 치료와 함께 운동을 하면 회복에 오랜 시간이 걸리지 않을 수도 있다.

허리통증 환자들 중 수술이 필요한 심각한 정도의 환자는 전체의 10%가 넘지 않는다. 그렇다면 나머지 90%의 사람들은 어떻게 해야 할까? 약해진 허리와 잘못된 체형, 자세를 운동을 통해 교정하고 강화시키면 된다. 많은 사람들이 허리에 통증을 느끼게 되면 물건을 들어 올리거나 움직일 때 통증이 심해지는 것이 겁나 활동량을 급속히 줄인다.

스포츠 마니아의 허리통증 치료기

유명한 30대 남성 탤런트인 L씨는 다양한 스포츠를 즐기는 스포츠 마니아였지만 허리를 다쳐 꽤 오랫동안 고생을 했다. 특히 부상 후부터는 허리가 아플까봐 몸을 아끼는 생활을 1년간 지속하다 보니, 예전의 건강한 몸과 근육은 사라지고 허리와 복부에 지방이 쌓이고 체중이 늘어 이전과는 전혀 다른 몸이 되어있었다.

운동을 많이 하던 사람이 운동을 중지하면, 오히려 운동을 전혀 하지 않은 사람보다 체중과 체지방이 더 빨리 늘어난다. 몸은 한창 운동할 때의 신진대사율이 그대로이기 때문에, 운동을 하지 않는데도 배고픔을 빨리 느껴 소모하는 칼로리보다 섭취하는 칼로리양이 늘어나기 때문이다.

이때 늘어난 체중은 고스란히 허리의 부담으로 이어진다. 복부와 허리의 지방은 허리를 앞으로 잡아당겨 허리근육을 과하게 긴장시켜 근육을 쉽게 뭉치게 만들고 조금만 무리하게 움직여도 이전보다 더 뻐근한 근육통을 느끼게 된다. 그렇다고 움직이지 않으면 척추의 관절들도 굳어져 또 다시 허리를 삐거나 다치기 쉬워진다. 나중에는 운동은커녕 움직이는 것조차 겁이 나고 힘들어지기 때문에, 운동을 즐기는 스포츠 마니아들일수록 허리부상에 한층 더 주의해야 한다.

L씨의 경우 허리부상에도 불구하고 운동을 계속했는데, 하면 할수록 허리통증을 느껴 이러지도 못하고 저러지도 못하는 상황이었다. 필자는 우선 기존에 하던 운동과는 다른 목적으로 운동을 지도했다. 허리통증의 원인을 찾아보니 몸을 좌우로 회전할 때 어깨와 등보다 허리만 주로 회전거나 앞으로 구부러져 허리근육에 스트레스가 많고 과도

⊕ 운동을 즐기는 스포츠 마니아들에게 오히려 허리통증을 많이 찾아볼 수 있다.

하게 사용되어 발생한 것이었다. 근육의 유연성도 떨어져 조그마한 충격에도 허리근육이 버티지 못해 부상으로 이어지게 된 것이다.

몸 상태를 자세히 확인하고 여러 가지 테스트로 원인을 분석한 다음, 바로 운동치료에 들어갔다. 첫 번째로 허리근육만 과도하게 사용하여 문제가 발생되는 일명 '과사용 증후군(Overuse Syndrome : 특정 부분의 근육을 과도하게 사용하여 발생하는 근육과 인대손상)' 을 없애기 위해 허리에 비해 덜 사용하는 등과 엉덩이, 허벅지 뒷부분, 옆구리의 근육을 더 많이 쓰도록 평상시에 잘 취하지 않는 동작들을 운동에 넣었다. 허리에 부담을 주지 않는 범위에서 근력과 관절운동을 실시하였고, 그후에는 근육통을 느끼지 않도록 운동강도를 중간 정도로 맞춰 진행해 나갔다.

두 번째는 스트레칭을 꾸준히 시켜 뭉치고 피로가 많이 누적되어 있는 허리근육을 부드럽게 풀어줘 통증을 줄이는데 초점을 맞췄다.

세 번째는 약해지고 피로한 허리근육의 겉근육과 속근육의 균형을 맞추기 위한 '허리 보강운동' 을 자신의 몸무게만을 이용해 여러 번의 횟수로 반복하는 것과 약간 무거운 무게를 사용하여 횟수를 적게 실시하는 운동을 하루 걸러 병행시켜 몸이 받는 다양한 스트레스와 충격을 허리가 잘 견뎌낼 수 있도록 했다.

마지막으로 처음에 가장 크게 허리통증을 느꼈던 동작을 반복시켜 어느 정도 허리가 좋아지고 충격에 견딜 수 있는지 확인했다. 그런 다음, 다시는 허리에 통증이나 부상이 생기지 않게 심리적인 두려움을 없애고 안정을 취할 수 있도록 하고, 예전의 통증자세를 취해도 허리가 아프지 않다는 사실을 스스로 깨달을 수 있게 하는 '인지 운동치료

① 운동치료의 마지막 단계에서는 예전의 통증자세를 취해도 허리가 아프지 않다는 사실을 스스로 깨닫게 하는 '인지 운동치료' 가 필요하다.

(Adaptation Therapy)'를 실시했다.

운동치료를 실시하고 나서 두 달 후, 탤런트 L씨는 이전의 건강과 자신감을 되찾고, 예전보다 더 훌륭한 몸매와 함께 그동안 누리고 싶었던 스포츠 마니아로서의 활동을 마음껏 펼치게 되었다.

운동의 치료효과는 치료사보다 환자 본인이 더 쉽게 이해할 수 있다. 처음 허리부상을 입거나, 잘못된 자세나 약해진 허리로 인해 통증이 생기고 나면 그 통증에 두려움을 느껴 자꾸 소극적이 되고 예민해지는데, 운동치료를 통해 환자 자신이 몸에 대한 느낌과 정보를 전문지식을 가진 치료사와 서로 나누다 보면 스스로 잘못된 자세와 문제점을 치료하고, 자신감을 갖게 된다.

이를 통해 허리통증에 대한 원인을 파악하고 치료해감으로써 재발을 막고, 운동의 또 다른 효과인 건강한 체력까지 얻을 수 있어 것도 큰 장점이다.

한쪽 방향으로만 치는 골프, 허리통증에 노출되어 있다!

우리나라 굴지의 기업을 이끌고 있는 50대 남성인 J씨는 집안 대대로 건강한 체질과 다부진 체격을 자랑하는 호방한 기업가였다. J씨는 리조트 사업과 골프장 건설을 위해 시작한 골프를 일주일에 5일 이상 하루에 6시간이나 치는 골프 마니아였다. 2년을 꼬박 일주일에 5일 이상 골프를 치던 어느 날, 새벽 골프 라운딩 도중 갑자기 찾아온 허리통증이 문제가 되었다.

한 번도 허리 때문에 고생해본 적이 없고, 건강이라면 20대를 능가

❶ 한쪽 방향으로만 치는 골프 스윙은 척추를 오른쪽으로 휘게 하고, 몸통이 왼쪽으로 틀어지게 만들어 허리통증을 낳는다.

하는 강철체력이라고 자랑하던 분이었지만, 식은땀을 흘리며 겨우 집에 가고 나서는 꼼짝없이 이틀을 누워만 지내게 되자, 그 심각성을 깨닫게 되었다.

꾸준한 약물치료와 물리치료로 3개월 후 어느 정도의 통증은 해소가 되었지만, 두 번 다시 골프는 꿈도 못꾸게 되어 야심차게 밀어붙이던 골프장 건설과 리조트 사업에도 제동이 걸리게 되었다. 골프장 코스 하나하나를 직접 라운딩을 해보고, 그 아이디어를 사업적으로 활용하던 J씨에게는 너무나 큰 재앙이었다.

이 분의 경우는 허리통증을 극복하기 위해서가 아니라, 너무나 사랑하는 골프를 다시 치고, 사업을 야심차게 진행하고 싶은 목표를 이루기 위해 필자와 함께 운동치료를 시작하게 되었다.

먼저 몸 상태를 점검해 보자 목과 허리 디스크 초기였다. 목뼈인 경추 5, 6번, 허리뼈인 요추 4, 5번의 문제와 무리하게 한쪽 방향으로만 치는 골프스윙으로 인해 척추가 정상범위보다 더 오른쪽으로 휘고(척추측만증) 몸통이 왼쪽으로 틀어져 있었다. 특히 과체중으로 인한 목 디스크와 허리 디스크로 뼈와 뼈 사이가 많이 좁아져 조금만 무리하게 움직여도 신경을 눌러 극심한 통증을 느꼈기 때문에 운동은 고사하고 스트레칭도 두려워 할 정도가 되었다.

골프로 인해 몸의 중심이 왼쪽으로 쏠려 앉았다 일어날 때도 허리에 통증을 심하게 느껴 말 그대로 누워만 있거나 조금만 걸을 수 있을 정도로 증상이 악화된 상황이었다. 약해진 체력을 스스로도 받아들이기 힘들어 해 처음 운동치료를 시작할 때 많은 어려움이 있었다.

하지만 J씨에게는 더 이상 물러날 곳이 없었다. 병원에서도 디스크 초기이니 수술보다는 물리치료와 운동치료를 권했고 찬찬히 하나 둘씩 시작해 나갔다. 특히 아침에 침대에서 일어나는 방법부터 시작해, 걸을 때 몸이 한쪽으로 쏠려 허리에 부담을 주는 자세부터 고쳐나갔다. 똑바로 서있는 법, 서있을 때 몸의 체중을 오른발, 왼발에 동일하게 분산시켜 바르게 서기, 숨을 쉬는 법에서 앉았다 일어나는 법까지 느리지만 차근차근 올바른 자세로 바꿔나가기 시작했다.

몸의 중심을 바르게 유지할 수 있게 된 다음에는 목과 허리를 조금씩 움직여 허리와 목 통증으로 단단하게 굳어버린 근육을 스트레칭으로 풀어갔다. 골프로 인해 왼쪽으로 틀어져 버린 몸통을 바로잡기 위해서는 저항이 비교적 약한 고무줄(밴드 트레이닝)을 이용해 오른쪽으로 몸통을 회전하는 회전운동을 진행시켰다. 처음에는 두려움이 앞서 근육이 경직되어 동작이 쉽게 나오지 않아 고무줄 대신 가벼운 골프채를 가지고 다시 동작을 시켜봤다.

이때 놀라운 일이 일어났다. J씨는 항상 즐기던 골프채를 다시 잡자 필드에 나가고 싶다는 열의가 불타 오른 것이다. 땀을 뻘뻘 흘리면서도 조금씩 꾸준히 노력하자 굳어버리고 약해진 오른쪽 몸통근육이 1주일 만에 서서히 이완되고 강화되었다. 나중에는 골프 헤드에 모래주머니를 달아 조금씩 운동강도를 높여나갔을 정도였다. 심지어는 골프장에 나가 야외에서 운동을 하기도 했고, 카트를 타고 다니던 잔디밭에서 올바른 자세와 걸음걸이로 걷기운동을 실시하기에 이르렀다.

골프장은 흙과 잔디로 만들어져 일반 러닝머신과 딱딱한 아스팔트애서 걸을 때 보다 허리에 가해지는 부담이 1/4밖에 되지 않아 훨씬 편하게 운동할 수 있다. 또 골프장에는 능선이 있어 경사도가 높고, 낮음이 반복되어 걷기를 통해 허리 강화운동까지 할 수 있다. 경사도가 높아지면 자세유지를 위해 상체를 앞으로 숙이게 되어 허리근육이 강화되는 효과가 있기 때문에, 허리통증이 있을 때 완만한 동산이나 낮은 산에서 등산을 하게 되면 상당한 효과를 얻을 수 있다.

❗운동치료는 치료와 자신감 회복에 그치지 않고, 즐기는 수준으로까지 발전되는 마력이 있다.

4개월 후 J씨는 완치는 아니었지만, 골프를 다시 칠 수 있게 되었다. 카트를 멀리한 채 예전처럼 대충 편하게 걷는 걸음걸이가 아니라 복부와 허리근육에 힘을 주며 올바른 자세로 18홀을 너끈히 걸으며 예전의 골프실력을 발휘하게 된 것이다.

이제는 골프를 잘 치기 위해서가 아니라 골프를 오래 오래 치는 것을 목표로 운동을 하고 있다. 피로하고 스트레스를 받는 왼쪽 몸통근육과 허리근육은 스트레칭으로 이완시켜주고, 약해지기 쉬운 오른쪽 몸통근육과 허리근육은 모래 주머니와 덤벨을 들고 꾸준히 보강운동을 하게 된 것이다.

앞으로도 골프를 계속 즐기기 위해 매일 열심히 운동치료를 하는 J씨를 보고 운동치료의 가장 큰 효과인 자신감 회복은 이를 즐기는 수준으로까지 발전시킨다는 것을 다시금 깨달았다.

통증해소 뿐만 아니라 삶의 자세까지 바꿔주는 운동치료의 매력은 이렇게 환자 한명 한명을 고쳐나갈 때마다 나에게 큰 보람과 자부심을 느끼게 한다.

허리통증으로 힘들고 지친 많은 사람들이 운동의 치료효과를 빨리 깨달아, 남에게 몸을 맡기지 말고 스스로 자신의 몸의 문제점을 운동을 통해 극복해 나간다면, 대부분의 사람들이 병원에 가기보다 헬스클럽이나 집에서도 손쉽게 통증에서 해방될 수 있는 날이 머지않아 올

것이라고 확신한다.

1년 내내 훌라후프만으로 다이어트를 한 여성

앞의 사례에서 보듯이 운동시 잘못된 자세와 방법으로 인해 허리통증을 입는 일은 허다하다. 미국의 한 연구 보고서에도 운동을 즐기는 사람들이 전혀 즐기지 않은 사람보다 오히려 더 허리통증을 느꼈다고 밝혔던 것처럼, 스포츠를 즐길 때 가장 중요한 것은 올바른 자세와 방법을 익히는 것이다. 하지만 많은 사람들이 운동을 즐길 줄은 알아도 제대로 할 줄은 모르기 때문에 문제가 생긴다.

필자가 2년 넘게 출연했던 〈SBS 잘먹고 잘사는 법〉이라는 TV 프로그램에서 자신만의 방법으로 다이어트에 성공한 시청자의 사례를 가지고 그것이 올바른 운동방법이었는지 평가하고 틀린 점을 고쳐주는 코너를 진행한 적이 있다. 참으로 아이디어가 생생하게 살아있는 방법도 있었지만, 두눈을 의심할 정도로 위험하게 살을 뺀 사람들도 많았다.

잘못된 방법으로 인한 위험성을 알려주기 위해 몇 가지 사례를 짚어본다. 한 40대 여성은 잠자는 시간을 빼곤 양치질을 할 때나, 시장을 볼 때나, 심지어는 밥을 먹을 때도 3개의 훌라후프를 돌리며 1년을 넘게 생활해 왔다. 목과 등, 허리, 심지어는 무릎으로도 훌라후프를 돌리는 그 여성은 하루 12시간 이상을 매일 돌리며 다이어트를 했다는데, 그분의 등과 허리를 만져보고는 깜짝 놀랐다.

훌라후프를 한쪽으로만 돌려 왼쪽 허리근육이 오른쪽보다 2배 이상

❶ 올바른 자세와 방법을 몸에 익히지 않으면, 평소 운동을 즐기는 사람들에게 더 많이 허리통증이 나타난다.

은 컸고 돌처럼 딱딱하게 굳어있었다. 그분은 한 가지가 아니라 다양한 훌라후프를 돌렸는데 무게가 10kg이나 나가는 엄청 큰 훌라후프까지 직접 제작해 목과 허리로도 돌렸으니, 이 부담이 모두 목과 허리로 갔음은 자명한 사실!

이 분은 훌라후프를 돌리지 않으면 오히려 허리가 더 아프다며, 특별히 건강엔 이상이 없다고 자신했지만, 검진결과 척추와 몸통이 왼쪽으로 심하게 틀어진 상태였으며, 무거운 훌라후프 때문에 허리인대가 늘어나 움직일 때마다 요추뼈들이 불안정하게 움직이고, 척추를 고정시켜 주는 인대까지 늘어나 척추가 심하게 흔들리는 '척추분리증(脊椎分離症, Spondylolysis)' 초기증상이었다.

⚠ 과도한 훌라후프 다이어트는 척추가 심하게 흔들리는 '척추분리증'을 낳을 수 있다.

훌라후프를 돌릴 때는 복부와 허리근육에 힘이 들어가 척추를 잡아주지만, 반복되는 회전으로 허리관절의 인대들이 정상보다 더 늘어나 오히려 회전을 하지 않으면 체중을 지지하기 어려울 정도로 인대가 약해져 작은 충격으로도 심각한 손상을 입을 수 있는 위험천만한 상태였던 것이다.

잘못된 운동, 건강한 허리를 망친다!

허리관절은 앞으로 숙일 때와 펼 때는 앞쪽의 복부근육과 뒤쪽의 허리근육이 지지해줘 어느 정도의 충격도 쉽게 버티지만, 허리를 회전시킬 때는 복부와 허리근육이 지지하기 어려워 약한 충격에도 디스크와 인대에 손상을 입힌다.

즉, 훌라후프를 돌리는 동안에는 어쩔 수 없이 복부와 허리근육이 수축해서 늘어난 허리관절의 인대를 지지해주지만, 훌라후프를 돌리지 않게 되면 복부와 허리근육이 작용하지 않아 허리통증이 발생하는 것이었다.

그래서 처방한 운동치료는 꼬박 1년 동안 왼쪽으로만 돌리던 훌라후프를 오른쪽으로도 똑같이 돌리도록 하였고, 늘어난 허리관절의 인대를 어느 정도 회복할 동안은 잠시 쉬면서 누워서 엉덩이 올리기 운동을 실시해 허리인대를 강화시키라고 주문했다.

척추뼈가 좌우로 심하게 흔들리는 것은 아주 위험한 상태라서 허리근육 강화는 물론 척추뼈를 단단히 고정시킬 수 있도록 인대를 같이 강화시켰고, 앞으로도 좋아하는 훌라후프를 돌릴 수 있을 정도가 되었다. 그후에는 훌라후프를 돌리지 않아도 허리가 아프지 않게 되어 이젠 다른 운동으로 댄스 스포츠를 시작했다는 그분을 생각하면, 너무 한 가지 운동만 편식했을 때 발생하는 문제점이 얼마나 큰 지 알 수 있을 것이다.

운동도 너무 심하게 하면 오히려 노동이 되어 허리와 몸을 병들고 아프게 한다. 옛부터 내려오는 말도 있지 않은가? 과유불급(過猶不及)이라고….

체중을 먼저 뺄까? 허리 강화운동을 먼저 할까?

또 다른 사례 한 가지. 〈SBS 김미화의 U〉라는 TV 프로그램에 출연해서 '4주간 질환극복 프로젝트'를 진행했을 때의 일이다. 잘못된 운동이 오히려 건강을 해친다는 내용이었는데, 출연자들이 그들이 나름대로 하는 운동방법을 분석해 몸에 약이 되는 운동인지, 독이 되는 운동인지 올바른 판단을 내려주는 것이었다.

출연자 중에 개그맨 J씨는 결혼 후 갑자기 늘어난 체중으로 인해 복부에 살이 많이 쪄, 운전 후나 방송 후에 부쩍 허리통증이 늘어나 운동을 시작했다고 했다. 아침에 일어나면 무조건 맨손체조를 하고 윗몸 일으키기 100~1,000개를 목표로 지칠 때까지 한다며, 과연 이 운동은 약이 되는 운동인지, 또 체중을 먼저 빼고 허리 강화운동을 하는 것이 옳은지, 허리 강화운동을 하고 나서 체중을 빼는 게 옳은지 질문을 했다.

먼저, 허리를 강화시키기 위해 윗몸 일으키기를 100~1,000개까지 하는 것은 허리에 독이 되는 운동이다. 아침에 일어나서 하는 맨손체조는 자는 동안 굳은 관절과 근육을 부드럽게 풀어주어 약이 되는 운동이지만, 허리통증을 해소하기 위해서는 복부와 허리운동을 골고루 해줘야 한다.

기둥의 앞쪽은 튼튼한데 뒷쪽이 부실하면 건물은 약한 쪽으로 기울어지게 마련이다. 윗몸 일으키기는 복부근육은 강화시켜주지만, 허리근육은 강화시켜주지는 않는다. 윗몸 일으키기로 인해 오히려 복부근육이 더 강하게 상체를 앞으로 잡아당겨 허리에 부담을 줄 수 있다. 바람직한 것은 윗몸 일으키기를 50개 했다면, 엎드려서 상체 들어올리기를 50개 실시해 복부와 허리근육을 동시에 강화시켜야 허리가 튼튼해지는 약이 되는 운동이다.

체중을 먼저 빼는 게 옳은지, 허리 강화운동을 먼저 하는 게 옳은지에 대한 필자의 답은 '둘 다 동시에 실시하라'였다. 체중을 줄이면 과체중으로 인한 허리의 부담이 줄어든다. 여기에 허리 강화운동을 함께 하면 허리근육이 튼튼해져 통증도 줄어들고 재발도 막는다.

시간이 없다면 아침에는 체중을 줄이기 위해 걷기운동, 저녁에는 약해진 허리를 강화시켜 주는 허리운동을 실시하면, 가장 이상적인 운동이 될 수 있다.

하지만, 다리가 저리거나 아침에 일어나서 찌릿찌릿 전류가 통하는 듯한 허리통증을 느낀다던지, 숨을 쉬기 어려울 정도로 아픈 통증을 느낀다면 운동을 하지 말고 당장 병원으로 달려가 검사를 받고 충분히 휴식을 취한 후 정확한 진단과 처방에 따라 운동을 해야 한다. 모든 허리통증 환자들이 무조건 운동을 하면 좋다는 생각은 버려야 한다. 운동은 약이 될 수도 있고, 때로는 독이 될 수도 있기 때문이다.

운동치료
시리즈를 시작하며

05

자신이 느끼는 몸의 통증과 운동 후 느끼는 반응 등은 의학을 전공한 의사보다 본인이 더 잘 알 수밖에 없다. 이 운동이 효과가 있는지? 이 약물이 통증과 병에 도움이 되는지는 스스로 더 잘 평가할 수 있는데, 의사들은 자신이 체험한 몸의 반응이 아니기 때문에 100% 정확하기가 어렵다. 오랜 경험과 냉철한 판단, 그리고 풍부한 의학지식으로만 환자의 몸을 추측하고 진단할 수밖에 없는 불리한 입장이기 때문이다.

하지만 환자 스스로 자신이 느끼는 통증과 질병에 대한 전문지식을 서적이나 의사와 같은 전문가들 통해 배우고 조언을 받아 스스로 진행할 수 있는 운동치료를 시작한다면 치료의 효과는 배가 될 수 있다.

건강이 곧 돈이다

인간은 평생 건강하게 오래 사는 것이 행복의 기본조건이라는 것을 잘 알고 있다. 그리고 행복한 노년을 만들고자 평생에 걸쳐 열심히 노력하며 자신의 인생을 가꾼다. 그렇지만, 무심코 방치하고 무심하게 지나버린 통증과 질병 하나로 자신이 정성껏 닦아온 생활 기반과 가정이 한 번에 무너질 수도 있다면, 그 어느 재테크보다 더 자신의 건강관리에 힘써야 할 것이다.

선진국일수록 재(財)테크보다 체(體)테크에 더 신경을 쓰고 비중을 둔다. 날로 높아만 가는 비싼 의료비 때문에 평생 어렵게 모아 저축한 돈을 병을 치료하기 위해 병원에 고스란히 바치게 되는 사례가 늘어났기 때문이다.

행복을 위해 돈을 벌지만 돈을 벌기 위해 건강을 망쳐 이후에 더 많은 비용을 지불하게 된다면 이 얼마나 아이러니한 일인가? 차라리 평소 건강관리에 힘쓰면서 일하고 노후를 준비해 나가는 것이 진정한 행복일지도 모른다. 우리나라에도 올 수 있는 의료 사보험과 같은 제도적 변화와 고령사회로 진입한 요즘은 더욱 현명한 '체 테크'가 필요한 시점이라고 할 수 있다.

ⓘ 병 치료로 일생 모은 돈을 한꺼번에 날려버리는 일이 늘어나고 있다.

약물과 식이요법만으로 완전한 치료와 재활이 가능할까?

한편, 질환발생시 통증을 줄여주는 진통제를 투여하는 '약물치료'와 섭취하는 칼로리를 줄여 자연적으로 체중을 줄이는 '식이요법'의 경우는 단기적인 통증감소와 섭취하는 칼로리가 줄어듦으로 인한 체중감소로 척추에 가해지는 부담을 줄여주는 빠른 효과는 얻을 수 있지만, 나이가 들어감에 따라 꾸준히 계속하기가 힘든 단점이 있다. 통증과 질병 재발위험을 높아 다시 체력의 저하를 불러일으킬 수도 있기 때문이다.

사람들은 쉽고 빠르게 치료하고 싶어서 병원을 찾아 소위 말하는 '뼈주사(스테로이드 제제 주사)'나 '데포주사(데포메드롤제제 주사)'를 맞으면, 즉각적으로 통증이 없어지고 바로 움직일 수 있어 치료가 되었다고 생각하는 경우가 있다.

⚠ 통증치료를 위해 뼈주사나 데포주사를 장기간 맞으면 스테로이드 제제의 부작용으로 관절과 뼈를 더 망가뜨릴 수 있다.

하지만 강력한 스테로이드 성분으로 인해 염증을 가라앉히고, 부종이 사라졌다고 해서 그 부분의 원인치료가 되는 것은 아니다. 오히려 주사와 약물요법으로만 장기간 치료를 할 경우는 스테로이드 제제의 부작용으로 관절과 뼈를 더 망가뜨릴 수 있기 때문이다. 스테로이드 남용의 심각성은 많은 의학인들도 우려하는 대목이다. 단순히 염증을 가라앉히는 것만으로는 절대 근본치료가 될 수 없다.

운동은 치료의 바탕을 마련해준다

운동은 몸짱만을 위해 있는 것이 아니다. 아프다거나 나이가 많다고 운동을 멈출 필요는 없다. 최고의 명약도 몸에서 흡수를 해야 약효가 발휘된다. 최고의 실력을 가진 의사를 만나 수술을 받게 되더라도 힘든 수술을 견디고 빠르게 회복할 수 있는 체력이 있어야 수술을 받을 수 있다.

고혈압 환자든 당뇨병 환자든 심장병에 걸린 환자든 각자에게 처한 질병과 신체상태에 맞춘 적당한 운동을 실시하면, 치료를 잘 견딜 수 있게 체력이 강화된다.

고혈압 환자의 경우 혈압약으로 혈압이 일정하도록 유지를 하는데, 운동을 하게 되면 신체활동으로 인해 혈관이 넓어져 혈압이 떨어지게 되며, 운동으로 인한 근육의 수축으로 정맥혈이 빠르게 심장으로 되돌아가 혈액순환이 좋아지게 된다. 30분의 걷기운동을 1주일에 5회 이상 실시하게 되면 혈압약만 먹었을 때 보다 더 쉽게 혈압이 떨어지고 아침과 낮, 저녁에 혈압이 일정하게 낮도록 안정시킨다.

당뇨병 환자의 경우 식사 후 30분 내에 운동을 하면 혈당이 급격하게 올라가지 않아 더 안정적으로 조절, 유지할 수 있다.

근력운동을 통해 근육량을 늘리거나 근육의 기능을 좋게 만들어주면 평상시 기초대사량이 높아져 혈액 내 당분을 많이 소비시켜 혈당을 안정적으로 유지시킨다.

심장병 환자는 운동을 통해 심장의 부담을 줄일 수가 있으며, 혈액순환이 잘되고 혈액 내 지방질을 줄여 혈액의 점도를 쉽게 조절할 수 있다.

허리 디스크 환자나 허리통증의 환자들도 운동을 실시하게 되면 근육과 관절을 부드럽게 풀어주고, 근육이 약해지거나 퇴화되는 것을 막아줘 다른 부분의 약화와 또 다른 통증을 예방시켜주며, 체중을 줄여줘 허리에 가해지는 부담도 줄어든다.

질병과 통증이 있을 때 아픈 상태에서 빨리 극복하기 위해 몸 자체의 자연치유 기능을 좋게 만들어주면, 회복과 치료기간을 단축시킬 수 있으며, 몸의 면역기능 또한 강화돼 또 다른 질병과 바이러스로 고생하지 않도록 도와준다. 치료도 중요하지만 치료의 효과를 높여주는 건강한 몸 상태를 만들어주는 것도 운동치료의 좋은 강점이다.

운동이야 말로 명약이다!

몸의 염증 수치를 낮춰 준다. 혈압을 일정하게 유지시켜 준다. 혈액순환을 좋게 하여 신체 각 기관에 영양과 산소를 충분히 공급해 준다. 입맛을 좋게 해준다. 잠을 잘 자게 도와 준다. 못 들던 물건을 쉽게 들게 해준다. 걸음걸이가 가벼워 졌다. 배변기능이 좋아 졌다. 일을 더 잘 할 수 있게 됐다. 쉽게 피로해지지 않는다. 상처가 빨리 아문다. 감기가 잘 걸리지 않는다. 오래 걸어도 쉽게 지치지 않는다. 아팠던 허리가 아프지 않다. 두통이 없어졌다… 등등.

지금까지 15년 여를 지도해온 남녀노소 회원, 환자들, 기업가, 학자, 예술인, 연예인, 스포츠 스타 등등 많은 사람들에게 운동을 지도하고 권했을 때 '운동을 하고나서 어떤 변화가 있었나?' 라는 질문에 대한 대답들이다.

치료는 환자 스스로 해야 한다! 선진국에서는 힐링타운(Healing Town)이나 힐링센터(Healing Center)에서 이런 행복한 사례를 찾을 수 있다. 운동치료의 강점을 이미 인식하고 있는 선진국에서는 이런 힐링타운 등에 가면 통증이나 질병에 효과가 높은 운동동작들을 의학적으로 검증해 일반인들이 직접 따라해 볼 수 있도록 도와준다.

환자 자신의 병 상태나 통증을 이해하고 문제의 원인을 찾도록 도와주며, 나아가 운동치료 효과를 높여주기 위한 영양섭취나 생활습관까지 지도해준다. 그곳에서 운동의 놀라운 효과를 체험한 사람들은 다시 그곳을 찾는 경우가 드물다고 한다. 그 이유는 힐링타운 등에 의지하지 않고 스스로 운동을 통해 치유하고 회복해 나가는 방법을 터득하기 때문이다.

수많은 환자들과 통증을 느끼는 예비환자들에게 운동치료의 놀라운 효과를 전하고, 그 행복한 결과물을 체험하길 바라는 마음에서 다음과 같은 〈4주간의 운동치료 시리즈〉를 내려고 한다.

독자들의 반응과 격려가 많아질수록 더 많은 시리즈를 낼 수 있는 행운을 얻게 될지도 모른다. 자, 이제 운동의 치료효과를 명약이라고 부르기 보다는 명약을 스스로 처방하고 효과를 볼 수 있도록 스스로 명의가 되어 보는 것은 어떨까?

『4주간의 운동치료 1권, 허리통증 – 급성 · 만성 요통, 허리 신경통』

『4주간의 운동치료 2권, 목과 어깨통증』

『4주간의 운동치료 3권, 임신과 출산』

이런 질환이 요통을 부른다!

허리 자체의 문제로 인한 허리통증뿐만 아니라 비만을 비롯한 다른 질환들도 허리통증을 부른다. 어떤 것들이 있는지 알아보자.

1. 고혈압 : 30세 이상의 비만인 3명 중 1명이, 55세 이상의 비만인은 2명 중 1명이 고혈압을 가지고 있다. 고혈압은 혈압이 정상범위 내에서 조절되지 않는 병으로 활동량 부족과 과도한 음주, 과식, 비만이 원인이다. 혈압이 높아지면 뇌졸중과 심근경색 같은 합병증으로 생명이 위험해질 수 있는데, 과체중과 높아진 혈압으로 인해 근력운동 같은 높은 강도의 운동을 하기 어렵다. 이렇게 운동량이 적기 때문에 몸통근력도 약해져 고혈압 환자의 75% 이상이 요통을 가지고 있다.

2. 당뇨병 : 혈당이 조절되지 않아 발생하는 당뇨병은 혈당을 낮춰주는 인슐린(Insulin) 분비가 췌장에서 원활히 이뤄지지 않아 혈액의 당분이 혈관을 막히게 하고, 근육과 관절에 영양분이 충분히 공급되지 않아 근력이 떨어지고 관절이 약해져 쉽게 손상된다.

또 음주나 과도한 신체활동, 운동을 할 경우에도 혈당이 갑자기 떨어져 저혈당 쇼크로 인해 생명에 위험을 줄 수도 있다. 이로 인해 허리는 더욱 약해지고 체중이 급격히 빠지면서 요통이 발생한다.

3. 고지혈증 : 필요이상으로 많은 지방성분이 혈액 내에 존재하면 혈관벽에 쌓여 염증을 일으킨다. 심혈관계 질환을 일으키는 고지혈증은 비만과 유전적 원인, 불규칙한 생활습관과 스트레스로 인해 혈액 내의 나쁜 콜레스테롤(LDL)이 높아져 혈관을 좁아지게 하거나 막히게 해 신체의 장기들을 망가뜨리는 무서운 병이다. 고지혈증은 이렇게 허리근육과 관절에 영양

을 공급하는 혈관을 막히게 하고, 관절에 염증을 유발시켜 허리관절의 퇴행성 관절염으로 연결돼 허리통증을 발생시킨다.

4. 골다공증 : 뼈의 밀도가 감소하는 퇴행성 변화로 인해 뼈의 강도가 약해져서 골절이 일어날 가능성이 높은 상태를 말하는데, 체중을 지탱하는 허리뼈의 골밀도가 약해지면 척추를 지지하는 디스크와 근육에 부담을 주고 손상되어 허리통증이 쉽게 발생된다.

또 허리뼈의 골절로 인해 척추분리증과 척추전방전위증 같은 퇴행성 척추질환이 발생되어 만성 허리통증으로 이어지게 된다.

5. 대사증후군 : 비만, 고혈압, 당뇨병, 고지혈증과 같은 일명 질병 종합선물세트인 대사증후군(Metabolic Syndrome)은 앞에 나열한 질병을 한꺼번에 유발시키는, 가장 위험한 병이다. 특히 앉아서 생활을 많이 하는 현대인들에게 취약한 질병이다.

늘어나는 체중과 망가지는 신체장기들로 약해지는 체력은 쉽게 운동을 시작하기도 어려운 상태로 만들어, 최근 허리통증을 발생시키는 가장 위험한 요소로 손꼽히고 있다.

6. 기타 요인들 : 질병뿐만 아니라 선천적으로 근육과 관절이 뻣뻣한 사람들은 과체중과 잘못된 자세나 움직임으로 인해 허리의 부담이 늘어 허리통증이 쉽게 발생되며, 운동을 해도 허리부상의 위험이 높다.

상체는 뚱뚱하고 하체는 마른 체형의 사람은 걷거나 앉아있어도 체중이 많이 나가는 상체의 무게가 약해진 허리에 부담을 줘 허리통증이 생긴다.

키가 크고 마른 체형도 작은 키의 체형보다 더 상체를 숙이거나 펼 때 중력과 체중의 부담이 허리에 몰리게 되어 작은 충격과 잘못된 자세에도 허리통증이 발생되기 쉽다.

임산부의 경우 임신으로 늘어난 체중이 허리에 가해지는 부담을 증가시켜 허리통증이 쉽게 발생되며, 골프나 테니스, 스쿼시처럼 허리를 주로 회전하는 스포츠도 허리통증의 위험이 있다.

Part 2

허리통증의
맞춤 운동치료를 하자!

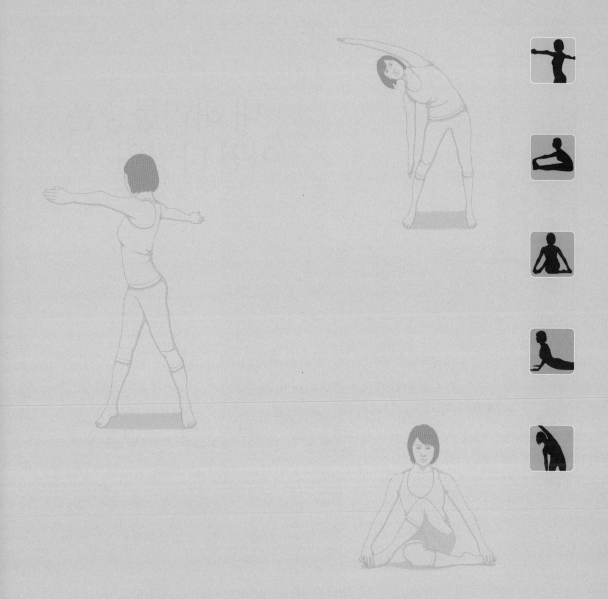

원인과 배경이 모두 다르고, 복합적이기까지 한 허리통증의 운동치료를 무턱대고 시작할 수는 없다. 평소 자신을 괴롭히는 허리통증은 과연 어떤 타입인지 확인한 다음, 나에게 꼭 맞는 '맞춤 운동처방'을 받아보자. 허리통증별 테스트를 통해 급성 허리통증, 만성 허리통증, 허리 신경통으로 구분한 운동치료 프로그램은 횟수와 강도조절을 통해 총 6가지 질환을 치료할 수 있다. 1주일에 4~5회씩 하루 40분 내외로 4주 동안 꾸준히 실시해보자.

01

내 허리통증은
어떤 타입일까?

통증이란 원래 말이나 글로 설명하기가 무척 어려운 것이다. 사람마다 각자 몸이 다를 뿐만 아니라, 보통 통증이 단일하지 않고 복합적인 양상을 보이기 때문이다. 그럼에도 불구하고 허리통증 환자들에게 맞는 '맞춤운동 프로그램'을 짜기 위해서는 통증을 구분할 필요가 있다.

이 책에서는 3가지 타입으로 허리통증을 구분했고, 각각의 증상별로 나눠지는 총 6가지 허리통증 질환의 맞춤운동 프로그램을 제안한다. 허리통증이 복합적으로 올지라도 자신에게 가장 심하게 느껴지는 통증을 확인해 맞춤운동 치료에 들어가야 한다.

운동치료는 몸짱이 되기 위한 것도 아니고, 지금 당장 정상상태로 되돌리기 위한 것도 아니다. 가장 먼저 통증을 해소한 다음, 천천히 그 부위의 문제를 바로잡아나가는 것이므로, 욕심을 부리지 말고 조심스럽게 운동할 필요가 있다.

책을 먼저 읽으며 그림을 보기만 할 때는 정말 사소하게 보이는 동작들일지라도 허리통증 환자가 직접 따라해 보면 그다지 쉽지만은 않은 허리에 좋은 동작들로 운동을 구성했다. 허리통증을 위한 운동은 스트레칭과 유산소운동, 웨이트 트레이닝 효과가 복합적으로 나도록 프로그래밍 한 것이므로 찬찬히 시간을 들여 성실하게 따라해 나가면, 이전처럼 건강한 모습으로 거듭날 수 있을 것이다. 단, 자신이 이 운동에 성실하게 임하고 꾸준히 실시했을 때만 그 열매를 맛볼 수 있다!

원인에 따른 3가지 타입의 허리통증 − 급성, 만성, 허리 신경통

구체적으로 운동치료를 실시하기 위해 생각해 봐야 할 것은 바로 내 통증의 종류가 어느 것인지 알아야 한다.

갑자기 허리통증이 생긴 경우를 '급성', 항상 허리가 아프고 뻐근한 통증을 느낀다면 '만성', 다리가 저리고 걷기가 힘들 정도의 신경통증에 시달린다면 '허리 신경통'으로 크게 나눠 운동치료 프로그램을 진행하게 되지만, 각각의 증상에 따라 총 6가지 질환의 허리통증에 대한 맞춤운동이 처방되어 있다.

급성 허리통증은 평상시에는 그다지 허리에 특별한 통증과 불편함을 못 느끼다가 교통사고나 운동 중 발생한 충격으로 인해 급성으로 통증이 발생하거나, 양치질을 하다가 갑자기 허리를 펼 때 찾아오는 통증 등으로 '근육과 인대의 문제'가 원인이다.

만성 허리통증은 항상 허리가 뻐근하고 묵직한 통증으로 인해 '움직임이나 자세에 문제'가 생겨 이로 인해 체형이 비뚤어지거나, 관절과 근육의 변형으로까지 이어져 지속적으로 하루 종일 통증이 이어지

❗ 급성 허리통증은 근육과 인대의 문제, 만성 허리통증은 움직임이나 자세의 문제, 신경통증은 신경의 장애가 원인이다.

는 경우다. 급성 허리통증에서 상당기간 시간이 흘러 원인을 제거하지 않고 통증을 방치해 뒀거나, 나이가 들면서 꾸준한 운동치료 없이 생활을 계속했을 때 많이 생긴다.

　허리 신경통은 허리나 다리가 욱씬욱씬 저리거나 오래 앉아 있지 못하고, 걸을 때 마다 다리나 허리에 신경통증을 느껴 생활과 움직임에 불편하게 되는 경우가 많은데, 신경의 장애가 원인으로 처음에는 한쪽만 저리다가 시간이 흘러 양쪽으로 통증이 오게 되어 움직임 자체가 어렵거나 퇴행성 관절의 변형으로 이어지기도 한다.

6가지 질환의 허리통증 맞춤 운동치료

1. 급성 허리통증 : 물건을 줍기 위해서 상체를 숙였다 일으킬 때, 오래 누워 잠을 자고 난 후 일어날 때, 양치질과 세수를 하다가 허리를 펼 때, 걷나가 넘어졌을 때 등이나, 교통사고나 운동을 하나가 갑자기 허리에 격한 통증이 급습한다. 통증은 국소적이고 정확한 지점을 중심으로 아프며, 척추를 칼로 에이는 듯한 통증과 숨을 쉴 때 찌릿찌릿 전류가 통하는 듯한 아픔, 움직이기가 힘든 상태가 된다. 급성 허리통증으로는 아래의 2가지 질환이 있다.

➔ 급성 허리통증은 급성 디스크와 돌발성 요통으로 나뉜다. 맞춤 운동치료는 106쪽으로 가세요!

　① **급성 디스크** – 척추의 압박이나 충격으로 인해 순간적으로 디스크 사이 추간판이 뒤나 좌우로 밀려나오면서 척추를 지지하고 있는 후종인대를 밀어내고, 그 인대가 척추 뒤편으로 밀려 척추신경들을 압박함으로서 유발되는 질환.

　② **돌발성 요통** – 약해진 허리근육에 피로가 누적되고 근육과 인대들이 경직이

된 상태에서 외부의 충격이나, 잘못된 자세로 인해 갑자기 허리근육과 주변 인대와 힘줄에 손상을 입어 염증이 발생하고 통증이 유발된 상태.

2. 만성 허리통증 : 통증은 부분적이지만 통증의 반경이 길고 넓은 띠의 형태로 묵직하게 불편하며, 흉추와 요추의 경계선, 요추와 골반의 경계선의 허리근육 전반이 가로, 세로로 뻐근한 통증이다. 앉았다가 일어날 때, 상체를 숙였다가 일으킬 때, 누워 있다가 움직일 때 허리에 뻑뻑함이나 뻐근한 통증을 느낀다. 통증의 정도는 신경통과는 다른 근육과 관절의 묵직함을 느낀다. 아침이나 처음에 움직일 때는 통증이 심해지나 움직일수록, 시간이 흐를수록 통증의 정도가 조금씩 감소되지만 허리에 묵직한 통증이 계속 남아있다. 만성 허리통증은 아래의 2가지 질환이 있다.

> ❗ 만성 허리통증은 과사용 증후군과 퇴행성 척추질환으로 나뉜다. 맞춤 운동치료는 126쪽으로 가세요!

① **과사용 증후군(Overuse Syndrome)** – 운동선수나 육체노동을 많이 하는 사람들에게 생김. 허리근육과 관절의 반복적인 동작을 통해, 근육의 피로가 누적이 되고 근육이 딱딱하게 굳거나(강직), 경련(쥐가 나는 듯한 뻐근한 통증)이 일어나는 것. 신체활동이 왕성한 젊은 사람들에게 주로 발생함. 관절의 퇴행성 변화가 일어나기 전 단계의 통증.

② **퇴행성 척추질환** – 통증의 스타일은 비슷하나, 허리 전반, 좌우가 다 아픈 것과는 달리 오래된 나쁜 자세와 계속되는 통증으로 인해 근육과 관절이 퇴행성 변화를 일으켜 골반이 한쪽 방향으로 치우치거나 올라간 경우, 다리길이가 짝짝이인 경우, 다리를 심하게 꼬거나 좌우근육의 균형이 깨져있는 경우, 척추가 휘거나 관절이 마모되거나 변형이 되어 허리에 지속적인 피로와 스트레스

를 주어 뻑뻑하고 뻐근한 통증이 계속 진행되는 경우에 생긴다. 나이가 많거나 육체노동을 많이 하는 직업일수록 발생위험이 높다.

3. 허리 신경통 : 엉덩이를 칼로 꼭 찌른 듯 아픈 통증이다. 전류가 흐르듯 다리 아래쪽으로 찌릿찌릿한 통증이 내려가면서 뻐근한 아픔으로 본인 스스로도 뭔가 어긋난 느낌의 통증이 일어난다. 오래 앉아 있다가 일어나면 피가 안 통할 때 근육이 먹먹해지면서 잠시 다리감각이 떨어지는 듯한 느낌인데 양쪽에 생기기도 하나, 대부분 한쪽에서 시작되어 반대쪽으로 가기도 한다. 허리의 신경통은 아래의 2가지 질환이 있다.

❗ 허리의 신경통은 좌골신경통과 만성 신경통으로 나뉜다. 맞춤 운동치료는 146쪽으로 가세요!

① **좌골신경통** – 체중이 많이 나가거나 오래 앉아 있는 경우, 잘못된 자세나 척추의 틀어짐으로 인해 무게중심이 한쪽으로 쏠려서 한쪽 엉덩이 근육과 골반에 과다한 압박으로 엉덩이근육과 신경을 누르거나 스트레스를 주어 발생하는 칼로 에이는 듯한 신경통증이다. 허리나 엉덩이 깊숙한 곳에서 통증이 시작되어 허벅지 뒤를 타고 내려가며 종아리나 발바닥까지 통증이 진행된다. 통증이 생기면 오래 앉아 있기가 불편하며, 걸을 때도 똑바로 걷기가 어려울 정도로 극심한 아픔이 있다. 방치할 경우 골반과 척추의 변형까지 유발된다.

② **만성 신경통** – 가끔씩 발생하는 신경통증을 방치하면 관절과 근육, 신경의 퇴행성 변화로 인해 지속적으로 신경이나 근육을 압박하여 발생하는 신경통증이다. 앉아 있을 때나, 누워 있을 때나, 특히 움직일 때와 걸을 때 신체하중이 골반과 허리에 가해질 때 극심한 통증이 나타난다. 칼로 에이는 듯한 통증과 뻐근한 통증이 같이 생겨서 오랜 시간 움직이기가 힘들어진다.

이 경우 이미 ○자형 다리나 X자형 다리, 척추측만증이나 퇴행성 척추관절염으로 인한 관절과 근육의 퇴행성 변형이 신경을 압박해 근육통과 신경통이 같이 유발된다.

허리통증의 자가 테스트를 해보자

위에서 허리통증을 3가지 타입으로 분류한 것은 이번 장에서 실시하게 될 운동 치료 프로그램을 선택하기 위해서다. 자신의 주관적 판단과 통증의 느낌으로 어느 타입의 통증에 속하는지 확인했다면, 이제는 각각의 테스트를 통해 자신이 속한 허리통증이 어느 질환인지 알아보고 그에 해당하는 운동 프로그램을 실천하면 된다.

앞서 실시한 주관적인 통증분류와 아래의 과학적인 자가통증 테스트를 통해 더 확실히 자신의 통증에 대해 진단할 수 있으며, 이 테스트를 통해 운동치료 프로그램에 있어 강도와 횟수의 설정도 안전하게 조절해 나갈 수 있게 된다.

먼저, 3종류의 허리통증(급성, 만성, 신경통) 테스트를 각각 따라해보고 자신의 통증과 부합하는 질환이 어느 것인지를 다시 확인한다. 보통 통증은 복합적이라 모든 테스트에 다 해당된다고 해도, 가장 크게 느껴지는 것이 어느 것인지를 골라야 한다. 각 테스트에서 더 많은 결과들이 체크되는 쪽이 자신의 통증에 해당하며, 그에 맞는 운동법을 선택해 운동치료에 임하자.

급성 허리통증을 알아보는 테스트

1. 척추 뒷부분의 상태를 체크해보자
Forward Bending Test

Start : 두발을 붙이고 선다.

Finish : 숨을 내쉬며 양쪽 무릎을 편 상태에서 최대한 상체를 숙였
다가 5초간 멈춘 후 숨을 들이쉬며 천천히 상체를 일으킨다.

Check

1. 상체를 숙이는 각도가 45도 미만에서 통증이 있다.

→ 급성 디스크의 운동치료를 하세요!

2. 상체를 숙이는 각도가 45도 이상에서 통증이 있다.

→ 돌발성 요통의 운동치료를 하세요!

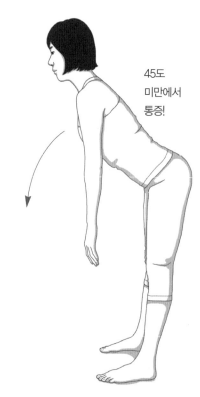

45도
미만에서
통증!

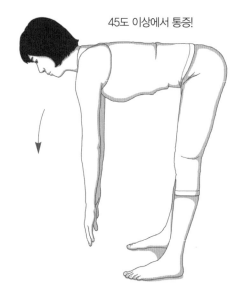

45도 이상에서 통증!

2. 척추 옆 부분의 상태를 체크해보자
Side Bending Test

Start : 두발을 붙이고 서서 양손을 어깨높이까지 벌린다.
Finish : 숨을 내쉬며 몸통을 똑바로 세우며 몸통을 좌우로 각각 45도 옆으로
기울였다 5초 후 펴준다.

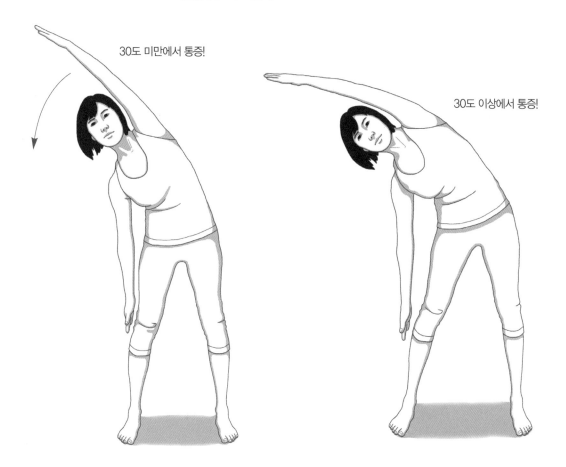

30도 미만에서 통증!

30도 이상에서 통증!

Check
1. 좌우로 몸통을 옆으로 기울일 때 30도 미만에서 통증이 있다.
→ 급성 디스크의 운동치료를 하세요!
2. 좌우로 몸통을 옆으로 기울일 때 30도 이상에서 통증이 있다.
→ 돌발성 요통의 운동치료를 하세요!

3. 척추관절의 상태를 체크해보자
Trunk Rotation Test

Start : 두발은 어깨너비로 벌리고 서서 양손을 어깨높이 옆으로 벌리고 선다.
Finish : 숨을 내쉬며 몸통을 똑바로 세운 채, 좌우로 각각 125도 옆으로 회전
했다 5초 유지 후, 제자리로 돌아온다.

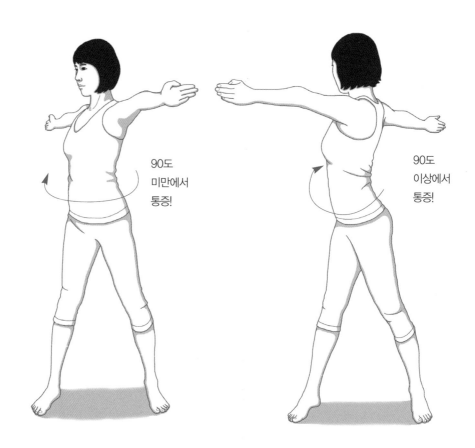

90도
미만에서
통증!

90도
이상에서
통증!

Check
1. 좌우로 몸통을 회전할 때 90도 미만에서 통증이 있다.
 → **급성 디스크의 운동치료를 하세요!**
2. 좌우로 몸통을 회전할 때 90도 이상에서 통증이 있다.
 → **돌발성 요통의 운동치료를 하세요!**

만성 허리통증을 알아보는 테스트

1. 척추 뒷부분의 상태를 체크해보자
Sitting Forward Bending Test

Start : 앉아서 두다리를 펴고 상체를 세운다. 두팔을 앞으로 나란히 한다.

Finish : 두팔을 그대로 한 채 숨을 내쉬며 상체를 앞으로 80도 이상 숙여 5초 유지 후 시작자세로 돌아온다.

45도
미만에서
통증!

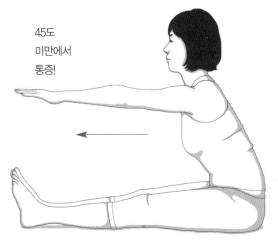

45도
이상에서
통증!

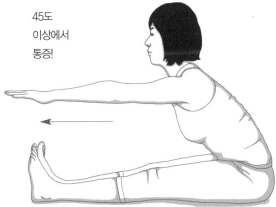

Check

1. 상체를 앞으로 숙일 때 45도 미만에서 허리근육에 뻐근한 통증이 있다.
→ 과사용증후군의 운동치료를 하세요!

2. 상체를 앞으로 숙일 때 45도 이상 숙이기가 힘들며 두 다리가 바깥쪽으로 벌어지거나, 무릎이 굽혀지며 골반과 허벅지, 종아리 뒷부분에 뻐근한 통증이 있다.
→ 퇴행성 척추질환의 운동치료를 하세요!

2. 척추 앞부분의 상태를 체크해보자
Prone Trunk Extension Test

Start : 두다리를 뻗고 엎드려 누워 두팔을 가슴 옆에 놓는다.
Finish : 숨을 내쉬며 두팔을 펴고 고개를 몸통을 뒤로 35~40도 펴주며 5초간 유지 후 시작자세로 돌아온다.

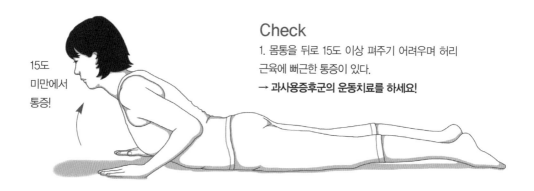

15도 미만에서 통증!

Check

1. 몸통을 뒤로 15도 이상 펴주기 어려우며 허리 근육에 뻐근한 통증이 있다.
→ 과사용증후군의 운동치료를 하세요!

30도 이상에서 통증!

2. 몸통을 뒤로 30도 이상 펴주기 어려우며 고개가 잘 뒤로 젖혀지지 않아 하늘을 바라보기 어렵다. 복부근육이 경직되어 당기는 느낌이 들며 허리에 뻐근한 통증이 있고 두다리가 바깥쪽으로 벌어진다.
→ 퇴행성 척추질환의 운동치료를 하세요!

3. 골반과 척추관절 상태를 체크해보자
Alternated Supine Hip Flexion Test

Start : 하늘을 보고 두다리를 뻗고 눕는다.
Finish : 숨을 내쉬며 한쪽 다리는 무릎 펴주며 고정시키고 반대쪽 다리 무릎을 굽혀 양손으로 정강이뼈 중앙을 잡고 가슴쪽으로 당겨 5초간 유지 후 시작자세로 돌아온다. 반대편도 실시한다.

Check

1. 한쪽 무릎을 굽혀 가슴까지 닿기가 어려우며 허리부분과 서혜부(골반과 앞쪽 허벅지 경계선)에 뻐근한 통증이 있다.
→ **과사용증후군의 운동치료를 하세요!**

2. 한쪽 무릎을 굽혀 가슴까지 닿기가 어려우며 허리부분에 당기는 느낌과 통증이 생긴다. 허리와 다리가 뻣뻣해져 반대편 다리의 무릎이 같이 들리며 굽혀진다. 발이 바깥쪽으로 많이 벌어진다.
→ **퇴행성 척추질환의 운동치료를 하세요!**

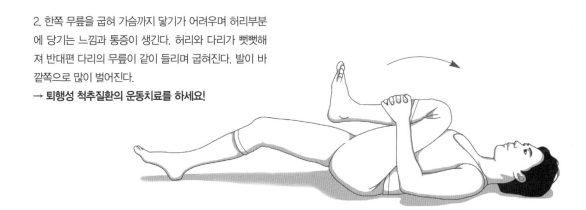

허리 신경통을 알아보는 테스트

1. 골반과 허리상태를 체크해보자
Piriformis Stretch Test

Start : 바닥에 앉아 한쪽다리를 반대편 허벅지 위에 올려놓는다.
Finish : 숨을 내쉬며 상체를 앞으로 최대한 숙여준다.

45도
이상에서
통증!

Check

1. 상체를 앞으로 45도 이상 숙일 때 엉덩이 깊숙한 곳과 허벅지 뒷부분에 극심한 통증을 느낀다.
→ **좌골신경통의 운동치료를 하세요!**

45도
미만에서
통증!

2. 다리를 허벅지 위에 올리기 힘들며, 상체를 앞으로 45도 이상 숙이기가 어렵다. 상체를 숙일 때 올린 쪽 허벅지가 뻣뻣해서 위로 들리며 엉덩이 깊숙한 곳과 허벅지 뒷부분에 극심한 통증을 느낀다.
→ **만성 신경통의 운동치료를 하세요!**

2. 서혜부와 허리상태를 체크해보자
Sitting Adductor Stretch Test

Start : 앉아서 양쪽 무릎 굽혀 발바닥을 서로 붙이고 골반쪽으로 최대한 당겨준다.

Finish : 숨을 내쉬며 양쪽 무릎을 바닥에 붙이며 두손을 가슴 앞으로 뻗으며 상체를 최대한 숙였다 5초 유지 후 시작자세로 돌아온다.

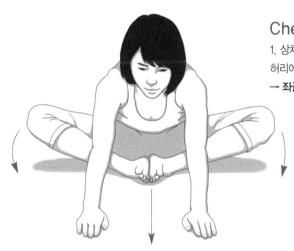

Check

1. 상체를 앞으로 숙일 때 허벅지 안쪽과 서혜부와 허리에 극심한 통증을 느낀다.

→ **좌골신경통 운동치료를 하세요!**

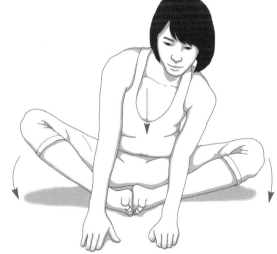

2. 상체를 앞으로 숙일 때 허벅지 안쪽이 뻣뻣해서 양쪽 무릎이 위로 들리며 골반이 뒤로 기울어져 상체를 앞으로 숙이기가 어렵다. 골반이 한쪽으로 기울어지거나 허벅지 안쪽과 서혜부에 극심한 통증을 느낀다.

→ **만성 신경통 운동치료를 하세요!**

3. 다리와 허리상태를 체크해보자
Prone Hamstring Stretch Test

Start : 하늘 보고 누워 한쪽 발바닥에 수건을 걸고 양손으로 수건 양끝을 잡는다.
Finish : 숨을 내쉬며 무릎을 펴주고 양쪽 수건 끝을 가슴쪽으로 잡아당기며 허벅
지 뒷부분을 최대한 늘려준다. 5초 유지 후 반대편도 실시한다.

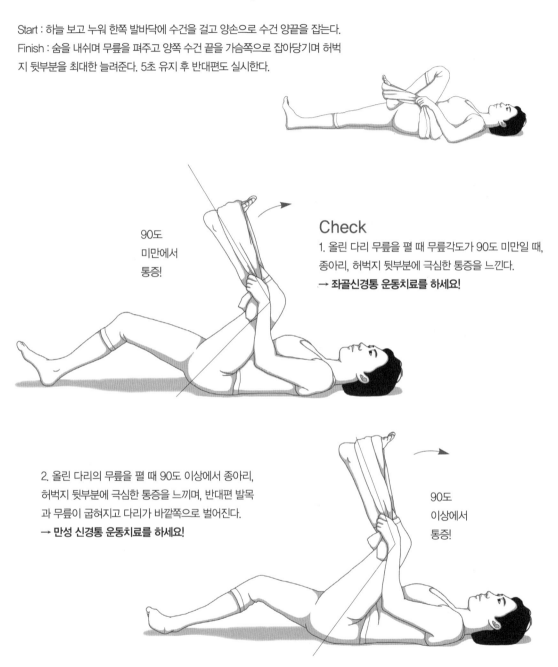

90도
미만에서
통증!

Check
1. 올린 다리 무릎을 펼 때 무릎각도가 90도 미만일 때,
종아리, 허벅지 뒷부분에 극심한 통증을 느낀다.
→ **좌골신경통 운동치료를 하세요!**

2. 올린 다리의 무릎을 펼 때 90도 이상에서 종아리,
허벅지 뒷부분에 극심한 통증을 느끼며, 반대편 발목
과 무릎이 굽혀지고 다리가 바깥쪽으로 벌어진다.
→ **만성 신경통 운동치료를 하세요!**

90도
이상에서
통증!

맞춤 운동치료로
허리통증을 극복한다!

02

허리통증이 있다는 것은 운동치료 중에도 또 다른 부상을 입을 위험이 상당히 높다는 뜻이다. 자신의 통증상태에 맞는 운동치료를 진행하더라도 너무 강도가 높은 운동을 하거나, 너무 많은 횟수를 하면 허리근육과 인대에 부담을 주어 오히려 통증이 더 심해질 수가 있다.

그러므로 4주간의 운동치료 프로그램을 진행하는 것은 모든 허리통증과 틀어진 골격이 4주 만에 모두 해결된다는 뜻은 아니다. 통증이 생기고 골격이 틀어지는 것은 한순간에 발생하지는 않는다. 우리가 모르는 사이 무심코 취하는 나쁜 자세나 습관이 하나 둘씩 쌓여 근육과 관절을 망가뜨리고 골격과 체형을 틀어지게 만든다.

통증만 해결된다고 치료가 되는 것도 아니다. 원인을 파악하고 통증을 제거하고, 몸을 바로 잡고 손상을 예방하는 모든 과정을 4주간의 프로그램으로 완성시킨 것이다. 즉, 운동치료 4단계의 운동치료 효과를 4주간 반복하면서 통증을 하나 둘씩 치료하고 몸을 건강하게 바로잡아 가게 된다. 자신의 상태와 노력에 따라 4주, 8주, 1년, 5년이 걸릴지도 모른다.

하지만 분명한 사실은 4주간의 운동치료 프로그램을 통해 자신의 허리통증에 대해 원인을 파악하고 운동치료를 통해 스스로 허리통증을 극복한다면 그 노력을 기울인 시간은 결코 헛된 것이 아니다. 우리 몸의 자연치유력은 한계가 없다. 정직한 노력만이 기적 같은 효과를 만들어낼 뿐이다.

자 이제, 4주간의 맞춤 운동치료를 안전하게 따라하기 위한 운동수칙을 알아보도록 하자.

허리통증 환자를 위한 4주간의 운동치료 수칙

1. 운동빈도(Frequency) : 단순한 근력강화 운동이 아니기 때문에 운동을 많이 할수록 좋다는 선입관은 버려야 한다. 무리한 운동을 자주하면 약해진 근육과 관절에 오히려 부담을 주어 통증을 더 심하게 만든다. 자신의 통증의 정도와 타입에 따라 1주일에 4~5일이 적당하다. 하지만 운동 후 통증의 감소가 확실히 늘어났다면, 아침이나 저녁에 약한 강도로 몸을 부드럽게 풀어주는 수준으로 매일 실시하는 것이 허리근육과 척추관절을 부드럽게 만들어줘 오히려 생활 속 허리통증을 예방해주기도 한다. 하지만 처음에는 운동빈도를 4~5일 이내로 실시해본 후 조금씩 늘려나가는 것이 좋다.

2. 운동시간(Time) : 운동시간은 하루에 1회만 할 필요는 없다. 허리의 손상부위를 빠르게 치유하고 뭉친 근육과 틀어진 골격을 바로잡기 위

해선 약하게 여러 번 실시할 수도 있기 때문에 운동시간도 꼭 30~50분 이내로 꼭 정해놓을 필요는 없다. 짬이 나는 시간이나 잠깐의 휴식시간이라도 운동치료를 통해 통증을 줄일 수가 있기 때문에 운동시간의 제한은 없다. 하지만 한번의 운동에 50분을 넘기면 근육과 관절의 피로를 증가시키므로 1회 운동은 50분을 넘기지 않도록 하고, 하루에 4회 이상 하는 것도 사람에 따라서는 무리가 되므로 주의하자.

3. 운동강도(Intensity) : 운동강도는 반드시 각 운동과 통증의 타입에 맞춰진 횟수만 반복하도록 한다. 근육만을 키우는 운동이 아니라 근력과 유연성, 골격을 바로잡는 교정운동, 그리고 손상부위에 영양소와 산소공급을 원활히 하기 위한 목적이기 때문에 정해진 횟수만 실시한다. 만약 목표횟수를 채우지 못하더라도 통증이 심해지면 동작을 멈춘다. 운동강도는 목표횟수 내에서 실시하되 통증이 없으면 목표횟수를 모두 실시하고, 하다가 통증이 생기면 통증이 생기기 직전까지의 횟수만 채우도록 한다. 운동치료를 통해 몸이 회복되면 금세 목표횟수를 채우게 되므로 횟수에 집착하지 말고, 통증의 유무로 반복횟수를 조절하도록 한다.

4. 휴식과 회복(Rest & Recovery) : 운동치료는 굳거나 뭉친 근육과 관절을 풀어주고, 근력운동을 통해 약해진 근육을 강화시켜 아픈 부위의 회복을 빠르게 도와주는 것이 목표다. 이 목표를 이루기 위해서는 운동 사이의 휴식과 회복시간이 꼭 필요하다. 1번부터 10번까지운동과 운동 사이의 휴식은 통증과 타입에 상관없이 1분 정도가 적당하다.

만약 통증으로 인해 휴식이 더 필요하다면 반복횟수를 줄이거나 휴식시간을 더 늘릴 수가 있지만 최대 휴식시간은 3분을 넘기지 않도록 한다. 3분이 넘으면 근육과 혈관이 예전 상태로 수축되기 때문에 운동치료 효과가 떨어지게 된다.

5. 영양섭취(Nutrition) : 운동치료 효과를 최대한으로 높여 주기 위해서는 병원에서 환자들에게 고단백질 식사처방을 내리는 것과 마찬가지로 운동치료에서도 단백질 위주의 영양섭취가 중요하다. 허리에 통증이 있고 근육이나 인대, 관절에 염증이나 손상이 있을 때 그 부위를 치료하고 복구하기 위해선 세포의 영양소가 되는 단백질 섭취가 꼭 필요하다.

하지만 근육운동 때와 같이 소화하기 어려운 뻑뻑한 닭 가슴살이나 소고기 안심보다는 소화흡수가 좋은 닭죽과 소고기죽, 참치죽, 삼계탕 같은 죽이나 탕 종류의 형태로 섭취하는 것이 좋다. 또한 과식으로 인해 위장에 음식물이 많아지면 허리가 앞으로 쏠려 허리통증이 발생할 수 있으므로 하루 3끼 소량의 식사와 식사 사이에 2끼의 간식(요구르트나 삶은 계란)을 나눠 섭취하는 것이 좋다.

6. 유산소운동(Aerobic Training) : 유산소운동은 심장을 튼튼하게 만들어줘 혈액순환을 좋게 하고, 아픈 허리 부위에 영양분과 산소를 빠르게 공급해줘 운동치료 효과를 높이고 회복기간을 줄여준다. 하지만 달리기나 계단 오르기처럼 강도 높은 유산소운동보다는 가볍게 실시하면서 허리뿐만 아니라 전신의 근육을 골고루 사용할 수 있는 종목을

ⓘ 운동수칙을 확실히 익히고 엄수해야 치료효과가 높으며 안전하게 할 수 있다.

선택한다. 산책, 속보, 낮은 경사의 동산에서의 등산, 잔디밭 위에서 걷기, 러닝머신에서 걷기, 고정식 자전거 등을 추천한다.

유산소운동은 1주일에 4~5회가 적당하며 시간은 30~50분 내외에서 실시하는 것이 좋다. 너무 오래 서있거나 앉아서 유산소운동을 하게 되면 약해진 허리관절과 근육에 부담을 줄 수 있으므로 운동시간은 정해놓고 꼬박꼬박 하는 것이 좋다. 유산소운동은 몸 안의 독소와 피로물질이나 통증을 발생시키는 염증수치와 젖산수치를 낮춰줘 통증을 줄여주는 효과도 있다.

7. 횟수와 세트 : 1개의 동작이 1회일 경우도 있지만, 1~4번까지의 4개의 동작을 연속해야 1회일 때도 있다. 또 다른 경우에는 좌우 연속동작이 1회일 경우도 있고, 좌우회전이나 교차동작들이 1회일 때도 있다.

각기 설명한 1회를 마친 동작을 10회 하는 것을 1세트라고 했을 경우, 총 3세트를 하라고 지시되어 있다면 결국엔 총 30회를 하는 것과 마찬가지다. 하지만, 세트는 단순히 1회를 실시하는 것이 아니라, '지정한 일련의 동작(단속적이거나 연속되는 동작의 묶음)을 몇 회 했을 때'를 '1세트'로 상정해 반복하도록 기준을 세워놓았다.

급성 허리통증 1

뭉치고 굳은 허리근육과 관절을 한쪽씩 풀어준다

급성 디스크 왼쪽 30초 유지하기 1회, 오른쪽 30초 유지하기 1회가 1세트로 총 3세트 실시

돌발성 요통 왼쪽 45초 유지하기 1회, 오른쪽 45초 유지하기 1회가 1세트로 총 4세트 실시

1 하늘을 바라보며
편안하게 눕는다.

⊕ 급성 허리통증이 발생하게 되면 허리 뒷부분의 척추기립근과 엉덩이근육도 긴장되고 뭉치게 되어 통증이 심해진다. 이때 한쪽 다리씩 교대로 허리와 엉덩이 근육을 부드럽게 풀어주면 긴장된 척추를 느슨하게 풀어주고 척추관절 사이를 넓혀줘 허리통증이 줄어든다.

❗ 굽힌 쪽 다리를 당길 때 펴준 다리의 무릎이 굽혀지거나 허리가 들리지 않도록 주의한다. 동작 내내 발등은 90도로 최대한 굽히며 실시한다.

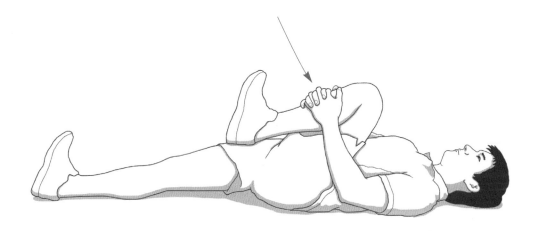

2 한쪽 다리 무릎 굽혀 양손을 깍지 끼고 무릎 아래 중간을 잡고 숨을 천천히 내쉬며 가슴 쪽으로 당겨준다. 반대편도 같은 방법으로 실시한다.

Lying Alternated knee bent Stretch

급성 허리통증 2   앞으로 기울어진 골반을 교정해 허리를 풀어준다

급성 디스크 30초 유지하기 1회가 1세트로 총 3세트 실시

돌발성 요통 45초 유지하기 1회가 1세트로 총 4세트 실시

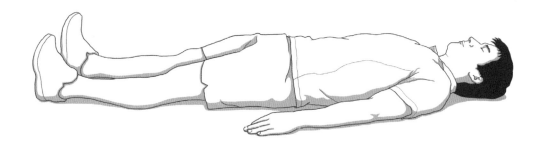

1 하늘을 바라보며
편안하게 눕는다.

❗ 양쪽 무릎을 가슴 쪽으로 당길 때 절대 숨을 멈추지 않도록 한다. 가슴으로 당길 때, 근육을 늘릴 때는 꼭 숨을 부드럽게 내쉬며 해야 혈압을 높이지 않는다. 고개를 바닥에 꼭 닿은 채 실시하고 발등은 90도로 굽혀준다.

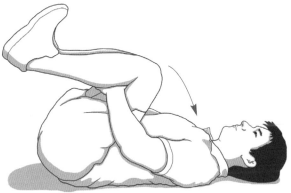

2 양쪽 무릎을 굽혀 양손 깍지 끼고 무릎 뒤편을 잡는다. 숨을 내쉬며 천천히 가슴쪽으로 당겨준다.

Lying Knee Bent Stretch

급성 허리통증 3

틀어진 골반을 바로잡고 굳은 척추를 풀어준다

급성 디스크 왼쪽 30초 유지하기 1회, 오른쪽 30초 유지하기 1회가 1세트로 총 3세트 실시

돌발성 요통 왼쪽 45초 유지하기 1회, 오른쪽 45초 유지하기 1회가 1세트로 총 4세트 실시

1 하늘을 바라보며
편안하게 눕는다.

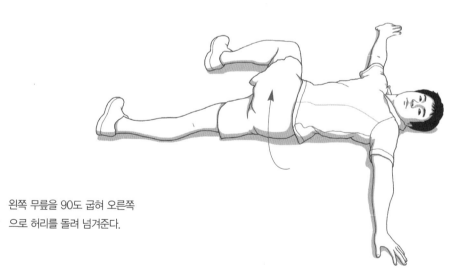

2 왼쪽 무릎을 90도 굽혀 오른쪽
으로 허리를 돌려 넘겨준다.

⊕ 좌우로 틀어진 골반은 한쪽 허리관절에 부담을 주어 통증을 발생시킨다. 이 동작은 좌우 틀어진 골반을 바로잡아주며, 뭉치고 경직된 허리와 엉덩이근육을 부드럽게 이완시켜 허리통증을 줄여준다. 특히 다리를 자주 꼬거나 좌우 다리길이가 차이가 날 때 해주면 골격이 바르게 교정된다.

❗ 굽힌 쪽 무릎은 꼭 90도를 유지한다. 굽힌 쪽 무릎을 눌러줄 때 반대편 어깨가 들리지 않도록 주의한다. 고개는 무릎을 넘긴 반대편으로 돌려준다. 숨을 멈추지 말고 부드럽게 내쉬며 허리를 늘려준다.

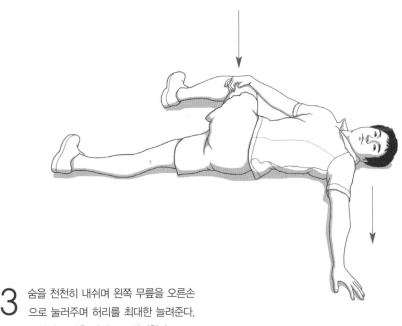

3 숨을 천천히 내쉬며 왼쪽 무릎을 오른손으로 눌러주며 허리를 최대한 늘려준다. 반대편도 같은 방법으로 실시한다.

One Leg Spinal Rotation Stretch

좁아진 척추관절을 넓히고
허리를 풀어준다

급성 디스크 왼쪽 30초 유지하기 1회, 오른쪽 30초 유지하기 1회가 1세트로 총 3세트 실시

돌발성 요통 왼쪽 45초 유지하기 1회, 오른쪽 45초 유지하기 1회가 1세트로 총 4세트 실시

1 편안하게 하늘을 보고 누운 다음, 무릎
을 모아 양다리를 가슴쪽으로 당긴다.

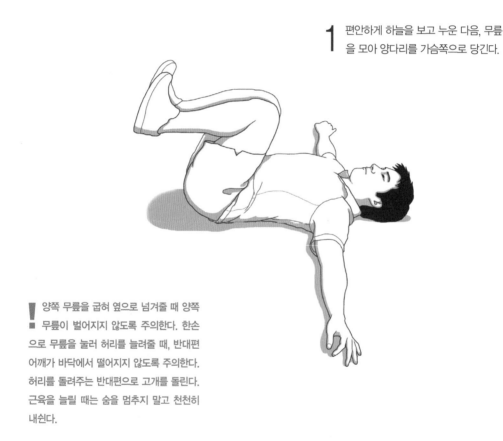

! 양쪽 무릎을 굽혀 옆으로 넘겨줄 때 양쪽
무릎이 벌어지지 않도록 주의한다. 한손
으로 무릎을 눌러 허리를 늘려줄 때, 반대편
어깨가 바닥에서 떨어지지 않도록 주의한다.
허리를 돌려주는 반대편으로 고개를 돌린다.
근육을 늘릴 때는 숨을 멈추지 말고 천천히
내쉰다.

2 양쪽 무릎을 90도로 굽혀 위로 들어 왼쪽으로 허리를 돌려 넘겨준다.

3 숨을 천천히 내쉬며 오른쪽 무릎을 왼손으 로 눌러 허리를 최대한 늘려준다. 반대편 도 같은 방법으로 실시한다.

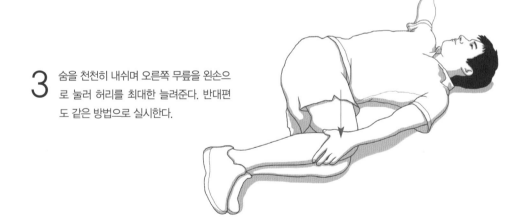

Spinal Rotation Stretch

굳은 척추와 몸통근육을
늘려 허리통증을 줄인다

급성 디스크 연속해서 오른쪽 회전, 왼쪽 회전이 1회, 10회가 1세트로 총 3세트 실시

돌발성 요통 연속해서 오른쪽 회전, 왼쪽 회전이 1회, 15회가 1세트로 총 4세트 실시

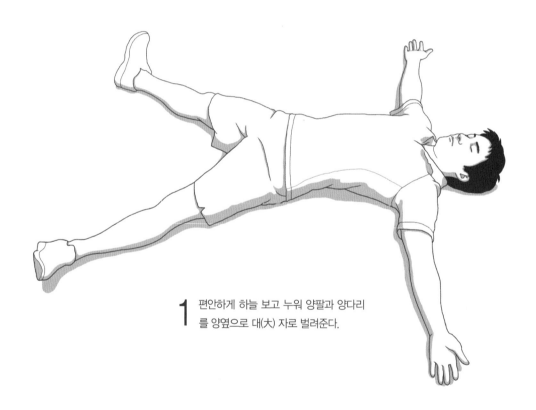

1 편안하게 하늘 보고 누워 양팔과 양다리
를 양옆으로 대(大) 자로 벌려준다.

❗ 몸통과 허리 돌리며 팔을 뻗어줄 때 양쪽 다리가 바닥에 떨어지지 않도록 주의한다. 숨을 천천히 내쉬며 몸통과 허리를 돌려야 최대한 효과를 높일 수 있다. 몸통과 허리를 돌리는 방향으로 고개도 같이 돌린다.

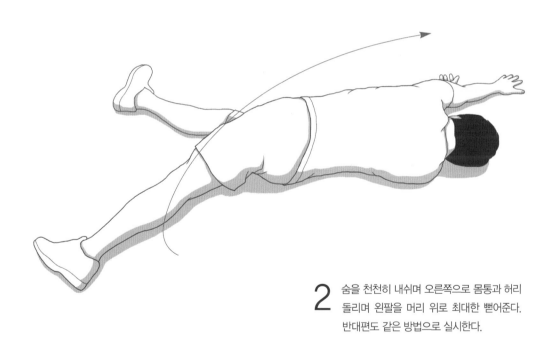

2 숨을 천천히 내쉬며 오른쪽으로 몸통과 허리 돌리며 왼팔을 머리 위로 최대한 뻗어준다. 반대편도 같은 방법으로 실시한다.

Trunk Rotation Arm Reach

척추관절과 신경을 늘리고 몸통을 강화한다

급성 디스크 10회가 1세트로 총 3세트 실시

돌발성 요통 15회가 1세트로 총 4세트 실시

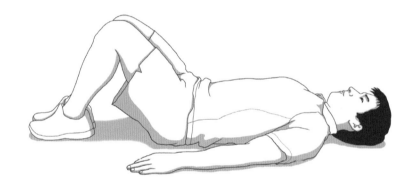

! 숨을 최대한 들이쉴 때 흉부호흡이 아니
라 복식호흡을 해야 한다. 복부 안에 공기
를 최대한 집어넣기 위해 가슴과 복부를 최대
한 팽창시켜 들이쉰다. 숨을 내쉴 때 허리를
늘려주며 숨을 내쉬어야 척추관절과 신경을
늘려줄 수 있다. 코로 숨을 최대한 들이쉬고,
입으로 최대한 내쉰다는 것을 잊지 말자.

1 편안하게 하늘 보고 누워,
양쪽 무릎을 굽혀 세운다.

⊕ 예전부터 디스크 수술 환자들의 통증을 완화시키기 위해 호흡법을 이용해 왔지만, 요즘엔 급성 허리 통증 환자들의 통증완화와 척추주변의 복부와 허리근육을 강화시키는 효과가 더 뛰어나 운동치료에 널리 이용되고 있다. 통증을 쉽게 완화시켜 주고 다른 운동으로 강화시키기 어려운 척추 주변의 작은 근육들을 단련시킬 수 있어 좋다.

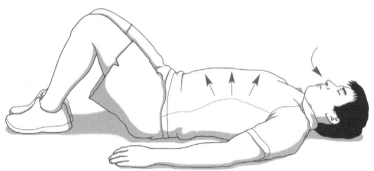

2 코를 이용하여 가슴이 아니라 배로 최대한 숨을 크게 들이쉬어 공기가 복부에 가득 차 게 한 다음 1초간 숨을 멈춘다.

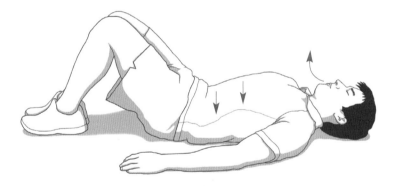

3 숨을 입으로 내쉴 때 복부에 있는 공기를 천천히 내뿜으며 허리를 머리쪽과 다리쪽으로 잡아당 기듯이 늘려준다. 복부가 배꼽 안으로 빨려 들어 간다는 느낌으로 최대한 수축시킨다. 복부 안의 공기를 모두 내뿜을 때까지 최대한 내쉰다.

Lying Vacuum

굳은 허리관절을 풀고
골반을 강화시킨다

급성 디스크 10회가 1세트로 총 3세트 실시
돌발성 요통 15회가 1세트로 총 4세트 실시

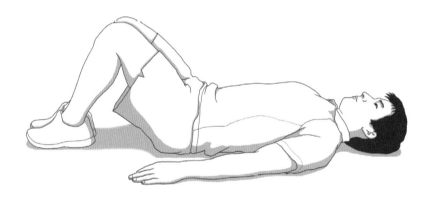

1 편안하게 하늘 보고 누워,
양쪽 무릎을 굽혀 세운다.

❗ 숨을 들이쉴 때는 코로, 숨을 내쉴 때는
입으로 실시한다. 골반을 앞으로 기울이
며 복부와 허리를 들 때 척추가 아치를 이루
도록 하고, 골반을 뒤로 기울이며 복부와 허
리를 내릴 때는 1자 형태를 이루도록 늘려준
다. 허리를 들 때나 내릴 때 엉덩이가 바닥에
서 떨어지지 않도록 한다.

허리통증이 있는 사람들 대부분은 골반과 허리주변 근육과 인대들이 굳어 충격을 받으면 쉽게 통증을 느낀다. 이 동작은 굳은 골반을 앞으로 기울였다 뒤로 기울게 해서 풀어주고 허리의 근육도 부드럽게 이완시킨다. 이로 인해 체중과 보행으로 인한 충격을 분산시켜 통증을 감소시킨다.

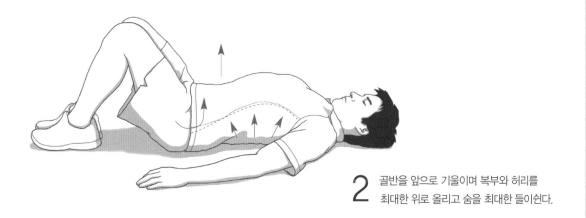

2 골반을 앞으로 기울이며 복부와 허리를
최대한 위로 올리고 숨을 최대한 들이쉰다.

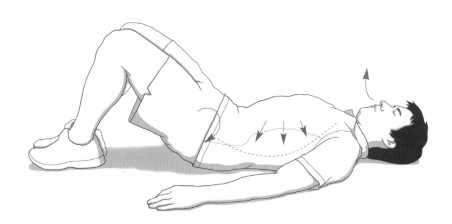

3 골반을 뒤로 기울이며 복부와 허리를 최대한
바닥에 눌러주고 숨도 최대한 내쉰다.

Spine Arch and Curl

경직된 몸통을 풀고
약한 허리근육을 강화시킨다

급성 디스크 오른쪽으로 10회, 왼쪽으로 10회가 1세트로 총 3세트 실시
돌발성 요통 오른쪽으로 15회, 왼쪽으로 15회가 1세트로 총 4세트 실시

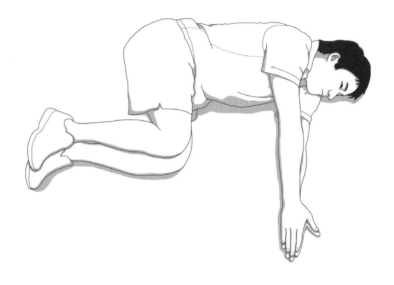

! 몸통을 옆으로 회전시켜 팔을 옆으로 최
대한 뻗을 때 고개도 같이 회전시킨다. 몸
통을 회전시킬 때 숨을 멈추지 말고 천천히
내쉬며 실시한다. 팔을 옆으로 뻗을 때 양쪽
무릎이 벌어지지 않도록 주의한다. 양쪽 발목
은 90도로 구부려 모은 채 실시한다.

1 편안하게 옆으로 누워 양쪽 무
릎을 90도 굽히고, 양팔은 한
쪽으로 뻗어 나란히 둔다.

⊕ 양쪽 다리를 고정시킨 채 상체의 몸통을 회전시키면 굳은 척추관절을 더 쉽게 풀어줄 수 있으며, 특히 체중이 많이 나가거나 근육이 많이 뭉쳐 허리관절을 풀기 어려울 때 해주면 더 좋다. 몸통을 회전시킴으로 인해 허리에 부담을 주지 않으면서 약한 허리근육을 한쪽씩 선택적으로 강화시킬 수가 있다.

2 숨을 내쉬며 몸통을 오른쪽으로 회전시키며 팔을 최대한 옆으로 뻗어 준 후, 5초간 유지한다.

3 다시 시작자세로 되돌아온다. 반복횟수를 모두 실시한 후 반대편도 같은 방법으로 실시한다.

Side Lying Trunk Rotation

급성 허리통증 9 움직일 때 아픈 통증을 줄여 허리를 편하게 한다

급성 디스크 30초 유지하기 1회가 1세트로 총 3세트 실시
돌발성 요통 45초 유지하기 1회가 1세트로 총 4세트 실시

1 양쪽 무릎을 굽혀 앉고 허벅지 위에 부드러운 쿠션을 올려놓는다.

허리가 너무 아파 상체를 숙이지 못하게 되면 허리와 골반도 쉽게 굳어진다. 이때 허벅지 위에 쿠션을 놓고 몸무게를 의지하면 통증이 줄어들며, 상체를 앞으로 숙여 허리와 골반을 편하게 늘려줄 수 있다. 허리와 골반이 부드럽게 늘어나면 혈액순환이 좋아져 염증이 가라앉고 빠른 회복을 할 수 있도록 도와준다.

! 상체를 숙일 때 양무릎 사이가 벌어지지 않도록 주의한다. 호흡은 상체를 숙일 때 숨을 멈추지 않고 길게 천천히 내쉬도록 한다. 팔을 앞으로 뻗을 때는 팔꿈치가 구부러지지 않도록 최대한 뻗어준다. 상체를 숙일 때 허리통증이 심하면 더 큰 쿠션으로 바꿔서 한다.

2 숨을 내쉬며 천천히 상체를 숙이고 양팔을 앞으로 최대한 뻗으며 허리를 부드럽게 늘려준다.

Knee Bent Lumbar Flexion

통증을 줄이고 약해진
허리, 엉덩이근육을 강화한다

급성 디스크 오른쪽 30초 유지하기 1회, 왼쪽 30초 유지하기 1회가 1세트로 총 3세트 실시

돌발성 요통 오른쪽 45초 유지하기 1회, 왼쪽 45초 유지하기 1회가 1세트로 총 4세트 실시

1 양쪽 무릎을 90도로 구부리고 어깨너비로
양팔을 벌린 채 머리, 어깨, 허리, 엉덩이
가 일식선을 유시하게 잎드린다.

! 무릎을 펴고 다리를 올릴 때 복부와 허리에
힘을 줘야 허리가 아래로 쳐지거나 휘는 것
을 막는다. 동작 내내 머리, 어깨, 허리, 엉덩이
가 일직선을 이루도록 자세를 유지한다.

약해진 허리와 엉덩이근육 때문에 골반과 허리가 불안정해지면 통증이 더 심해진다. 이 동작은 약한 허리와 엉덩이 근육을 선택적으로 강화시켜 안정시킨다. 엎드려 있는 자세 자체도 허리와 복부근육을 강화시켜 서있을 때 올바른 자세를 유지하도록 도와준다. 상체를 일으키는 것보다 다리를 들어주는 것이 허리근육을 더 안전하게 강화시킨다.

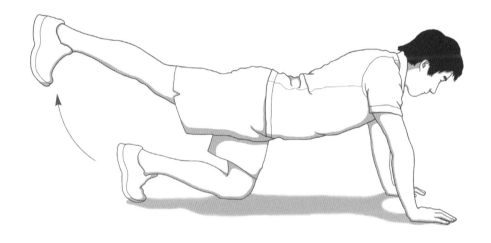

2 숨을 내쉬며 복부와 허리에 힘을 주고 허리와 엉덩이 높이가 일직선을 유지하게 오른쪽 다리의 무릎을 최대한 펴서 위로 올려준다. 반대편도 같은 방법으로 실시한다.

Prone 4point Alternated Hip Extension

묵직하고 뻐근한 허리 가볍고 부드럽게 푼다

과사용증후군 30초 유지하기 1회가 1세트로 총 3세트 실시

퇴행성 척추질환 45초 유지하기 1회가 1세트로 총 4세트 실시

1 편안하게 하늘 보고 누워, 양쪽 무릎을 굽혀 세운다.

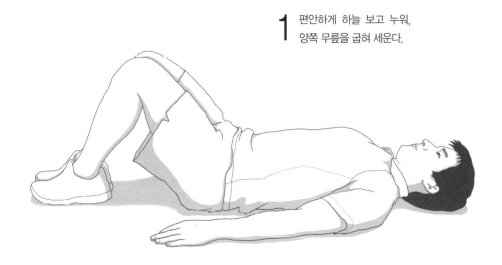

! 양쪽 무릎을 가슴 쪽으로 당길 때 숨을 내쉬고 양쪽 무릎이 옆으로 벌어지지 않도록 주의한다. 최대한 당겨준 후 자세를 유지할 때, 호흡을 멈추지 말고 부드럽게 실시한다.

2 무릎 아래 정중앙을 양손으로 깍지 끼고 숨을 내쉬며 가슴 쪽으로 지그시 당겨준다.

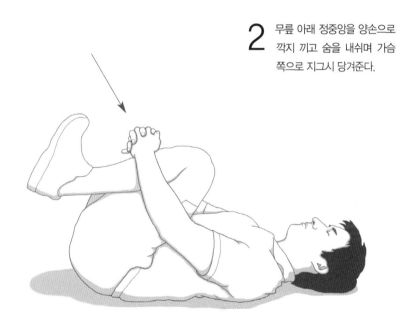

Lying Knee Bent Lower Back Stretch

허리관절을 이완시키고,
허리근육을 강화한다

과사용증후군 연속해서 왼쪽 회전, 오른쪽 회전이 1회, 10회가 1세트로 총 3세트 실시

퇴행성 척추질환 연속해서 왼쪽 회전, 오른쪽 회전이 1회, 15회가 1세트로 총 4세트 실시

1 편안하게 누워 양쪽 무릎
을 90도로 들어준다.

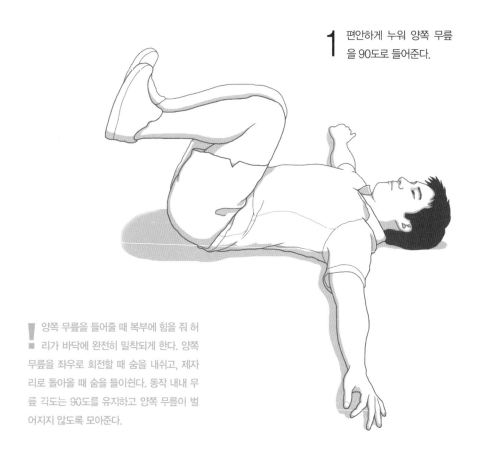

! 양쪽 무릎을 들어줄 때 복부에 힘을 줘 허
리가 바닥에 완전히 밀착되게 한다. 양쪽
무릎을 좌우로 회전할 때 숨을 내쉬고, 제자
리로 돌아올 때 숨을 들이쉰다. 동작 내내 무
릎 각도는 90도를 유지하고 양쪽 무릎이 벌
어지지 않도록 모아준다.

⊕ 몸통을 고정시킨 채 양쪽 무릎을 좌우로 회전하면 허리통증의 주범인 요추 4, 5번의 관절과 근육을 부드럽게 이완시킨다. 특히 주변 근육까지 강화시킬 수 있어 관절과 관절사이를 넓혀주고, 체중으로 인해 디스크가 눌리는 것을 막아 통증을 줄여주고 치료효과를 높인다.

2 숨을 내쉬며 몸통은 고정시키고, 양쪽 무릎을 부드럽게 좌우로 회전시킨다.

Lying Hip Crossover Stretch

통증을 낳는 8자걸음과 O자다리를 교정한다

과사용증후군 오른쪽 10회, 왼쪽 10회가 1세트로 총 3세트 실시

퇴행성 척추질환 오른쪽 15회, 왼쪽 15회가 1세트로 총 4세트 실시

1 양팔을 벌리고 누워 양쪽 무릎을 굽혀 세운 다음, 오른쪽 다리를 왼쪽 다리 위로 올린다.

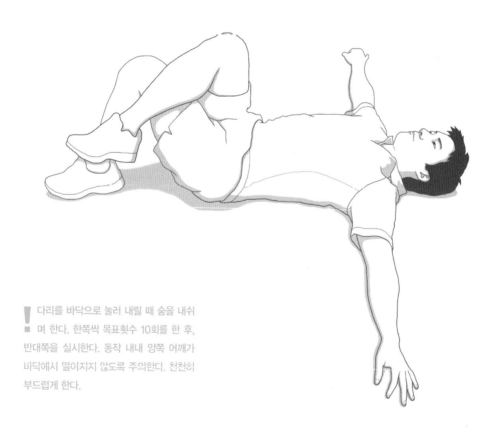

! 다리를 바닥으로 눌러 내릴 때 숨을 내쉬며 한다. 한쪽씩 목표횟수 10회를 한 후, 반대쪽을 실시한다. 동작 내내 양쪽 어깨가 바닥에서 떨어지지 않도록 주의한다. 천천히 부드럽게 한다.

> ⊕ 8자걸음은 걸을 때 바닥의 충격이 허리로 바로 전달되어 통증을 발생시키고, O자형 다리는 걸을 때 골반이 뒤로 기울어지며, 양옆으로 흔들며 걷게 되어 골반과 허리의 연결부위인 천장관절에 큰 부담이 가 통증을 악화시킨다. 다리뼈를 바깥쪽으로 회전시키는 긴다리 장막근과 엉덩이근육들을 늘려주면 다리를 바르게 교정할 수 있다.

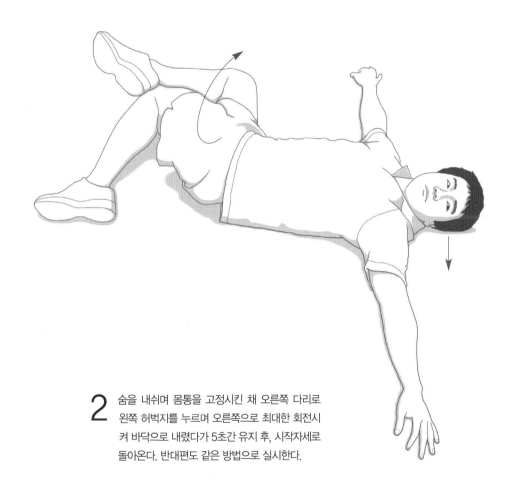

2 숨을 내쉬며 몸통을 고정시킨 채 오른쪽 다리로 왼쪽 허벅지를 누르며 오른쪽으로 최대한 회전시켜 바닥으로 내렸다가 5초간 유지 후, 시작자세로 돌아온다. 반대편도 같은 방법으로 실시한다.

Lying Outer Thigh Rotation Stretch

틀어진 골반과 허리근육을
바르고 튼튼하게

과사용증후군 10회가 1세트로 총 3세트 실시

퇴행성 척추질환 15회가 1세트로 총 4세트 실시

1 편안하게 하늘 보고 누워,
양쪽 무릎을 굽혀 세운다.

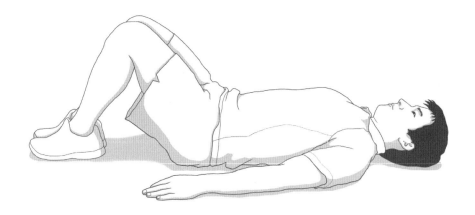

! 엉덩이를 위로 들어줄 때 양쪽 무릎이 옆
으로 벌어지지 않도록 주의한다. 엉덩이
를 위로 올릴 때 바닥을 발뒤꿈치로 눌러주며
올린다. 엉덩이를 올렸을 때 몸통과 골반, 허
벅지가 일직선이 되도록 최대한 올려준다. 동
작을 유지할 때 숨을 멈추지 않도록 한다.

⊕ 만성 허리통증의 경우 골반이 틀어지고 허리와 엉덩이 근육이 약한 경우가 많다. 엉덩이를 올려주는 동작을 통해 좌우높이가 다른 골반을 바르게 교정하고 양쪽 허리근육의 불균형을 바로잡는다. 허리와 엉덩이근육을 강화시켜 허리관절과 골반의 부담을 줄여 만성통증을 예방해준다.

2 숨을 내쉬며 엉덩이를 최대한 위로 든 다음 5초간 유지 후 천천히 내려준다.

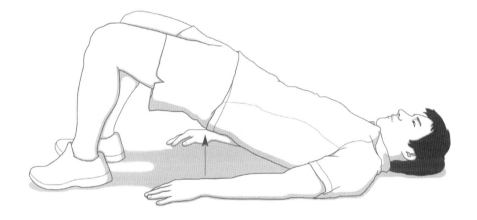

Lying Pelvic Lift

복부를 강화시키고
허리를 늘려 통증을 없앤다

과사용증후군 10회가 1세트로 총 3세트 실시

퇴행성 척추질환 15회가 1세트로 총 4세트 실시

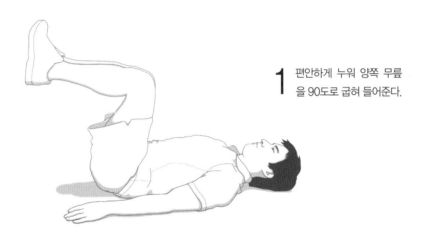

1 편안하게 누워 양쪽 무릎
을 90도로 굽혀 들어준다.

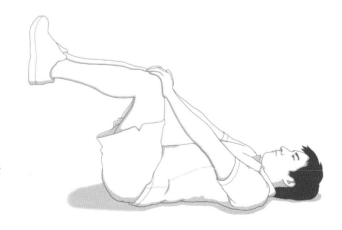

2 무릎 위에 양손을
올린다.

⊕ 허리통증을 줄이기 위해서는 복근을 강화시켜 허리의 부담을 줄여야 하고, 복근이 수축하게 되면 반대편의 허리는 늘어나게 된다. 허리를 편안하게 늘려 척추관절 사이를 넓히면 디스크나 신경이 눌리는 것을 막아 통증을 완화시킨다. 늘어난 척추는 복근으로 강화시켜 바르고 튼튼하게 만들어준다.

! 숨을 천천히 내쉬며 복근에 지그시 힘을 주며 양손으로 무릎을 밀어준다. 무릎은 90도 각도를 유지하며 버텨준다. 동작 내내 숨을 멈추지 말고 호흡을 한다. 머리가 어지럽거나 혈압이 높아지는 것을 느끼면, 머리는 바닥에 내려놓고 동작을 실시한다.

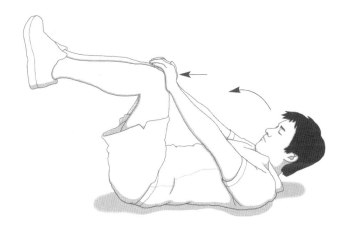

3 복근에 힘을 주고 숨을 천천히 내쉬며 고개와 몸통을 살짝 굽혀 양손으로 무릎을 밀면서 양쪽 무릎은 아래로 떨어지지 않도록 버틴다. 5초간 유지한 후 시작자세로 돌아간다.

Knee Press

비뚤어진 척추와 약해진
허리를 바르고 강하게

과사용증후군 연속해서 1~5번이 1회, 5회가 1세트로 총 3세트 실시

퇴행성 척추질환 연속해서 1~5번이 1회, 5회가 1세트로 총 4세트 실시

1 양쪽 무릎을 90도로 굽혀 엎드
리고 양팔은 어깨너비로 벌린다.

❗ 동작을 실시하는 내내, 복부와 허리근육에
힘을 주며 실시한다. 몸통의 균형을 잡으며
팔과 다리는 굽히지 않고 최대한 펴서 뻗어 올
린다. 시선은 바닥을 보지 말고 정면을 응시하
며 바라본다. 무게중심은 팔과 다리 쪽에 50 :
50으로 배분해 중심을 잡는다.

2 숨을 내쉬며 복부와 허리에 힘을 주고 왼팔과 오른
쪽 다리를 교차시켜 올려 뻗고 5초간 유지한다.

3 시작자세로 돌아갔다가 다시 오른팔과 왼쪽 다리를 교차로 뻗는다. 5초간 유지 후 시작자세로 돌아간다.

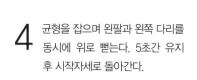

4 균형을 잡으며 왼팔과 왼쪽 다리를 동시에 위로 뻗는다. 5초간 유지 후 시작자세로 돌아간다.

5 균형을 잡으며 오른팔과 오른쪽 다리를 동시에 위로 뻗는다. 5초간 유지 후 시작자세로 돌아간다.

Prone 4point Cross & Bilateral Reach

욱신욱신한 허리와 쿡쿡 쑤신 관절을 가볍고 상쾌하게

과사용증후군 왼쪽 30초 유지 1회, 오른쪽 30초 유지 1회가 1세트로 총 3세트 실시
퇴행성 척추질환 왼쪽 45초 유지 1회, 오른쪽 45초 유지 1회가 1세트로 총 4세트 실시

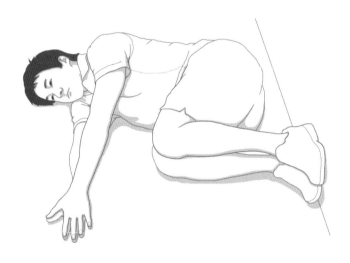

1 양쪽 발을 벽에 대고 90도로 무릎을 굽힌 채 오른쪽 옆으로 누워 양팔을 오른쪽으로 뻗는다.

! 몸통을 회전함과 동시에 양쪽 무릎을 벽에 대고 하늘 위로 최대한 뻗어준다. 숨을 내쉬며 무릎 뒷부분과 허벅지 뒤, 엉덩이, 허리가 늘어난다는 느낌으로 실시한다. 동작 내내 발등은 90도로 최대한 굽혀준다.

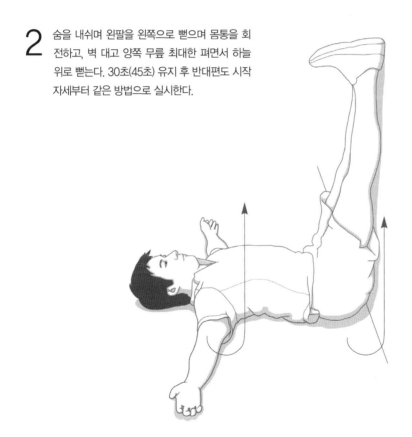

⊕ 항상 허리가 쑤시고 묵직한 통증은 척추를 자꾸 앞으로 굽게 만들고, 걸을 때 마다 종아리나 허벅지 뒷부분이 당기는 통증을 동반한다. 만성 허리통증으로 인해 관절과 근육이 굳고 짧아지면 자세가 점차 틀어지게 되는데, 종아리와 허벅지 뒷부분, 엉덩이, 허리를 최대한 늘려주면 통증을 사라지게 만들고 근육과 신경을 부드럽게 늘려준다.

2 숨을 내쉬며 왼팔을 왼쪽으로 뻗으며 몸통을 회전하고, 벽 대고 양쪽 무릎 최대한 펴면서 하늘 위로 뻗는다. 30초(45초) 유지 후 반대편도 시작 자세부터 같은 방법으로 실시한다.

Heels Over Head Stretch

상하 비뚤어진 허리와
틀어진 몸통을 바로잡는다

과사용증후군 연속해서 1~4번이 1회, 10회가 1세트로 총 3세트 실시

퇴행성 척추질환 연속해서 1~4번이 1회, 15회가 1세트로 총 4세트 실시

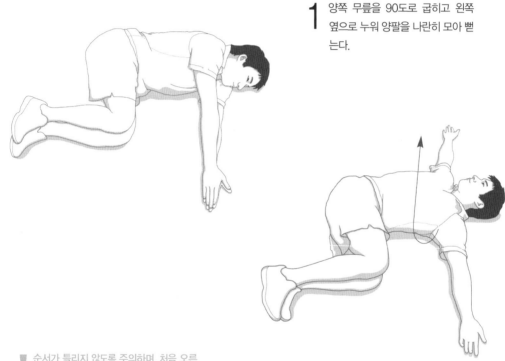

1 양쪽 무릎을 90도로 굽히고 왼쪽 옆으로 누워 양팔을 나란히 모아 뻗는다.

! 순서가 틀리지 않도록 주의하며, 처음 오른 팔 → 양쪽 무릎(허리) → 왼팔 순으로 회전 하고, 다시 왼팔 → 양쪽 무릎(허리) → 오른팔 순으로 반복을 한다. 동작을 실시하는 내내 양 쪽 무릎 사이가 벌어지지 않도록 주의한다. 등 이 굽어지지 않도록 등과 허리를 1자로 펴준다.

2 숨을 내쉬며 오른팔을 오른쪽으로 뻗으며 상체인 몸통을 오른쪽으로 회전한다.

허리를 윗부분과 아래부분으로 나눠 스트레칭을 실시해 좁아진 척추 마디마디 사이를 늘리고 넓혀, 신경이 눌리고 근육이 경직되어 발생한 통증을 완화시킨다. 좌우로 비뚤어진 척추를 바로잡아주고, 위, 아래로 잡아당겨 몸통 교정과 통증해소를 동시에 할 수 있다.

3 다시 허리를 오른쪽으로 회전시켜 하체인 양쪽 무릎을 오른쪽으로 내려놓는다.

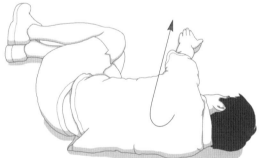

4 숨을 내쉬며 왼팔을 오른쪽으로 뻗으며 양손을 나란히 포개며 상체인 몸통을 회전한다. 반대편도 같은 방법으로 실시한다.

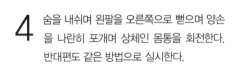

Side Lying Trunk & Hip Rotation

만성 허리통증 9

허리와 몸통을 X자로 늘려 통증을 없앤다

과사용증후군 연속해서 오른쪽 회전, 왼쪽 회전이 1회, 10회가 1세트로 총 3세트 실시

퇴행성 척추질환 연속해서 오른쪽 회전, 왼쪽 회전이 1회, 15회가 1세트로 총 4세트실시

1 하늘을 바라보고 누워 양팔과 양다리를 옆으로 대(大)자로 벌린다.

! 몸통을 회전하며 팔을 뻗을 때 숨을 멈추
■ 지 말고 내쉬며, 양발이 바닥에서 떨어지
지 않도록 주의한다. 오른쪽으로 회전할 때
머리, 어깨, 팔, 몸통, 허리를 모두 회전시켜
늘려준다.

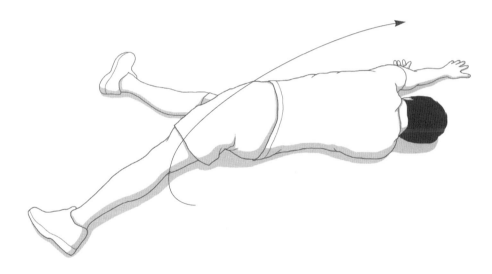

2 숨을 내쉬며 오른쪽으로 몸통과 허리를 돌리며
왼팔을 오른쪽 머리 위로 최대한 늘려 뻗어준
다. 반대편도 같은 방법으로 실시한다.

Trunk Rotation Arm Reach

허리를 좌우로 쭉 늘려
시원하고 개운하게

과사용증후군 연속해서 오른쪽 회전, 왼쪽 회전이 1회, 10회가 1세트로 총 3세트 실시

퇴행성 척추질환 연속해서 오른쪽 회전, 왼쪽 회전이 1회, 15회가 1세트로 총 4세트 실시

1 하늘을 바라보고 누워 양팔과 양다
리를 옆으로 대(大)자로 벌린다.

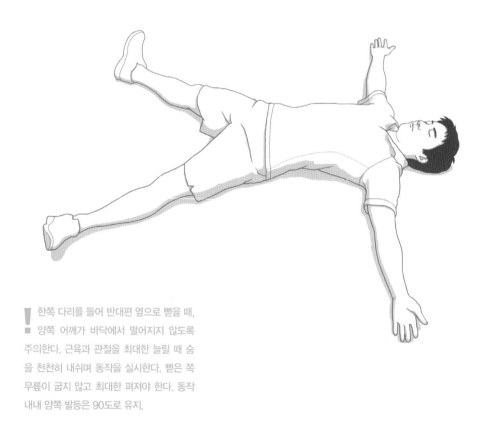

❗ 한쪽 다리를 들어 반대편 옆으로 뻗을 때,
양쪽 어깨가 바닥에서 떨어지지 않도록
주의한다. 근육과 관절을 최대한 늘릴 때 숨
을 천천히 내쉬며 동작을 실시한다. 뻗은 쪽
무릎이 굽지 않고 최대한 펴져야 한다. 동작
내내 양쪽 발등은 90도로 유지.

2 숨을 내쉬며 왼쪽 다리를 들어 오른쪽 몸통 옆으로 최대한 뻗어주며 허리를 회전시켜 늘려준다. 반대편도 같은 방법으로 실시한다.

Spinal Rotation Leg Reach

쑤시고 저린 엉덩이와
허리통증의 원인을 제거한다

좌골신경통 왼쪽 30초 유지, 오른쪽 30초 유지하기가 1회로 총 3회 실시

만성 신경통 왼쪽 45초 유지, 오른쪽 45초 유지하기가 1회로 총 4회 실시

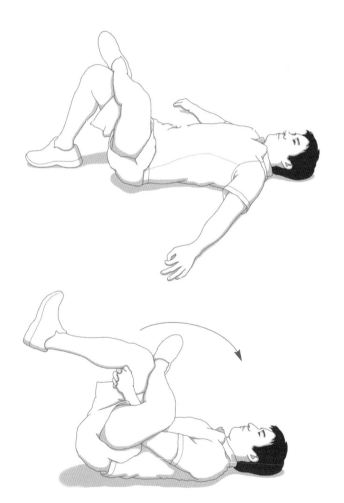

1 하늘 보고 누워 양쪽 무릎 굽혀
세운 다음, 왼쪽 다리를 오른쪽
허벅지 위에 올려놓는다.

2 오른쪽 다리를 들어 가슴 쪽으
로 살짝 당기고, 양손을 오른쪽
허벅지 뒤로 넣고 깍지를 낀다.

❗ 다리를 가슴쪽으로 당길 때 숨을 멈추지 말고 천천히 내쉬며 실시한다. 왼쪽 다리를 오른쪽 허벅지 위에 올릴 때 왼손은 양쪽 다리 사이로, 오른손은 오른쪽 다리 바깥쪽으로 집어넣어 오른쪽 허벅지 뒷부분을 잡아 깍지낀다. 머리와 가슴을 살짝 굽힐 때 가슴이 답답하거나 숨쉬기 어렵다면 머리는 바닥에 붙인 채 동작을 한다.

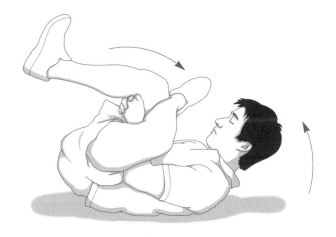

3 숨을 길게 내쉬며 양손으로 오른쪽 허벅지를 가슴 쪽으로 최대한 당기고, 머리와 가슴을 살짝 굽혀준다. 반대편도 같은 방법으로 실시한다.

Piriformis Stretch

허리관절과 근육의 변형을 막고, 눌린 신경을 펴준다

좌골신경통 오른쪽 10회, 왼쪽 10회가 1세트로 총 3세트 실시

만성 신경통 오른쪽 15회, 왼쪽 15회가 1세트로 총 4세트 실시

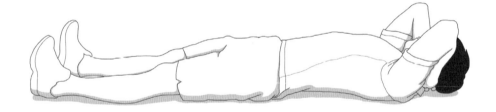

1 하늘을 보고 누워 양손을 머리 뒤에
깍지 끼고 발등은 90도로 굽힌다.

⊕ 척추의 허리관절 사이가 좁아지거나, 디스크가 튀어나와 신경을 누르게 되는 경우 한쪽 다리 혹은 양쪽 다리 전체가 쑤시거나 저릴 수 있다. 이 동작을 통해 다리로 내려가는 신경이 짧아져 통증이 심해지는 것을 막고, 짧아진 신경을 느슨하게 늘려주어 통증을 점차 완화시키는 신경치료 효과를 얻을 수 있다.

! 양쪽 발등을 90도로 굽힌 채 한쪽 다리를 최대한 올릴 때, 반대편 다리가 바닥에서 떨어지지 않도록 한다. 들어올린 다리의 무릎을 최대한 펴야 한다.

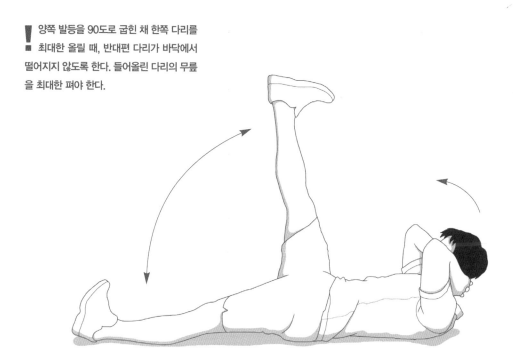

2 숨을 내쉬며 양손으로 머리를 당기며 발등은 90도로 굽힌 채 오른쪽 다리를 최대한 위로 올렸다 내려준다. 반대편도 같은 방법을 실시한다.

Unilateral Straight Leg Raise

종아리와 다리의 신경통, 허리통증을 한꺼번에 해소!

좌골신경통 오른쪽 30초 유지하기 1회, 왼쪽 30초 유지하기 1회가 1세트로 총 3세트 실시

만성 신경통 오른쪽 45초 유지하기 1회, 왼쪽 45초 유지하기 1회가 1세트로 총 4세트 실시

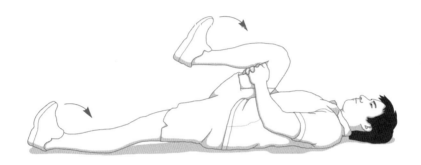

! 동작 내내 양쪽 발등은 최대한 굽힌 상태를 유지한다. 올린 쪽 다리의 무릎은 최대한 펴주도록 한다. 양쪽 팔꿈치를 굽혀 상체와 머리를 굽힐 때 무릎이 펴지지 않도록 주의한다. 다리가 떨리거나 당기는 느낌이 심할 경우, 머리와 상체를 바닥에 내려놓고 실시하도록 한다.

1 하늘 보고 누워 오른쪽 무릎 뒷부분을 양손으로 깍지 끼고, 발등은 최대한 굽힌 채 가슴쪽으로 당겨준다.

⊕ 허리 신경통이 심해지면 엉덩이와 허벅지, 종아리의 저림 증상과 전류가 통하는 듯한 찌릿함, 종아리 근육에 쥐가 자주 나게 되는데, 이 동작을 하면 엉덩이에서 종아리까지 뻗어있는 신경을 늘려줘 통증이 완화되고, 다리로 내려가는 혈액순환이 좋아져 부종이 빠르게 감소되어 근육에 쥐가 나는 증상이 줄어든다. 특히 자다가 쥐가 나거나, 걸을 때마다 엉덩이와 다리가 저린 사람에게 효과가 좋다.

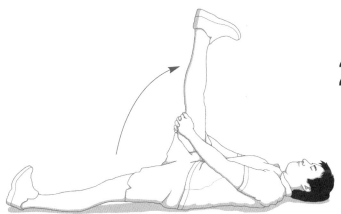

2 오른쪽 무릎을 최대한 위로 피면서 가슴쪽으로 당긴다. 이때 발등은 최대한 굽힌 상태를 유지한다.

3 숨을 내쉬며 양쪽 팔꿈치를 구부려 상체를 당겨올려 고개를 앞으로 숙인다. 반대편도 같은 방법으로 실시한다.

Alternated Hamstring Stretch

골반과 허리가 틀어져
눌린 신경통을 치료한다

좌골신경통 연속해서 오른쪽 30초 유지, 왼쪽 30초 유지 1회가 1세트로 총 3세트 실시
만성 신경통 연속해서 오른쪽 45초 유지, 왼쪽 45초 유지 1회가 1세트로 총 4세트 실시

1 하늘 보고 누워 양쪽
무릎 굽혀 세운다.

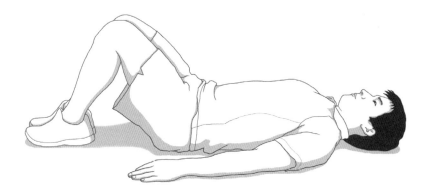

! 몸통의 중심을 잡으며 한쪽 무릎 펴줄 때
발등은 90도로 굽힌 채 실시한다. 동작
내내 호흡을 멈추지 말고 부드럽게 실시한다.
엉덩이를 최대한 올릴 때, 몸통과 골반, 허벅
지가 일직선을 유지하도록 한다. 한쪽 다리를
펴줄 때 골반이 한쪽으로 기울어지지 않도록
주의한다.

2 숨을 내쉬며 엉덩이를 최대한 위로 올린다.

3 몸통 중심 잡으며 왼쪽 무릎을 최대한 펴주며 뻗는다. 시작자세로 돌아가 반대편도 같은 방법으로 실시한다.

Pelvic Lift & Leg Extension

약해진 허리와 엉덩이를
강화시켜 신경통을 없앤다

좌골신경통 1~4번을 연속한 것이 1회, 10회가 1세트로 총 3세트 실시

만성 신경통 1~4번을 연속한 것이 1회, 15회가 1세트로 총 4세트 실시

1 엎드린 채 양손을 포개어 이마 아래
놓고 양쪽 다리도 모아준다.

2 숨을 내쉬며 허리와 엉덩이에 힘을 주고 양쪽 다리
가 벌어지지 않게 모은 채 하늘 위로 최대한 올린다.

허리와 엉덩이근육이 약하면 허리 척추관절 사이가 좁아져 신경을 누르거나, 퇴행성 척추질환으로 인해 신경이 지나가는 통로가 좁아지거나 변형되어 신경통이 더 심해질 수 있다. 허리와 엉덩이근육을 강화시키면 관절의 변형을 막고, 근육이 신경을 누르는 것을 막아 관절과 신경이 지나가는 통로를 넓혀주고 보호해줘 신경통을 치료하고 예방해준다.

3 올린 채로 양쪽 다리를 최대한 양옆으로 벌린다.

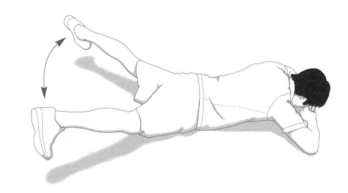

! 2~4번 내내 양쪽 다리가 바닥에 닿지 않도록 주의한다. 동작 내내 발등은 90도로 굽히고, 양쪽 무릎은 굽혀지지 않도록 최대한 펴준다.

4 올린 채로 다시 양쪽 다리를 모아준 다음 천천히 내리며 시작자세로 돌아간다.

Prone Leg Lift & Heel Tap

척추와 골반을 바르게,
근육과 관절을 튼튼하게

좌골신경통 연속해서 오른팔과 왼쪽 다리, 왼팔과 오른쪽 다리 교대로 올리기가 1회, 10회가 1세트로 총 3세트 실시

만성 신경통 연속해서 오른팔과 왼쪽 다리, 왼팔과 오른쪽 다리 교대로 올리기가 1회, 15회가 1세트로 총 4세트 실시

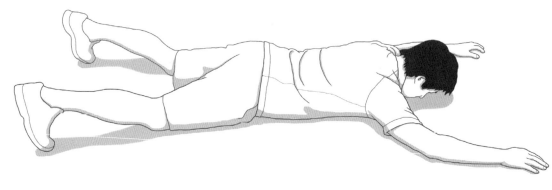

1 양팔과 다리를 편안하게
벌리고 엎드린다.

척추와 골반이 바르고 튼튼해야 신경이 지나는 통로가 좁아지지 않아 눌리지 않게 된다. 등과 허리, 엉덩이의 근육은 척추와 골반이 바르게 유지되도록 고정시켜주고 보호해준다. 이 동작은 등과 허리근육의 좌우가 불균형한 경우 균형을 바로잡아주고, 등이 굽어진 척추후만증을 치료한다.

! 한쪽 팔과 다리를 올릴 때 팔꿈치와 무릎이 굽혀지지 않게 최대한 펴준다. 고개는 들지 않는다. 팔과 다리를 들어올릴 때 복부와 허리, 엉덩이근육에 힘을 주며 실시한다. 호흡을 멈추지 말고 들어올릴 때 내쉬고, 내릴 때 들이쉰다.

2 숨을 내쉬며 오른팔과 왼쪽다리를 교차해 위로 최대한 올렸다 5초간 유지 후 내린다. 반대편도 같은 방법으로 실시하는 것이 1회다.

Prone Cross Arm & Leg Reach

신경이 눌리지 않게
허리 전후좌우를 튼튼하게

좌골신경통 연속해서 1~5번이 1회, 10회가 1세트로 총 3세트 실시

만성 신경통 연속해서 1~5번이 1회, 15회가 1세트로 총 4세트 실시

1 양쪽 무릎을 90도로 굽혀 엎드리고
양팔은 어깨너비로 벌린다.

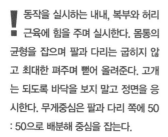

! 동작을 실시하는 내내, 복부와 허리
근육에 힘을 주며 실시한다. 몸통의
균형을 잡으며 팔과 다리는 굽히지 않
고 최대한 펴주며 뻗어 올려준다. 고개
는 되도록 바닥을 보지 말고 정면을 응
시한다. 무게중심은 팔과 다리 쪽에 50
: 50으로 배분해 중심을 잡는다.

2 복부와 허리에 힘을 주며 숨을 내
쉬고 왼팔과 오른쪽 다리를 교차
로 올려 뻗는다. 5초간 유지한다.

3 시작자세로 돌아가 다시 오른팔과 왼쪽 다리를 교차로 올려 뻗는다. 5초간 유지 후 시작자세로 돌아간다.

4 균형을 잡으며 왼팔과 왼쪽 다리를 동시에 올려 뻗는다. 5초간 유지 후 시작자세로 돌아간다.

5 균형을 잡으며 오른팔과 오른쪽 다리를 동시에 올려 뻗는다. 5초간 유지 후 시작자세로 돌아간다.

Prone 4point Cross & Bilateral Reach

허리 신경통 8

눌리고 짧아진 신경을 늘려 신경통을 치료한다

좌골신경통 연속해서 왼쪽 다리, 오른쪽 다리 올리기가 1회, 10회가 1세트로 총 3세트 실시

만성 신경통 연속해서 왼쪽 다리, 오른쪽 다리 올리기가 1회, 15회가 1세트로 총 4세트 실시

1 발을 자연스럽게 모은 채 양팔을 벌리고 편안하게 선다.

! 상체를 앞으로 숙일 때 머리, 등, 허리는 일직선으로 곧게 편다. 한쪽 다리를 뒤로 뻗을 때 무릎은 펴고 발등은 굽힌다. 상체를 숙였다 펼 때 몸의 중심을 잡으며 실시한다.

⊕ 허리 신경통의 가장 큰 문제는 눌린 신경으로 인해 움직임에 제한을 받고, 올바른 자세를 유지하지 못해 근육과 관절이 굳고 변형된다는 것이다. 틀어지고 변형된 근육과 관절은 다시 신경을 압박하여 신경통을 악화시킨다. 한쪽 다리로 균형을 잡으며 상체를 숙여주는 동작은 한쪽 허리와 골반, 다리로 뻗어 내려가는 신경을 늘려주고, 틀어진 허리와 골반을 바로잡아 신경통을 완화시켜 치료한다.

2 숨을 내쉬며 왼쪽 다리를 뒤로 뻗어 올리며 허리를 곧게 펴 상체를 앞으로 숙였다 1초간 유지한 후 펴준다. 반대편도 같은 방법으로 실시한다.

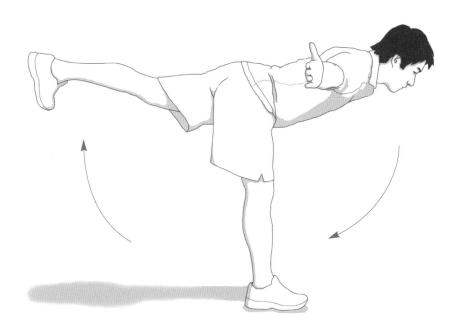

Inverted Hamstring Stretch

허리 신경통 9

하체운동으로 좌골신경통과 만성 신경통 치료!

좌골신경통 연속해서 왼쪽 무릎 굽히기, 오른쪽 무릎 굽히기가 1회, 10회가 1세트로 총 3세트 실시

만성 신경통 연속해서 왼쪽 무릎 굽히기, 오른쪽 무릎 굽히기가 1회, 15회가 1세트로 총 4세트 실시

1 양쪽 다리를 어깨너비보다 넓게 벌리고 양팔을 양옆으로 펴고 선다.

⊕ 이 동작은 다리로 내려가는 좌골신경이 엉덩이근육의 약화나 경직으로 눌려 발생하는 좌골신경통을 치료 · 예방하고, 한쪽 무릎을 굽혔다 펼 때 몸의 중심을 잡기 위해 복부와 옆구리, 허리근육이 동시에 강화되어 디스크가 한쪽으로 눌리는 것을 막아준다.

2 숨을 내쉬며 엉덩이를 뒤로 빼며 왼쪽 무릎을 90도로 굽히며 앉았다 1초간 유지 후 일어선다. 반대편도 같은 방법으로 실시한다.

▌ 한쪽 무릎을 90도로 굽히며 앉을
■ 때 등과 허리가 일직선을 유지한
다. 한쪽 무릎을 구부리고 펼 때 반대
쪽 무릎은 편다. 굽히는 쪽 무릎의 방
향은 발가락 방향과 일직선이 되게
한다. 무릎을 굽히며 앉을 때 엉덩이
를 먼저 뒤로 빼며 앉았다 일어난다.

Lateral Squat

허리 신경통 10

옆으로 늘려주는 허리 스트레칭으로 신경통 치료!

좌골신경통 왼쪽 30초 유지 1회, 오른쪽 30초 유지 1회가 1세트로 총 3세트 실시

만성 신경통 왼쪽 45초 유지 1회, 오른쪽 45초 유지 1회가 1세트로 총 4세트 실시

1 양팔 옆으로 벌린 채 오른쪽 다리를 앞으로 어깨너비 정도로 벌려 양쪽 무릎 90도로 굽혀 앉는다.

2 숨을 내쉬며 몸통을 오른쪽으로 최대한 기울여 늘려주며 왼팔을 오른쪽 머리 위로 최대한 뻗어 늘린다. 반대편도 같은 방법으로 실시한다.

❗ 동작 내내 양쪽 무릎은 90도로 구부려 실시한다. 몸통을 옆으로 최대한 기울여 늘릴 때 몸통이 틀어지지 않고 똑바르게 옆으로 기울여 내려야 한다. 한 팔을 옆으로 뻗을 때 팔꿈치를 구부리지 말고 최대한 펴준다. 허리와 몸통을 늘릴 때 균형을 잡기 어려우면 한 팔로 벽을 잡거나 지지하고 한다.

Trunk Lateral Flexion on Lunge Position

허리통증을 치료, 예방하는 식습관

허리에 통증을 느끼면 가장 우선해야 할 것은 바른 자세유지와 체중을 줄이는 것이나. 체중을 풀이는 방법은 운동도 있겠지만 가장 빠른 방법은 식습관을 바로잡고 섭취하는 칼로리를 줄이는 것이다.

해결방법은 체지방과 체중을 쉽게 늘리는 탄수화물보다는 흡수가 느리고, 소화를 위해 많은 에너지를 소비하게 되는 저지방 고단백질 음식인 닭가슴살이나 등 푸른 생선, 콩 위주로 식단을 짜고, 각종 영양소와 섬유질이 풍부한 야채를 풍부하게 섭취하는 것이다.

지방과 소금은 허리뼈에서 칼슘이 체외로 배출되는 것을 빠르게 하여 허리를 약하게 만들고 허리관절의 염증수치를 높이므로 섭취를 줄이도록 한다.

그렇다면, 이제 허리를 오래도록 건강하고 통증을 예방하는 올바른 식습관을 알아보자.

1. 생선, 두부, 살코기 같은 단백질을 함께 섭취한다

허리근육은 단백질로 이뤄져 있어 단백질 섭취가 줄어들거나 햄버거나 햄 등의 질 낮은 단백질을 섭취할 경우, 허리근육이 약해지고 근력이 줄어든다.

허리근육을 강하게 만들기 위해선 질 좋은 단백질을 매끼 마다 꼬박꼬박 섭취해야 한다. 흰 살 생선이 붉은 살 생선보다 지방은 적고 단백질 함량이 높아 허리근육을 튼튼하게 만들어준다. 닭가슴살, 돼지고기 등심, 안심, 고등어, 꽁치, 삼치 등과 식물성 단백질인 두부, 각종 해산물을 섭취하는 것이 좋다.

2. 음식량은 점심 > 아침 > 저녁 순으로 조절한다

체중을 줄이기 위해 하루 중 신진대사 기능이 가장 좋은 점심때 음식의 양을 여유 있게 섭취하면 하루 중 피로감을 줄여주고 더 많은 활동을 하여 에너지를 많이 소비시키게 도와준다.

아침에는 에너지를 빠르게 소화, 흡수시켜 신진대사 기능을 높여줘 살이 찌는 것을 막을 수 있다. 하지만 저녁에는 점차 신진대사 기능이 낮아져 점심보다 적은 양을 섭취하고, 섬유질이 풍부한 야채와 단백질이 풍부한 살코기나 두부 등을 섭취해야 포만감을 오래 지속되어 늦은 시간에 간식을 먹지 않게 도와준다.

3. 허리통증을 줄이기 위해 매끼마다 버섯을 꼭 먹자
버섯에는 신경세포를 건강하게 해주는 영양소인 비타민B1과 나이아신이 풍부하게 들어있고, 뼈를 튼튼하게 해주는 비타민D와 칼슘이 들어있어서 허리의 근육과 뼈를 모두 건강하게 해준다.

또 허리관절의 염증을 완화시키는 렉티난, 혈액순환을 돕는 렉티오닌, 에리타데닌이 들어있어서 통증을 줄이는데 도움을 준다.

특히 버섯 중에 표고버섯이 염증을 완화시키는 렉티난 성분이 많은데 표고버섯을 조리하거나 생으로 먹는 것 보다 햇빛에 말려 먹는 것이 렉티난 성분을 더 많이 섭취할 수가 있다고 한다.

4. 흡수가 느린 탄수화물로 바꿔 섭취한다
허리가 아픈데 먹는 음식량을 줄이면 체력이 더 떨어지게 된다. 먹는 양은 그대로 유지하되 체지방과 체중을 줄이기 위해 칼로리만 낮추도록 한다.

특히 탄수화물은 몸에 꼭 필요한 성분이므로 무조건 양을 줄이기보다 칼로리가 낮고 지방으로 변하지 않는 탄수화물 식품으로 섭취하는 것이 좋다. 탄수화물은 뇌의 주된 에너지가 되며 근육을 활성화시켜 더 많은 힘을 낼 수 있는 원료가 되지만, 흡수가 빠른 흰쌀과 흰 빵 같은 탄수화물을 섭취하게 되면 혈당을 빠르게 올려 지방으로 변하기 쉽다.

흡수가 느린 잡곡밥이나 통밀빵, 보리빵과 같은 섬유질이 풍부한 음식은 소화흡수가 느리고 포만감을 오래 느끼게 해주어 폭식을 막아준다.

5. 칼슘과 비타민D, 비타민E를 꼭 섭취한다
허리통증 환자들의 75% 이상이 골감소증과 골다공증을 가지고 있다. 뼈가 약하게 되면 체중을 효과적으로 분산시키지 못해 허리의 부담은 더 커지게 된다. 뼈가 튼튼해지면 체중을 몸 전체에 효과적으로 분산시켜줘 허리의 부담을 줄여준다.

지방이 적으며 칼슘과 비타민D, E가 풍부한 굴과 저지방 우유, 저지방 치즈, 생선, 호두, 아몬드를 하루에 1회 이상 먹도록 한다.

6. 디스크 예방을 위해 물섭취를 조절한다

디스크의 70%는 수분으로 이루어져 있다. 체중의 부담을 흡수하기 위해 젤리 형태인 디스크는 안에 수분을 함유하고 있는데 물을 적게 섭취하면 디스크의 수액이 줄어들어 딱딱해지고 외부의 충격에 쉽게 손상되고 튀어나온다.

하루에 수분을 1.5리터 이상 섭취하면 디스크 속 수분량이 많아져서 체중과 충격을 흡수해 척추를 보호한다.

한편, 탄수화물 1g은 수분 3g하고 결합하면 흡수가 3배 이상 높아져 소화, 흡수가 빨라져 혈당을 빨리 올려 살이 찌기 쉽다. 물은 되도록 식사와 식사 사이에 하고 식사 전, 중간, 후 30분간은 물 섭취를 제한하자.

7. 음주와 흡연은 허리뼈와 관절을 약하게 만든다

알콜은 간을 피로하게 하여 혈중 콜레스테롤을 높이고, 흡연은 니코틴과 일산화탄소를 흡수해 피를 더럽히고 몸을 피곤하게 만든다.

허리통증을 없애기 위해서라도 1주일에 1회 이상 음주를 하지 않도록 한다. 과도한 음주와 흡연은 간을 피로하게 만들어 신진대사 기능을 떨어뜨리고 지방분해 능력을 떨어뜨려 체중이 늘어나게 만든다.

8. 오메가3 지방산과 글루코사민을 꼭 챙겨먹는다

허리관절과 근육이 기능적으로 잘 움직여야 무거운 체중과 충격으로 관절과 뼈가 마모되어 디스크와 통증으로 이어지는 것을 막는다.

관절과 근육이 잘 움직이기 위해선 기계와 같이 윤활유가 필요한데, 관절과 근육의 윤활유 역할을 하는 물질은 생선과 견과류에 많이 함유되어 있다. 관절에 좋은 오메가3 지방산과 글루코사민을 1주일에 2회 이상 섭취하면 관절 사이에 있는 연골과 디스크를 재생시켜 주는 역할을 해 나이가 많거나 관절에 손상이 있더라도 큰 효과가 있다.

9. 허리에 좋은 토마토를 매끼 먹는다

토마토 1개는 칼로리가 30kcal로 밖에 되지 않고 아무리 많이 먹어도 살이 찔 걱정이 없다. 토마토를 먹으면 뇌가 포만감을 빨리 느끼게 도와주는 콜레키스토키닌(cholecystokinin)이라는 소화 호르몬을 분비되기 때문이다. 또 칼륨이 풍부해 몸 안의 나트륨 배설을 빠르게 하여 붓기를 빼주며, 나쁜 콜레스테롤 흡수를 막아주는 펙틴도 많아 체지방이 느는 것을 막아준다.

토마토는 허리통증을 낳는 염증을 줄여주고 항암 효과에 뛰어난 라이코펜 성분도 많아 나이가 많은 분들은 하루 3개만 먹어도 좋은 효과를 볼 수가 있다.

10. 볶는 조리법보다 삶거나 간단하게 조리된 음식을 먹는다

허리뼈와 관절에 영양과 산소를 공급해주는 피가 맑아야 허리도 건강해진다. 피가 탁하고 지방질이 많아져 끈적끈적한 피떡이 생기면 혈액순환이 잘 되지 않아 허리뼈와 관절도 약해져 통증이 쉽게 발생한다.

피를 맑게 하는 야채와 과일을 먹는 것도 중요하지만, 피를 더럽히는 지방을 적게 섭취하는 것이 중요하다. 음식은 기름에 튀기거나 볶을 때마다 칼로리가 30% 이상 증가된다. 어쩔 수 없이 기름을 사용해야 한다면 몸에 좋고 흡수가 덜 되는 올리브 오일이나 해바라기씨 오일, 포도씨 오일 같은 불포화지방산이 풍부한 기름을 사용해 조리한다.

굽거나 삶는 조리법은 음식 속 영양소는 파괴하지 않고 칼로리는 늘어나지 않는 채로 조리할 수 있어 허리에도 좋다.

위와 같이 허리통증을 예방, 치료하는 음식섭취법을 명심하고, 규칙적인 운동을 병행한다면 체중을 더 쉽게 줄일 수가 있다. 굶어서 체중을 줄이면 영양소가 쉽게 빠져나가 골밀도가 낮아져 골절을 입기 쉽고, 단백질이 부족해져 근력과 근육량이 줄어들어 허리부상을 쉽게 입고 통증이 심해질 수가 있기 때문이다.

칼로리가 낮고 영양이 풍부한 음식을 3끼 꼬박꼬박 섭취하며 자신에게 맞는 운동치료를 병행한다면 더욱 빨리 허리통증을 치료하고 회복될 수 있을 것이다.

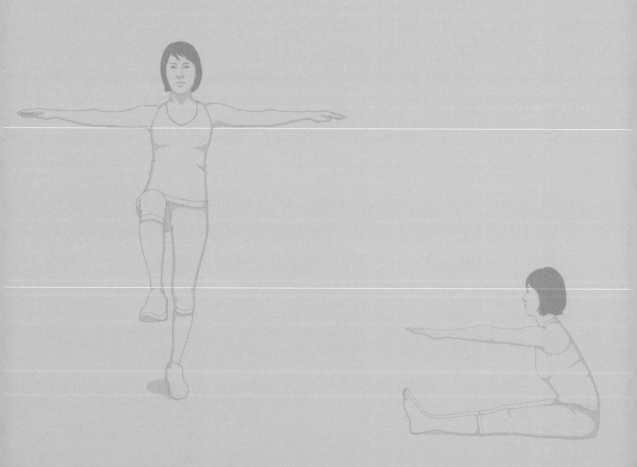

Part 3

허리통증의 재발을 막자!

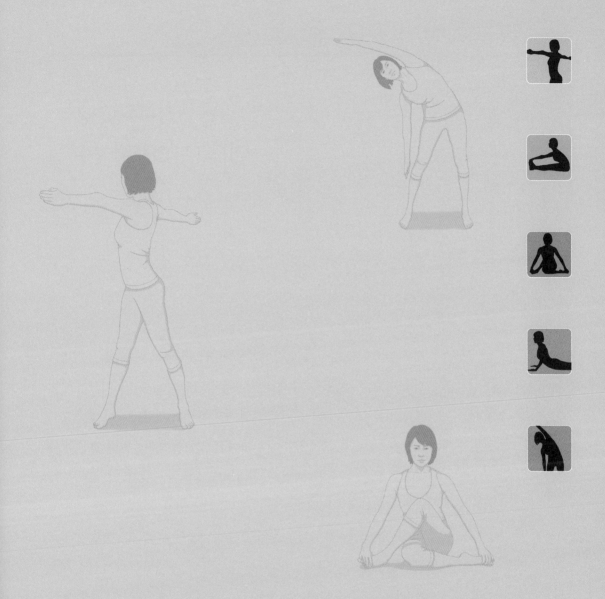

허리통증은 왜 일어날까? 누구에게나 생기기 쉬운 허리통증은 원인과 분석도 제각각이라 잘못

알기 일쑤다. 허리통증을 일으키는 해부학적인 원인은 척추에서 시작된다. 잘못된 자세로 인한

골격의 뒤틀림과 근육이 뭉쳐서 생기는 불균형까지…. 통증을 일으키는 다양한 요인을 정확히

알고 나면, 운동치료를 진행하기가 더욱 쉽고 효과 또한 배가 된다. 이렇게 원인까지 알았다면

다시는 고달픈 허리통증에 시달리지 않는 생활로 거듭날 수 있을 것이다.

허리통증은
왜, 일어날까?

01

요통은 더 이상 나이가 많은 어르신들이나, 육체 노동자들의 고질병으로 인식되는 시대는 지났다. 우리나라 성인의 10명중 8명 이상이 한번쯤 허리통증을 느끼고 고생을 해본 경험이 있다고 한다. 그 8명중 70% 이상은 1개월 이내에 통증이 완화되고, 3개월 이후엔 90% 이상의 사람들은 통증이 사라지지만, 나머지 10% 정도의 사람들은 만성통증이나 허리질환에 시달리게 된다.

자동차나 엘리베이터 사용이 늘면서 체중이 늘고, 좌식생활의 시간이 늘어감에 따라 다리는 약해지고, 허리근육의 부담은 증가되어 요통환자들은 갈수록 늘어가는 추세다. 심지어는 청소년기부터 요통이 기하급수적으로 늘어가고 있다고 한다. 가장 큰 원인은 뛰어노는 시간보다 앉아서 공부하는 시간이 더 많아 근육활동이 감소되어 키와 골격은 성장하는데 반해 그 키와 골격, 체중을 지지해줄 허리근육이 약화되기 때문이다. 이로 인해 청소년 중에도 척추(脊椎)가 휘어지는 척추측만증이나 추간판탈출증 같은 요통질환이 점점 늘어만 가고 있다.

젊은 여성들의 경우에도 과도한 다이어트로 영양부족과 불균형이 생겨 근육량이 감소한데다 높은 하이힐과 잘못된 보행으로 인해 요통이 증가하고 있다. 젊은 남성들은 좁아진 취업관문과 과도한 사회적 경쟁으로 신체활동보다 시험준비를 위한 두뇌활동 시간이 더 많아 비만과 근력약화가 생겨 허리통증이 양산되는 실정이다.

현대인들은 이전 세대들에 비해 유전적으로는 신체가 우수해지고 발달되었다고는 하나, 이렇게 후천적으로 낮은 신체활동 때문에 근육량은 갈수록 줄어들고 있다.

출산 후의 여성도 예외는 아니다. 제왕절개 수술이 많은 편인 우리나라 임산부들은 침상에 누워있는 시간이 상대적으로 많아 근육의 약화와 골격, 근육의 회복력이 감소되어 허리근육이 약해져 산후요통을 호소하는 여성들이 많다.

한편, 중년 남성들의 경우도 갈수록 짧아져 가는 직장생활에서 살아남기 위해 더 많은 업무와 스트레스, 잦은 술자리로 편하게 시간을 내어 운동할 수 있는 여유를 갖기 어렵다. 때문에 갈수록 떨어지는 체력이 요통발생을 높이는 요인이 되고 있다.

그렇다면 노인들의 경우는 어떨까? 노화와 활동량 감소로 근력이 떨어지고 골다공증 유병율도 높아져 대부분의 노인들이 요통과 함께 말년을 보내야만 하는 실정이다. 노인들의 특성을 고려한 안전한 운동을 편하게 할 곳이 없는 데서 생활을 하는 분들의 상황은 더욱 심각할 것이다.

이렇게 한번 생기면 재발하기 쉽고 치료가 어려운 고질적인 통증인

ⓘ 성장기 청소년, 다이어트를 하는 젊은 여성과 취업준비로 바쁜 젊은 남성, 산후 여성, 중년 남성, 그리고 노인에 이르기까지 기하급수적으로 늘어만 가는 요통에 노출되어 있다.

요통은 남녀노소를 불문하고 풀어야 할 현대인의 숙제가 되어가고 있다. 그렇다면 요통은 왜 생기며, 어떻게 해야 치료할 수 있을까? 약물만으로는 해결되지 않는 요통의 정체를 정확히 알고 이에 맞는 운동으로 허리건강을 지켜나갈 순 없을까?

우리 몸의 수많은 통증 중 유독 허리통증에 대해 중요성을 강조하는 이유는 우리 몸의 상태를 종합적으로 판단하고 평가할 수 있는 기준이 되어주기 때문이다. 다른 부위인 무릎, 어깨, 목 등의 통증에 비해 허리의 통증은 우리 생활과 삶의 질에 가장 많은 영향을 미치며, 다른 질병으로 이어지는 속도 또한 가장 빠르기 때문에 질병을 예방하고, 신체의 문제점을 가장 빨리 알아 낼 수 있는 바로미터가 된다.

또한 다른 통증에 비해 우리가 감당해야 할 위험부담도 높아서 허리통증이 조금이라도 생겼을 때는 즉각적인 해결을 위해 노력해야 한다. 허리통증의 가장 큰 원인으로 알려져 있는 3가지 위험요소가 건강의 위험요소와 동일시 되는 이유도 그 중요성 때문이라고 할 수 있다.

허리통증 발생의 3대 위험요소는 잘못된 생활습관, 비만, 피로다. 이 3가지 요소는 각각의 연관성도 깊다. 생활습관으로는 불규칙한 식습관과 나쁜 자세, 잘못된 걸음, 그리고 활동량이 적은 환경 등의 원인이 있다. 이는 신체 활동량을 떨어뜨리고 고칼로리 섭취하게 하며, 근육을 약화시켜 체중증가와 비만으로 이어지게 만든다.

몸이 무거워지고 신체 활동량이 줄어들면 우리 몸을 지지하고 움직이는 근육과 관절에 노폐물과 피로가 쌓인다. 이렇게 쌓인 물질들은 근육을 경직시키고 신경과 혈관을 압박해 신체 전반에 피로와 스트레스를 증가시키는데, 이는 면역기능 저하로 발전된다.

허리통증은 우리 삶에 가장 많은 영향을 미치며 다른 질병으로 이어지는 속도가 빠르다.

아무 이유 없이 자주 피로하거나, 잠을 자도 피로감이 개선되지 않으며, 병원의 진료를 받아도 특이한 문제점을 찾을 수 없을 때는 몸의 회복을 막는 요소가 없는지 스스로 잘 체크해 봐야 한다. 이 문제에서부터 허리통증의 실마리를 풀어가야 하는 것이 옳다. 근본적인 해결만이 통증의 치료와 예방으로 연결이 되기 때문이다.

허리통증을 일으키고 우리 몸을 망치는 6가지 주범

허리통증을 일으키는 6가지 요인을 살펴보면 그 답을 알 수 있을 것이다. 자신이 느끼는 요통의 배경이 되는 것은 어떤 것인지, 그 원인을 짚어보자.

1. 비만은 허리통증의 첫 번째 주범 : 한 신문의 통계에 따르면 현대인들은 10년 전 보다 30% 이상 적게 걷는다고 한다. 즉 10년 전에 비해 몸을 덜 쓰고, 소비하는 칼로리도 30% 이상 적어졌다는 이야기는 10년 전 보다 30% 이상 체중증가의 위험이 있다는 적신호이기도 하다. 교통의 발달과 주거환경의 변화가 편리함을 가져다주었지만 걷는 활동이 줄어들어 이는 발목과 무릎, 허리의 약화를 발생시키고, 섭취 칼로리에 비해 소비 칼로리의 감소로 비만이 늘어나 비만이 질환으로까지 분류되기에 이른 것이다.

또 인간은 지구에 사는 한 중력의 영향을 받는다. 중력의 힘은 수직으로 위에서 아래로 작용을 하며 이 힘은 사람의 몸을 떠받치고 있는 기둥인 척추에 가장 큰 스트레스를 주게 된다.

중력은 신체가 움직이거나, 고정되어 있거나 일정한 양으로 가해지지만, 체중이 많이 나갈 수록 이 부담은 더 클 수밖에 없다. 그래서 요통발생의 가장 큰 위험은 바로 비만에서 비롯된다. 체중을 1kg을 줄이면 허리에 가해지는 부담은 3~5kg이 줄어들어, 허리의 생명을 1년 연장하는 효과가 있다는 연구결과가 발표되었을 정도다. 그러므로 이제는 생존을 위해서라도 먹는 양을 줄이고 걷는 양을 늘려야 한다! 자신의 체중이 표준체중보다 10kg 과체중이라면, 허리에 30~50kg의 무거운 추를 달고 사는 것과 같으며, 이는 무릎과 발목을 망가트려 나중엔 걷기조차 힘들어질 수도 있다. 이제는 움직이지 않으면 허리통증에 시달리며 평생을 고통 속에 살아야 하는 시대로 접어들었다.

2. 허리통증은 골격의 불균형에서 비롯된다 : 인체는 208개의 뼈와 480개의 근육으로 이뤄져 있다. 인체의 뼈대는 근육이 없는 한 고정될 수 없고, 근육 또한 뼈대가 없으면 움직여지지 않는다. 그래서 한 개의 골격과 근육이라도 제 위치를 벗어나 틀어지고 변형이 되면, 그 파장은 몸 전체인 480개의 근육에 영향을 미친다.

게다가 인체를 지탱하는 척추 중에서도 전체의 힘을 떠받히는 요추는 상체와 하체를 연결시키는 중요한 고리로, 몸이 좌우 어느 한쪽으로 1도만 기울어져도 요추에 가해지는 하중은 몇 배나 늘어난다. 상부의 기울어짐이 하부에는 더 큰 하중으로 작용해 척추 중 요추 4, 5번에 가장 큰 하중이 가해져 허리통증이 생기는 것이다.

그러므로 손가락, 발가락의 작은 뼈와 근육의 균형까지도 주의를 기울여야 하는데, 하물며 척추 중 요추의 불균형이나, 척추 전체의 불균형은 인체에 심각한 손상을 유발시킬 수 있는 것이다.

3. 신체활동이 떨어지면 허리기능도 떨어진다 : 사람의 몸은 근육과
골격, 신경으로 이루어진 복잡한 유기체다. 몸은 하루라도 안 쓰면 근
육이 굳게 되고, 근육이 굳으면 근육을 연결시키는 관절이 굳어지고,
이것은 근육과 뼈에 영양을 공급하는 혈관과 신경까지 퇴화되게 만든
다. 그렇게 되면 근육은 탄력성을 잃어서 더 굳어지게 되고, 관절은 움
직임이 저하되어 가동범위가 좁아지며, 몸의 전반적인 신체기능이 떨
어지게 된다.

이런 상태가 되면 똑같이 걸어도 건강할 때 걷는 것보다 보폭이 줄
어들고 근육의 탄력성이 떨어져서 피로감이 빨리 온다. 게다가 잘못된
자세를 오래 취하게 되면 척추의 균형도 깨져 몸이 틀어지게 된다. 척
추가 틀어지면 혈액순환과 순환기능도 떨어져 몸이 쉽게 붓고 이후에
는 오래 앉아있거나 걷는 것조차 어려워지는 심각한 상황으로 발전하
는 것이다.

그렇게 되면 각 근육과 관절, 골격들이 역할분담을 해야 할 것을 몸
을 떠받쳐주는 기둥역할을 하는 요추가 더 많이 떠안게 된다. 심한 스
트레스를 받게 된 요추는 과도한 사용으로 쉽게 피로하고 피로감이 많
이 누적되어 점차 기능이 떨어져 통증이 유발되는 것이다.

가령, 어깨가 앞으로 굽어지면 상체의 무게중심이 앞으로 쏠려서 이
것을 바로잡으려고 허리가 무리하게 일을 하게 된다. 또 상체나 하체
의 기능이 저하되면 연결부위인 허리에 과부하가 생겨 부상과 통증이
늘어나게 되는 것도 이와 같은 이유에서다.

4. 큰 근육과 작은 근육의 불균형이 허리통증을 유발한다 : 인체가 움직임을 행할 때는 큰 근육과 작은 근육이 함께 작용해야만 동작이 이뤄진다. 동작을 일으키는 근육은 팔다리에 있는 큰 근육(Global Muscle or Mover Muscle : 동작근)이고, 작은 근육(Local Muscle or Stabilizer Muscle : 안정근)은 동작이 안정적으로 쉽게 이뤄질 수 있도록 몸의 중심축을 잡아주는 역할을 한다.

보통 사람들이 운동을 할 때는 큰 근육들을 위주로 사용한다. 이로 인해 큰 근육들은 나날이 발달되는 것에 비해서 상대적으로 척추나 허리, 몸의 안정을 잡아주는 작은 근육들은 상대적으로 강화되기가 쉽지 않다.

신체의 기능을 증진시키고 유지하기 위해서는 큰 근육과 눈에 보이지 않는 작은 근육의 조화가 아주 중요한데, 일반적으로 알려진 운동들에선 작은 근육들에 대한 훈련법이 미비한 실정이다.

운동을 열심히 하는 사람들 중에서도 아름다운 가슴과 왕(王)자 복근 등 훌륭한 외형 만들기에만 충실한 나머지, 이를 위한 운동만 열심히 하다 보면 오히려 허리통증과 각종 근육통에 시달릴 수 있다. 이는 신체 활동시 몸의 중심축인 척추를 잡아주는 작은 근육들에 대한 운동을 소홀히 했기 때문이다.

이런 사람들은 운동량을 늘리거나 운동강도가 높아질수록 허리통증이 더 심해진다. 높아진 운동강도와 운동량을 소화하기 위해 큰 근육(동작근)들이 강화되고 발달되는데 반해, 몸의 중심을 안정화시키는 작은 근육(안정근)들이 수행해야 할 일의 양과 부담은 늘어나게 된다. 이는 작은 근육들의 부상으로 이어지게 되어 허리통증이 유발되는 것이다.

5. 매일 반복하는 잘못된 생활습관이 허리를 망친다 : 운동을 규칙적으로 하지만 생활습관이 엉망인 사람보다, 운동을 규칙적으로 하지는 않지만 올바른 생활습관을 가지고 있는 사람이 훨씬 더 건강하다는 연구결과는 지당한 사실이다. 우리는 하루 24시간 중 생활습관에 영향을 받지 않는 시간이 단 한순간도 없다. 이렇듯 올바른 생활습관이야 말로 허리를 건강하게 만들고 질병을 예방하는 최고의 건강법이라 할 수 있는데, 아래의 항목들 중 5개 이상 해당사항이 있다면 당신의 허리는 지금도 서서히 병들어 가고 있는 것이다.

① 카페에 앉아 커피 한잔을 즐길 때 편안하게 앉기 위해 다리를 꼬고 앉는다.

② 버스에 앉아 다리를 벌리고 앉거나, 옆으로 기울여 앉는다.

③ 등받이 의자에 등을 기대지 않고 허리를 꼿꼿이 세우고 앉는다.

④ 운전시 핸들을 잡을 때 등을 굽히고 목을 앞으로 빼고 앉는다.

⑤ 버스를 기다리며 서있을 때 한쪽 다리로만 하중을 지탱하고 있다.

⑥ 걸을 때 흐느적거리며 걷는다.

⑦ 떨어진 물건을 주을 때 무릎을 편 채 허리를 숙여 집는다.

⑧ 5cm 이상 하이힐을 신은 채 계단을 자주 내려간다.

⑨ TV를 볼 때 소파에서 장시간 옆으로 길게 누워 있다.

⑩ 1시간 이상 의자에 앉아 꼼짝도 하지 않을 때가 많다.

⑪ 책상 위에서 엎드려 잠을 잘 때가 있다.

⑫ 걸을 때 등을 구부정하게 하고 걷는다.

⑬ 잠을 잘 때 엎드려 잔다.

⑭ 허리가 밑으로 푹 꺼질 정도로 부드러운 침대에서 잠을 잔다.

⑮ 세수를 하거나 설거지를 할 때 사용하는 세면대와 싱크대 높이가 너무 낮다.

⑯ 장시간 쭈그리고 앉아 집안일을 하거나 빨래를 한다.

⑰ 아침식사를 거르며 불규칙적인 시간에 식사를 한다.

⑱ 폭식과 폭음을 자주 한다.

⑲ 운동을 1주일에 2회 이상 하지 않는다.

⑳ 8자나 안짱걸음으로 걷는다.

㉑ 가까운 거리도 걷지 않고 차를 이용한다.

㉒ 정상체중보다 과체중이다.

㉓ 1주일에 6일 이상 무리한 운동을 한다.

㉔ 1주일치 운동량을 하루에 몰아서 한다.

이러한 나쁜 생활습관들로 인해 우리 몸은 변형되어 가고 있으며 근육과 관절은 서서히 피로와 손상이 누적되어 한 순간에 질병으로 이어질 위험성이 높다. 지금 당장, 자신의 생활습관을 살펴 허리통증으로 이어지지 않도록 유의해야 한다.

6. 피로는 허리에 독, 피로가 허리를 망친다 : 인체의 허리는 딱딱한 뼈와 부드러운 근육으로 구성되어 있다. 뼈는 신체의 무거운 하중을 떠받치기 위해 단단하며, 인대와 힘줄, 근육은 자유로운 움직임이 가능하도록 부드럽고 탄력 있게 하중을 분산시켜 허리를 보호한다.

하지만 몸에 피로감이 쌓이면 근육과 인대, 힘줄도 서서히 경직되어 딱딱하게 굳어버린다. 근육과 인대, 힘줄이 굳게 되면 그 안에 에너지와 산소를 공급하는 혈액량이 줄어들어 피로감은 더욱 누적되는 악순환을 일으켜, 경직에서 강직으로 점차 돌처럼 굳어버린다.

이처럼 근육과 인대들이 경직되면 허리 움직임에 제한을 주어 체중의 분산을 원활히 하지 못해 허리의 요추 4, 5번 부위인 골반과 허리의 연결 부분인 천장관절(Sacroiliac Joint : 골반과 허리의 연결 부위로 앞으로 숙일 때와 펼 때, 몸통을 회전할 때 척추를 지지해 주는 관절)에 체중이 몰리게 되어 심각한 허리통증이 유발된다.

갑자기 허리통증이 찾아오거나, 움직일 때마다 뻐근한 돌발성 허리통증에 시달리게 되면 더욱 신체활동을 위축시키고, 나아가 엉덩이와 다리까지 저리게 만드는 신경통으로 이어지게 된다.

허리통증과 관련 있는 증상 한눈에 보기

무거운 물건을 들 때 허리에 갑자기 통증이 찾아오거나, 아침에 일어나서 양치질을 하다가 입을 헹구기 위해 몸을 숙였다가 일어날 때 허리에 뜨끔한 통증을 느낀 경우, 잠을 잘 자고 일어나려고 하는데 묵직하고 뻐근한 허리통증의 증상 등은 과연 어떤 질환일까? 내가 느낀 허리통증이 과연 어떤 것일까?

통증도 다양해 느낌도 다르고, 원인과 치료방법 또한 다르기 때문에 어떻게 대응해야 할지 실로 난감하기도 할 것이다. 허리통증의 원인은 단 한 가지라기 보다는 대부분 복합적인 문제로 발생이 되며, 통증 또한 사람에 따라 주관적인 경우가 많아 정확히 이런 통증이며, 이 통증은 이 병증이라고 단정하기 어렵지만, 몇 가지 특징적이고 동일한 증상이 있는 것도 사실이다.

허리통증의 재발을 막기 위해 일단, 다양한 허리통증의 실체와 종류를 파악하고 자신의 통증과 어떤 점이 다르고 같은지에 대해 알아보자. 스스로는 설명하기 어려운 증상을 더 정확히 알 수 있어 치료와 재발방지에 도움이 되어줄 것이다.

1. 돌발성 요통(Sprain of Lumbar Spine) : 움직이지 않고 가만히 있을 때는 통증이 없으나 허리를 숙였다 펴거나, 몸통을 회전시키거나, 눕거나 앉은 상태에서 일으켜 세우려고 할 때, 갑자기 찌릿하고 에이는 듯 한 극심한 통증을 느낀다. 이럴 때는 허리를 똑바로 일으켜 세우기 어렵고, 움직이기 쉽지 않게 된다.

2. 추간판 탈출증(Hernia of Intervertebral Discs) : 서있거나 앉아 있을 때, 움직이거나 걸을 때 허리의 한쪽만 뻐근하며 아프다. 칼로 에이는 듯한 통증과 전류가 통하듯 저리는 통증을 느끼며, 장시간(1시간 이상) 앉아 있거나, 상체를 숙이거나 허리를 앞으로 구부리려고 하면 통증이 더 심해진다.

재채기나 기침을 할 때면 허리에 통증이 더 느껴지고 대변이나 방귀를 뀔 때 허리가 울리는 듯 한 통증이 나타난다. 또한 복부나 허리에 힘을 주려고 하면 통증이 심하며, 한쪽 엉덩이나 다리가 저리거나 멍멍하기도 하다. 30대 이하 연령에서 많이 나타난다.

3. 좌골신경통(Sciatica) : 통증이 엉덩이에서 다리의 뒷면 또는 측면을 따라서 발목, 발바닥까지 뻗친다. 초기에는 다리의 감각 이상으로 다리가 저리거나 차고 찌릿찌릿한 느낌으로 시작해서 통증이 악화되면 다리의 감각이 없어지거나 잘 걸을 수 없게 된다. 증상이 더욱 심해지면 걷다가 쉬어야만 다시 걸을 수 있을 정도로 일상생활의 제약을 받을 수 있으며, 나중에는 불 위에 발바닥을 댄 것처럼 통증이 극심해진다.

4. 변형성척추증(Spondylosis Deformans) : 한 자세로 오랫동안 서 있기가 힘들며, 한쪽 다리로 기대어 서있는 것이 편하다. 움직이지 않고 서있거나 앉아있으면 허리가 눌리는 듯 한 통증이 생기며, 자꾸 자세가 구부정하게 된다. 항상 허리가 뻐근하고 허리를 자꾸 움직여줘야 편해진다. 아침에 일어날 때 목과 어깨, 등허리가 뻐근하고 아프며, 한참 움직이다 보면 통증이 서서히 감소하고 편해진다.

5. 척추후관절통증증후군(Facet Joint Pain Syndrome) : 허리를 회전하거나 숙였다 펼 때, 몸을 한쪽으로 기울이거나 펼 때 허리에서 딱딱- 소리가 난다. 상체를 숙일 때는 통증이 없다가 상체를 똑바로 펴거나 뒤로 젖힐 때 통증이 발생하거나 심해진다. 상체를 앞으로 구부정하게 있으면 통증이 사라지고, 오래 누워있거나 앉았다 일어날 때 허리에서 뼈가 닿는 듯한 소리가 자꾸 들리며 가끔씩 통증이 발생한다.

6. 척추관협착증(Spinal Canal Stenosis) : 허리를 펴거나 걸을 때 통

증이 발생하며, 걷다가 통증이 심해 앉거나 쉬면 통증이 줄어들고 다시 걸으면 또 통증이 심해진다. 통증으로 인해 점차 걷는 시간이나 거리가 줄어들고, 한쪽 또는 양쪽 다리, 허리, 엉덩이, 종아리, 발바닥이 저리거나 아프고 당기는 통증이 계속 나타난다. 50대 이상 연령대에서 많이 발생하며, 무거운 짐을 많이 들었거나 운동을 심하게 한 경우도 발생한다.

7. 척추분리증(Spondylolysis) : 평상시에는 통증이 없다가 몸이 피곤하거나, 육체활동을 심하게 한 경우 허리가 찌릿하는 통증이 심해진다. 좌우로 허리를 회전할 때는 통증이 없으나, 앞으로 숙이거나 뒤로 젖힐 때 통증이 심해진다. 허리와 엉덩이, 허벅지, 종아리 등이 저리며, 특히 걸을 때 종아리가 많이 당기면서 저린 증상이 심해진다. 오랫동안 서있거나, 하이힐을 장시간 신거나 심한 운동이나 육체활동을 하고 나면 허리통증이 무척 심해지며, 허리가 어긋나있는 듯한 느낌이 들 때가 있다.

8. 척추전방전위증(Spondylolisthesis) : 보폭이 좁게 걸을 때는 통증이 없는데 보폭이 넓어지거나, 빨리 걸으면 엉덩이와 허리에 통증이 생긴다. 다리에 쥐가 자주 나며(경련) 저리면서(마비) 찌릿하게 아프다. 허리보다 엉덩이에 통증이 더 심해지는데, 남성보다 여성에게 더 많이 발생한다. 오리처럼 엉덩이를 뒤로 빼고 배를 쑥 내민 상태에서 어깨는 뒤로 젖히고 걸으면 허리통증이 덜해진다.

9. 스트레스성 요통(Stress Lower Back Pain) : 허리에 미세한 통증이 있어 같은 자세로 오래 있으면 허리가 뻐근하다. 몸이 피곤하거나 오래 앉아 있을 때, 컴퓨터 작업을 할 때 허리통증이 심해진다. 몸이 무겁고 두통이 동반되며 갑자기 심한 허리통증을 느끼기도 하지만 휴식을 조금 취하면 통증이 사라진다. 10~30대 등 젊은이들에게 많이 나타난다.

10. 신우신염(Pyelonephritis) : 등과 허리가 당기거나 압박감이 느껴지며 몸에 심한 열이 나고 소화불량과 식욕부진이 생기며 허리통증이 계속된다. 특히 누워서 다리를 들어올리거나 상체를 무리하게 앞으로 숙일 때와 윗몸 일으키기 등을 할 때 허리통증이 심하다.

11. 허리근막 동통증후군(Myofascial Pain Syndrome) : 집안일로 걸레질과 설거지를 할 때 허리가 아프거나, 몸을 움직일 때 피부와 근육에 묵직하고 뻐근한 통증이 계속 생기며, 움직이지 않거나 휴식을 취해도 지속적으로 허리통증이 나타난다. 허리 부분의 근육을 누르면 통증이 더 심해지고, 허리근육이 딱딱하게 굳어 유연성이 떨어진다. 근육통처럼 묵직하고 뻐근한 통증이 반복된다.

12. 요추불안정증(Lumbar Instability Pain Syndrome) : 움직이거나 걸을 때 허리가 많이 흔들리며 통증이 발생하고, 허리에 힘을 제대로 주기가 힘들다. 똑바로 서있을 때는 허리가 눌리는 듯한 느낌이 자주 들고, 허리를 숙였다 펼 때는 허리가 당기는 듯한 느낌과 허리와 엉

덩이로 타고 내려가는 뻐근한 통증이 나타난다. 몸통을 회전하는 동작이나, 앉아서 허리를 회전할 때 가끔씩 바늘로 쿡쿡 쑤시는 듯한 아픔이 느껴지며, 많이 흔들리는 놀이기구를 타거나 비포장도로 같은 곳을 달리는 차안에서 허리에 심한 통증을 느낀다. 체중이 늘면 통증이 더욱 심해진다.

13. 생리통으로 인한 허리통증 : 생리가 시작되면 허리나 아랫배가 심하게 아파서 허리를 펴기가 힘들다. 조금만 움직여도 허리가 끊어질 듯한 통증을 느끼며 빈혈이 있고, 생리주기가 불규칙하다.

14. 퇴행성 척추관절염(Degenerative Spinal Arthritis) : 체중이 늘어났거나 날씨가 추울 때, 오래 앉아 있거나 누워 있다가 움직일 때마다 허리에 통증이 발생하며, 특히 허리가 양옆으로 띠를 두르듯이 아프다. 허리가 자꾸 구부러지며 기울어진 길이나 가파른 오르막, 내리막길을 걸을 때 통증이 생긴다. 아침보다 저녁에 더 허리가 아프다.

척추, 특히 허리의 경우는 한 부분과 한 가지 원인으로만 통증이 발생되지는 않는다. 허리통증을 느끼는 증상도 주관적이고 각각 개인차가 있어서 느낌만으로 질병을 진단하기는 상당히 어렵다.

예를 들면 척추불안정증으로 인해 척추분리증과 척추전방전위증으로 발전되기도 하기 때문이다. 다리가 저리는 증상과 허리가 뻐근한 느낌도 척추관협착증과 분리증의 경우, 환자들이 같은 느낌의 통증을 느끼기 때문에 병원에서 X-레이나 MRI를 통해 정밀한 검사를 해야만 정확한 질환을 알 수 있다.

여기에서 나열한 통증과 느낌은 분명 허리의 문제뿐만 아니라 생활습관이나 자세, 걷는 자세, 몸을 움직이는 움직임이나 허리근력과 유연성 등 다양한 원인에 의해 발생되므로, 여러 가지 항목이 중복이 되더라도 혼란스러워 하지 말고 그 원인을 정확히 알아내기 위해 병원이나 전문가의 정밀한 진단과 검진을 받도록 하자.

02 허리통증에 관한 10가지 거짓말

1. 허리가 아플 때는 서있는 것보다 앉아있는 것이 좋다? (X)

→ 누워있을 때 몸무게가 1이라면, 서있을 때 2배, 앉아 있을 때는 4배의 부담이 허리에 가해진다. 허리가 아플 때는 서있는 것 보다 앉아 있는 것이 몸은 편할 수 있어도 허리에 가해지는 부담은 2배 이상 증가하므로, 척추뼈 사이의 디스크가 눌려 통증이 더 심해진다. 앉아 있는 것보다는 서있는 것이 허리에 가해지는 부담을 발바닥으로 분산시켜 허리를 더 보호해준다.

2. 허리가 아플 때마다 허리 보호대를 착용하는 것이 좋다? (X)

→ 허리 보호대(코르셋)의 착용은 돌발성 요통처럼 급성으로 허리통증이 발생했을 때, 더 이상의 허리근육과 인대손상을 막아주기 위해 도움이 되며, 허리를 곧게 펴주고 허리에 가해지는 부담을 분산시켜 통

증을 일시적으로 줄여줄 수는 있다. 그러나 장기적으로 보았을 때 복부와 허리근육을 약화시켜 나중에는 허리 보호대 없이는 생활하기 어려울 정도로 악화될 수 있으므로, 척추수술 직후나 급성 허리통증시 짧은 기간만 착용하고 바로 허리와 복부근육 강화운동을 해주는 것이 좋다.

3. 허리가 아플 때는 허리근육 강화운동을 많이 해야 좋다? (X)

→ 허리가 아픈 사람들이 허리를 보호하는 복부와 허리근육을 강화시켜야 하는 것은 맞다. 하지만 허리근육과 복부근육은 서로 균형을 맞춰가며 동작을 하기 때문에, 자칫 근육 강화운동이 과하면 허리의 유연성이 줄어들어 근육이 더 딱딱하게 경직될 수도 있다. 그러면 허리관절에 가해지는 부담이 커지고, 근육의 피로가 누적될 경우 허리를 보호하는 기능이 떨어져 허리부담이 더 늘어난다. 일단, 급성이나 돌발성 요통이 생기면 허리근육 강화운동보다 안정을 취하면서 가벼운 스트레칭을 해주는 것이 더 좋다.

4. 허리가 아픈 것은 대부분 디스크다? (X)

허리통증이 생겨 숨을 쉬기조차 어려울 정도로 아픈 경우, 보통 디스크(추간판탈출증) 질환이라고 생각하는 경우가 많은데, 허리통증을 호소하는 환자들의 75% 이상은 디스크가 아니라 척추관협착증이나 돌발성 요통(요추부 염좌)인 경우가 대부분이다. 디스크는 교통사고나 과도한 신체활동으로 인해 발생되며, 노인층보다 활동량이 많고 사고위험이 높은 일을 하는 젊은 사람들에게 많이 발생한다. 뻐근한 허리통증이나 불편함은 허리주변의 인대와 근육에 생기는 염증인 요추부 염좌가 대부분이라 3~5주 이내에 완치될 수 있다.

하지만 다리가 심하게 저리거나 감각에 마비가 올 경우에는 척추 사이의 추간판이 돌출되어 인대를 밀어내어 신경을 누르는 추간판탈출증(디스크)일 경우가 있으므로, 무조건 가만히 쉬기보다는 병원에서 정밀진단을 받는 것이 좋다.

5. 디스크(추간판탈출증)면 무조건 수술을 해야 된다? (X)

불과 5년 전만 해도 디스크라면 무조건 수술을 하는 경우가 대부분이었다. 하지만 요즘은 외과적 수술 이후의 재발율이 높아지면서 묻지마식 수술비율이 많이 낮아지는 추세다. 허리부분의 추간판탈출증은 복부와 허리근육 강화운동의 새활치료 효과가 더 높고 재발율이 낮아 안전한 디스크 치료법으로 인정받고 있다. 미국과 유럽에서는 아주 심각한 환자를 제외하고는 수술이 아니라 운동치료와 약물치료를 통해 치료하고 있다.

6. 골프나 훌라후프 등 허리를 회전시키는 운동이 허리를 튼튼하게 만들어준다? (X)

근육은 몸통 앞면과 뒷면에 많이 분포하고 있기 때문에 앞으로 굽히거나 뒤로 젖힐 때, 척추를 가장 많이 보호할 수 있다. 하지만 회전할 때는 몸통 옆면의 근육으로만 척추를 지지해야 하므로 안정성이 약해진다.

한쪽 방향으로만 회전하는 골프나 훌라후프의 경우, 좌우의 균형이 깨져서 몸의 중심이나 척추가 한쪽으로 틀어져 허리의 부담이 가중되기 때문에, 회전운동을 할 때는 반대편으로도 꼭 해줘서 근육의 균형을 맞춰야 한다.

프로 골퍼들은 스윙연습이 많기 때문에 따로 근력운동을 할 때는 스윙할 때 사용하지 않는 근육을 강화시키며 좌우균형을 맞추는데 주력한다. 훌라후프도 한쪽으로만 회전시키지 말고 좌우 번갈아 해주면 좌우근육의 불균형으로 인한 허리통증을 막을 수 있다.

7. 한쪽으로 매는 가방이 허리를 망치고 양쪽으로 매는 배낭은 허리를 보호해준다? (X)

가방을 한쪽으로 매거나 들 경우, 몸이 반대편으로 기울어져 척추측만증을 유발시키고, 한쪽 허리에 가방의 무게가 가해져 허리통증을 발생시킨다고 생각해서 많은 학생들이 허리보호를 위해 배낭을 이용한다.

하지만 배낭이 허리를 잘 보호해줄까? 대다수 배낭을 매는 학생들을 유심히 관찰하면 배낭의 무게감을 줄이기 위해 상체를 앞으로 약간 숙인 채, 엉덩이를 살짝 뒤로 빼고 걷는 것을 볼 수 있다. 게다가 가끔씩 한쪽 어깨로만 배낭을 매면 어깨끈이 너무 길게 늘어져, 배낭을 허리 아래로 걸친 채 걷게 된다.

이런 자세들은 오히려 더 허리에 부담이 된다. 상체를 앞으로 기울여 엉덩이를 뒤로 빼고 걸으면 무게중심이 앞으로 쏠려 허리의 부담이 늘어나고, 한쪽으로 배낭을 매면 좌우어깨가 틀어져 척추측만증이 유발된다.

배낭을 허리 아래로 길게 걸치면 배낭의 무게가 어깨를 뒤로 잡아당겨 목과 어깨에 상당한 부담을 준다. 또한 걸을 때 배낭이 엉덩이에 자꾸 걸쳐져 엉덩이를 좌우로 흔들며 걷게 되는 일도 생겨 양쪽 허리에 부담이 가는 것이다.

배낭을 올바르게 매기 위해서는 배낭의 무게를 자신의 몸무게보다 5~10% 이상 무겁지 않게 하고, 어깨끈을 딱 맞게 줄여 배낭과 등이 완전히 밀착되는 것이 좋으며, 배낭의 높이는 허리높이보다 높게 매야 허리의 부담을 줄이고, 배낭의 무게가 몸 전체로 골고루 분산된다.

8. 허리는 유연할수록 좋아서 요가와 스트레칭만 하면 허리통증을 고칠 수 있다? (X)

물론 허리에는 유연성이 필요하다. 척추가 유연해야 몸을 굽히거나 펼 때, 회전할 때 몸에 몸무게를 골고루 분산시켜 어느 한 부분에 체중이 몰리거나 부담을 주는 것을 막기 때문이다. 하지만 유연성도 너무 지나치면 척추관절이 정상범위보다 더 많이 움직이게 되어, 주변 인대나 근육을 느슨하고 약하게 만들어 요추부 염좌나 급성 허리통증으로 발전되는 경우가 많다.

정상범위 이상의 과도한 관절의 움직임은 다른 부분에 부담을 주는데, 특히 허리에는 심각할 문제가 된다. 유연성에 좋다고 요가나 필라

테스, 스트레칭만 하는 사람들이 있는데, 우리 몸은 근육과 관절, 뼈의 적절한 긴장과 단단함이 균형적으로 필요하다.

신체의 하중을 골고루 분산시키고 움직임을 원활하게 하기 위해서는 관절의 적당한 안정감과 근력이 필요한데, 근육을 유연하게 만든다고 요가 등으로 무조건 늘리기만 하면, 근력과 관절의 안정성이 떨어져서 허리통증을 악화시킬 수 있다. 허리는 유연성과 근력이 함께 발달돼야만 관절과 근육이 안전한 범위 내에서 움직여 부상을 예방한다.

선천적으로 근육과 관절이 잘 긴장되는 사람이라면 유연성을 늘리는데 초점을 맞춰야 하고, 반대로 원래 근육과 관절이 유연한 사람은 부족한 근력을 강화시켜 관절과 근육의 과도한 움직임을 막아야 부상과 통증을 예방한다.

9. 요가만으로 비뚤어진 척추와 골반을 바로잡을 수 있다? (X)

요가를 하면 잘못된 자세로 인해 삐뚤어진 척추나 골반을 교정하는 효과를 얻을 수 있다. 몸통과 엉덩이, 척추 주변의 굳은 근육과 관절을 부드럽게 만들어 허리통증을 완화시켜주고, 어느 정도 틀어진 골격을 바로잡는 데 도움을 준다.

하지만 선천적으로 근육과 관절이 유연한 사람이라면 요가가 오히려 허리와 척추상태를 악화시킬 수 있다. 선천적으로 유연한 사람들은 척추의 가동범위가 너무 크고, 근육과 인대, 힘줄이 너무 느슨하여 척추관절을 단단하게 고정시켜주지 못하기 때문이다.

요가동작을 하면 척추관절의 가동범위가 더 많이 늘어나고, 관절의 안정성이 더 유연해진다. 때문에 추간판탈출증과 척추전방전위증, 척추분리증, 강직성 척추염의 환자들이 전문가의 확인 없이 요가를 하면 상태가 더 악화될 수 있다.

허리에 문제가 있는 사람이라면 반드시 병원과 전문가의 도움을 받아 자신의 허리와 척추상태에 대한 정확한 진단을 받고, 근력운동을 통해 척추관절을 단단하게 강화시켜야 할지, 요가 등을 통해 굳은 관절과 근육을 부드럽게 이완시키는 것이 좋을지 확실한 처방에 따라 운동을 선택해야 한다. 단순히 허리통증에는 무조건 요가가 좋다라든가 지압과 척추나요법만으로 교정해야 한다는 묻지마식 치료에 주의하자.

10. 요가로 모든 허리통증을 치료, 예방할 수 있다? (X)

일반적으로 만성 허리통증 환자와 디스크 탈출증, 척추관절염 등으로 인해 지속적으로 통증을 느끼는 환자들에게는 요가가 위험하다. 만성 허리통증과 더불어 다리가 저리거나 감각이 무뎌지는 경우, 척추신경이 눌리거나 압박을 받고 있으므로 요가가 이 증상을 더욱 악화시킬 수 있기 때문이다.

50대 이상인 사람들은 척추의 퇴행성 변화와 관절염이 많으므로 무리하게 허리를 뒤로 젖히거나, 몸통과 허리를 회전시키는 동작을 하면 심한 통증이 발생한다. 이 통증은 상당기간 지속이 되어 허리 부분의 염증 또한 악화될 수도 있으므로 주의해야 한다.

다만 전문가의 도움을 받아 자신의 상태에 알맞은 동작을 선별해서 실시한다면, 허리통증을 완화시키는데 도움을 받을 수도 있다. 또 척추와 상관없이 엉덩이근육, 허벅지 뒷근육 등이 뭉치거나 경직이 되어 발생한 허리통증이라면, 요가가 증상을 상당히 완화시키고 치료에 도움을 준다.

03

이런 자세가
허리를 망가뜨린다!

허리통증은 복합적인 원인에 의한 것이기 때문에 해결을 위해선 우선 허리에 대한 정확한 해부학적 지식을 가져야 한다. 자신의 몸을 정확히 알아야만 치료의 토대가 갖춰지기 때문이다. 자신의 몸을 모르고 병과 질환의 원인을 찾는다는 것은 캄캄한 어둠 속에서 길을 찾는 것과 같다. 좀 어렵게 느낄 수도 있지만, 허리통증과 관련된 해부학적인 지식은 독자들의 치료를 한층 가속화 시키는 중요한 일이므로, 꼼꼼히 읽고 익혀나가 보자.

대부분의 허리통증은 자세에서 시작된다고 해도 과언이 아니다. 우리의 어떤 자세들이 허리통증을 일으키는지 바로 아는 것이야 말로 허리통증을 운동으로 치료하는 첫걸음이라고 하겠다. 각 자세들의 문제점과 이에 대한 해결방법을 자세하게 알아보자.

몸의 중심을 똑바로 잡고 서야 한다

허리통증이 심하면 똑바로 서있기 조차 힘들 때가 있다. 서있는 자세에서 허리는 몸을 바로잡아주는 중요한 역할을 하기 때문이다. 하지만 언제나 몸의 중심을 바르게 잡고 서있는 것은 의외로 어렵다. 그래서 한쪽 다리로만 기울어지게 서있거나, 벽이나 다른 곳에 기대어 서있거나, 다리를 꼬거나, 배에 힘을 빼고 골반을 앞으로 쭉 내밀며 관절과 인대로만 버티며 서있는 등의 잘못된 자세를 취하곤 한다.

이와 같은 자세들은 몸의 중심을 불안정하게 만들어 골반을 비뚤어지게하고 허리의 부담을 가중시킨다. 또한 몸 전체를 한쪽으로 기울어지게 해, 허리 한쪽에 체중이 모두 몰려 허리통증이 발생하는 것이다.

한쪽으로 기울어진 자세를 오래 취하게 되면 관절과 근육의 틀어짐으로 인해 똑바로 서있더라도 체중이 좌우 균등하게 분산되기가 어려워 체형자체를 변형시킬 위험이 있다.

이렇듯 잘못된 체형과 자세는 서있을 때뿐만 아니라 누워 있거나, 앉아있을 때의 자세까지 변형시키므로 올바르게 서있는 자세가 모든 자세의 기본인 것을 명심하자.

올바르게 서있는 자세를 익히려면 우선 우리 몸을 머리, 어깨, 가슴, 등, 복부, 허리, 엉덩이, 허벅지, 무릎, 종아리로 나누어 설명할 필요가 있다. 몸을 벽에 완전히 밀착시켜 각 부위별로 다음의 설명대로 따라해보면 몸의 중심을 바로잡고 서는 법을 익힐 수 있다.

몸의 중심을 바로잡고 서는 법

① 벽에 기대었을 때 몸이 붙어야 할 곳은 머리 뒷부분, 양쪽 어깨 뒷면,

등 윗부분, 엉덩이, 종아리, 발뒷꿈치 순서다. 즉 측면에서 봤을 때 귀, 어깨 중앙, 팔꿈치, 옆 무릎 중앙, 발목뼈(복숭아뼈)가 일직선상에 놓여야 한다. 그래야 몸의 중심이 바르게 되어 체중을 앞뒤, 좌우로 균등하게 분산시켜 허리의 부담을 줄여준다.

② 서있을 때 발바닥에 자신의 체중을 좌우 똑같이 전달한다는 생각으로 중심을 잡고 서있도록 하여 골반과 다리의 좌우 불균형이 생기지 않게 한다.

③ 서있을 때 고개는 목쪽으로 약간 당겨주고 시선은 정면에서 10도 정도 높게 둔다.

④ 어깨는 약간 뒤로 젖히며 어깨에 힘을 빼고 자연스럽게 내려길 수 있도록 한다.

⑤ 가슴은 좌우 옆으로 뒤로 잡아당기듯이 펴주고, 가슴을 약간 위로 들어준다.

⑥ 등은 좌우 어깨뼈(견갑골)를 약간 모아 주듯이 하여 등 근육을 위, 아래로 쭉 잡아당기듯이 일직선으로 펴준다.

⑦ 복부는 아래에서 위로 지퍼 올리듯이 펴서 올려주며 복식호흡(숨을 배로 들이쉬고 천천히 복부를 수축시키며 숨을 내쉬는 호흡방법)을 실시한다.

⑧ 허리는 누가 위에서 잡아올린다는 생각으로 곧게 펴준다.

⑨ 엉덩이는 좌우에 힘을 주며 항문 안쪽으로 모아주고 골반을 위로 끌어올린다는 느낌으로 자연스럽게 힘을 준다.

⑩ 허벅지 안쪽에 공을 넣어 놓고 안쪽으로 힘을 주듯이 모아 양쪽 무릎이 서로 닿도록 하고, 허벅지 앞쪽과 뒤쪽에 자연스럽게 힘을 준다.

⑪ 종아리도 안쪽 발목뼈가 붙도록 안쪽으로 힘을 주며 모은다.

! 몸의 중심을 잡고 바로 서는 법을 익혀야 한다.

⑫ 체중의 60%를 발뒷꿈치에 두고 30%를 발 중앙에, 나머지 10%는 발
앞쪽과 발가락에 둔다.

오래 앉아 있으면 허리가 망가진다!

서 있을 때 보다 앉아 있을 때 허리에 가해지는 부담이 4배 이상 많다.
즉 오래 앉아 있을수록 허리의 부담은 증가될 수밖에 없으며, 1시간 앉
아 있는 것은 4시간 동안 서있는 것과 같을 정도다.

좌식생활이 많은 사람들은 이런 허리부담을 줄이고 올바른 자세를
유지하기 위해 노력해야 하며, 오래 앉아 있기 위한 보완운동을 해야
한다. 사무직 직장인들이나 학생 등 하루 종일 9시간 이상 앉아서 일하
는 사람이 많은 요즘, 일하다 말고 허리를 위해 시도 때도 없이 일어나
스트레칭을 해주기란 쉽지가 않으며, 그렇다고 하루 종일 서서 일할
수만도 없을 것이다.

직업상 어쩔 수 없다면 그 시간 동안이라도 허리에 가해지는 부담을
최소한으로 줄여줘야 하며, 나쁜 자세로 인해 허리통증이 생기거나,
심해지는 것을 적극적으로 예방할 필요가 있다. 그렇다면 어떻게 앉아
있는 자세가 허리를 망가뜨리며 통증을 유발하는지 알아보자.

앉아 있을 때 등이 앞으로 구부러진 자세는 몸의 무게중심이 앞으로
쏠려서, 몸통을 지탱하기 위해 허리에 계속 부담을 준다. 몸통이 앞으
로 1도씩 기울어질 때마다 허리에는 약 1kg 이상의 추를 얹어 놓는 것
과 같다.

일반적으로 올바른 자세로 알고 있는 허리를 꼿꼿하게 편 자세는 오

ⓘ 1시간 앉아 있는 것은 4시간
동안 서있는 것과 같이 몸에 부
담이 간다.

히려 상체의 모든 무게가 허리와 골반으로 몰리게 되어, 특히 골반과 허리의 연결부위인 천장관절(Sacroilliac Joint : 허리와 엉덩이 경계선으로 허리 정중앙에서 옆으로 4~5cm 좌우에 위치)과 요추 3, 4, 5번에 많은 부담을 주어 뼈근한 통증이 생기기 쉽다.

① 옆으로 삐딱하게 기울여 앉으면 골반이 기울어지게 만든다.

오래 앉아 있으면 엉덩이가 눌리거나 아파서 옆으로 삐딱하게 기울여 앉아 있게 되는데, 이는 엉덩이 한쪽으로 몸무게가 쏠려서 골반이 한쪽으로 기울어지게 만든다. 그러면 좌우높이가 달라진 골반 때문에 허리 또한 기울어져, 한쪽 허리근육이 과도하게 경직되어 통증이 생기고, 척추가 비뚤어지는 척추측만증(Scoliosis ; 척추가 좌우로 기울어져, C자형이나 S자형으로 척추의 변형이 오는 척추질환)이 생긴다.

의자에 오래 앉아 있다 보면 발목을 교차하거나 발을 앞으로 쭉 뻗으며 엉덩이를 앞으로 밀어내고 등만 의자에 기대어 앉는 자세로 바뀌기 쉬운데, 이와 같은 자세는 골반 앞쪽의 근육을 짧게 변화시킨다. 그러면 또 골반이 뒤로 기울어져 요추의 만곡(Curve)을 평평하게 만들어 1자 척추로 변형시켜 허리통증이나 디스크의 발생위험이 생긴다.

또한 척추의 중간 부분인 흉추를 앞으로 더 굽어지게 만들어 등이 굽어지는 척추후만증(Kyphosis)도 생길 수가 있으며 상체의 무게가 허리로 몰려 통증이 계속된다.

치마를 입었거나 불편해서 다리를 꼬고 앉는 자세는 꼬아올리는 쪽 다리 부분의 골반이 점점 위로 올라가고 앞으로 밀려 돌아가게 된다. 게다가 반대편으로 체중이 쏠리기 때문에 허리까지 꼬아올린 쪽으로 휘어지게 만든다.

이렇게 골반의 좌우높이가 달라져 골반뼈가 앞쪽으로 돌아가게 되고, 요추의 변형과 좌우 엉덩이의 눌리는 차이로 인해 통증과 변형이 쉽게 일어나게 되는 것이다. 이런 사람들은 다리를 번갈아 꼬면 변형을 막을 수 있다고 생각하기 쉽지만, 1분 1초라도 우리 몸은 그 변형에 대해 큰 스트레스를 받기 때문에 나쁜 자세는 되도록 취하지 않는 것이 상책이다.

한편 남성들 중 바지 뒷주머니에 두툼한 지갑을 넣고 다니며 그대로 앉는 경우가 많다. 이 경우도 지갑을 넣은 쪽의 골반이 앞으로 밀려 돌아가게 되어, 요추가 뒤로 밀려 돌아가버린다. 그러며 허리근육의 좌우균형이 틀어지게 되어 통증이 생기기 쉽다.

엉덩이 높이가 좌우 짝짝이인 경우도 한쪽으로 체중이 쏠리게 되고, 앉는 의자의 높이가 너무 높거나, 낮아서 허리의 부담을 가중시키면 통증이 쉽게 발생하게 된다.

다리 좌우로 쩍 벌리고 앉는 자세도 골반을 앞으로 밀려나오게 해서, 허리가 뒤로 밀려 나가 요추의 만곡(Curve)이 평평하게 되어 1자 요추로 변형되기 쉽다. 모델들이나 방송에 나오는 사람들, 또는 조신하게 앉는 게 버릇이 되어 앉을 때 양쪽 다리를 모아 한쪽으로 가지런히 기울여 앉는 자세도 골반을 한쪽으로 기울게 만들고, 몸통은 반대쪽으로 회전되게 해서 허리의 좌우균형을 틀어지게 만든다.

좌식생활 중 대부분을 차지하는 컴퓨터 작업도 모니터의 높이가 눈높이보다 낮거나, 거리가 너무 멀어 몸을 앞으로 숙이며 앉아서 일하면 허리와 등에 많은 부담이 된다.

오래 앉아있을 수밖에 없는 상황이라면, 오래 앉아 있어도 되도록

ⓘ 다리를 꼬고 오래 앉아 있으면 허리까지 휘어지게 만든다. 번갈아 꼰다고 변형을 막을 수 있는 건 아니다.

허리에만 부담을 주지 않는 올바른 앉는 자세를 숙지하고, 무의식중에 자세가 흐트러지거나 잘못된 자세로 앉는 것을 교정하고 노력하면 된다. 오래 앉아 있을 때도 허리가 잘 버틸 수 있는 튼튼한 허리를 만들기 위해 복부와 허리, 옆구리 근육을 단련시키고, 하중을 골고루 분산시킬 수 있도록 엉덩이와 허벅지 근육의 유연성과 탄력을 늘려주는 것이 좋다.

앉는 자세를 배우기에 앞서 자신의 몸에 맞춰 의자 엉덩이 받침과 등받이 높이를 조정해주는 것이 중요하다. 우선 다리길이에 맞춰 의자 엉덩이 받침의 높이를 조절하는데, 의자는 되도록 높이와 등받이 각도를 조절할 수 있는 제품을 사용하는 것이 좋다. 의자 엉덩이 받침의 높이는 앉았을 때 무릎 높이와 허벅지가 바닥과 평행한 높이로 조절해야 한다.

① 몸에 좋은 바르게 앉는 자세를 익히자!

엉덩이 받침대가 너무 높아 무릎높이보다 허벅지높이가 높아질 경우, 골반이 앞으로 쏠려 밀려나가 허리에 부담을 줄 수 있으며, 너무 낮을 경우에는 다리 쪽으로 분산되어야 할 하중이 골반, 특히 좌골(Ischium / Hip bone : 골반을 이루는 3개의 뼈 중 맨 아래에 위치해 있어 앉아 있을 때 하중을 받는 골반뼈)에 쏠려 좌골신경통이나 허리통증을 유발할 수 있다. 또한 엉덩이는 의자 깊숙한 곳까지 밀착시켜 체중을 최대한 분산시켜야 하며, 등받이도 등과 허리의 만곡(Curve)에 밀착시켜 살짝 뒤로 기대어 체중을 지지해야 한다.

두 허벅지는 11자에서 좌우 15도 정도 살짝 벌려 골반의 부담을 줄여줘야 하며, 발목은 꼬지 않고 발바닥을 지면에 꼭 붙여 체중을 바닥까지 분산시켜야 허리에 최대한 부담을 덜어 줄 수가 있다. 목과 어깨의 위치는 일직선을 유지하며 가슴은 펴고 복부에 약간 힘을 줘야 허리 부담이 덜 간다.

모니터의 높이는 시선의 높이와 일직선으로 맞추거나 10도 정도 위, 아래로 여유를 두는 것이 좋다. 두팔은 팔꿈치를 굽혀 90도로 유지하고 어깨와 가슴은 펴줘야 한다. 턱은 앞으로 밀려나오지 않도록 몸쪽으로 당겨줘야 목이 앞으로 기울어 등과 허리까지 굽어지는 것을 예방할 수 있다.

좌식생활이 하루의 대부분을 차지하는 사람은 의도적으로라도 3시간 중 꼭 1번은 화장실을 가는 식으로 허리근육이 경직되지 않도록 주의한다. 일어나기 힘들다면 좌우로 몸통을 돌려주거나, 가슴을 펴고 기지개를 펴주거나, 의자를 뒤로 빼고 앞으로 몸통을 숙였다 뒤로 펴주는 스트레칭을 간간히 실시해야 허리통증을 예방할 수 있다. 평상시 1주일에 3회 이상 복부와 허리, 엉덩이 근육을 단련시키기 위한 근력운동과 유연성을 늘리기 위해 스트레칭을 해주면 더욱 좋다.

ⓘ 컴퓨터 사용시 모니터의 높이와 의자도 조정해야 한다.

잘못된 수면자세는 휴식은커녕 허리에 부담을 준다

서있거나 앉아 있는 자세에 비해 누워 있는 자세는 허리에 부담을 가장 적게 준다. 하지만 엎드려 자거나, 너무 똑바른 1자 자세로 자는 것도 허리에 부담을 줄 수가 있다. 침대가 너무 푹신해서 골반 쪽이 척추보다 깊게 가라앉거나, 반대로 너무 딱딱해서 골반이나 허리가 눌리게 되어 하중이 쏠리게 되는 경우도 있다. 고개와 몸통이 제각각 회전하며 허리를 비틀면서 자거나 한 자세로만 오랜 시간 동안 자는 것도 허리에 부담을 줄 수가 있다.

엎드려 자는 자세는 머리와 등의 높이에 비해 허리와 골반의 높이가 낮아져 허리의 만곡(Curve)이 심해지고 체중이 쏠려 부담을 주며, 똑바로 1자로만 자는 것도 체중의 분산효과가 몸통과 골반에 쏠려 허리에 부담이 된다.

수면을 취할 때는 시간이 흘러감에 따라 체중의 쏠림현상을 막기 위해 적절히 자세를 바꿔가며 자는 것이 허리에 부담이 적으며, 체중이 많이 나가는 사람이라면 어깨, 허리, 골반에 체중이 쏠리므로 자주 수면자세를 바꿔줘야 한다. 다리를 꼬고 자는 자세도 골반이 한쪽 높이가 올라가게 되어 반대편 골반으로 무게가 쏠리게 되므로 주의하자.

베게가 너무 높거나 낮으면 목의 만곡을 변형시켜 목의 통증을 유발시킬 수도 있다. 체중이 많이 나가면 수면시 눌리는 정도가 높아 딱딱한 맨바닥보다는 침대에서 자는 것이 좋으며, 체중을 넓게 분산시켜줄 수 있는 스프링이나 라텍스 소재의 매트리스가 좋다. 하지만 스프링 매트는 너무 오래 사용하면 스프링의 복원력과 탄성이 줄어들어 매트에 변형을 생길 수 있으므로 앞뒤를 바꿔주거나, 수면시 위치를 자주 바꿔주는 것이 좋다.

라텍스 사용시 너무 푹신하면 척추의 높이보다 골반의 높이가 낮아져 한쪽 허리에 부담을 주므로, 자신의 체중이 아주 무겁다면 약간 딱딱하거나 매트리스 밑은 야자열매 잎으로 만든 팜(Parm) 소재, 위는 라텍스 소재로 선택하여 매트리스의 변형을 막아주는 제품을 선택한다.

체중이 가벼운 사람이라면 너무 딱딱한 매트리스나 맨바닥에서 자면 몸이 닿는 공간이 떠서 체중의 분산효과가 떨어져 허리에 부담이 가므로, 온몸이 닿을 수 있는 부드러운 소재로 선택한다.

여성은 남성에 비해 골반이 크기 때문에 너무 딱딱한 바닥이나 매트리스 보다 약간 부드럽고 신축성이 있는 매트를 사용하고 바닥에서 요를 깔고 잘 경우, 솜이 여유 있게 들어간 제품을 쓴다.

하늘을 보고 정면으로 자는 수면자세보다 옆으로 누워 자는 것이 자연스런 척추의 만곡을 유지시키고 체중의 분산효과가 가장 좋아 허리통증 예방에도 추천할 만한 자세다.

체중이 적게 나가는 사람은 다리와 다리 사이의 공간이 떠서 다리를 꼬고 자는데, 무릎 사이에 베게나 쿠션을 넣고 자면 꼬는 자세를 막고 체중을 분산시켜 허리의 부담을 줄여준다. 팔은 몸통 옆에 놓는 것 보다 옆으로 벌리거나 베게나 쿠션을 안고 자는 것이 좋다.

하늘 보고 정면을 향해 자는 것이 좋다면 양팔과 두 다리를 자연스럽게 벌려 체중을 최대한 분산시켜 허리와 골반에 체중이 쏠리는 것을 막아줘야 한다. 허리가 뜰 경우 두 무릎 밑에 푹신한 베개나 쿠션을 놓고 자면 허리근육을 이완시켜 허리통증을 완화시킨다. 쿠션이 너무 높으면 오히려 허리의 부담이 가중되므로 무릎이 자연스럽게 굽혀지는 정도로 한다.

수면시간이 너무 모자라면 근육이 부드럽게 이완되는 시간이 줄어들어 근육의 피로를 풀어주지 못해 허리통증을 유발하기도 하므로, 적어도 하루에 6~7시간 정도의 수면은 꼭 취해서 몸의 근육이 충분히 회복할 수 있도록 한다.

수면시간이 모자라면 근육이 이완되는 시간이 줄어 피로가 풀리지 않아 허리통증이 생길 수도 있다.

좌식생활보다 더 허리부담이 가는 운전

운전할 때는 책상 앞에 오래 앉아있는 자세보다 허리에 더 많은 부담이 간다. 운전은 핸들을 조작하고 브레이크와 액셀(Accelerator) 페달을 번갈아 조작해야 하므로 스트레스를 많이 받는 자세이며, 자동차 시트를 자신의 몸에 맞추기가 쉽지 않아 허리통증 발생 위험이 높다.

특히 의자높이와 핸들의 높이가 맞지 않거나 핸들과 의자의 간격이 맞지 않는 경우, 차 안이 너무 좁거나 오래 앉아서 엉덩이 받침이 푹 꺼지거나 변형이 된 경우, 한 다리로만 액셀과 브레이크 페달을 조작해 한쪽으로 치우쳐 앉거나 골반이 틀어져 앉는 경우, 등받이 의자를 너무 뒤로 젖혀 앉거나 너무 당겨, 허리를 꼿꼿이 세워 앉는 경우 등 사무실에서의 앉는 자세에 비해 허리에 많은 부담을 주기 때문에 운전시간은 되도록 짧게 하는 것이 좋다.

추석이나 연휴기간 때처럼 2시간 이상 운전하게 되면, 허리의 부담이 평상시 보다 30% 이상 증가되므로 한 자세로 너무 오래 가지 않도록 하는 것이 좋다. 하지만 어쩔 수 없이 오랫동안 운전해야 한다면 올바른 자세를 취해 허리와 관절을 보호하고 몸의 부담을 최소화 시켜야 한다.

운전시 올바른 자세

① 의자높이는 엉덩이 받침높이를 조절해 다리를 뻗었을 때 허벅지의 높이와 엉덩이의 높이가 일직선을 유지하도록 조절한다(바닥과 평행). 만약 의자높이가 조절이 안 된다면 방석을 이용한다.

② 의자의 간격은 다리를 뻗었을 때 무릎이 살짝 굽혀질 정도로 앞뒤를 조

절하는 것이 무릎관절에 부담을 줄여준다.

③ 핸들높이는 팔을 앞으로 뻗었을 때 가슴높이로 맞추는 것이 좋으며, 만약 높이가 조절되지 않는다면 핸들의 중간 아래 부분을 잡는 것이 어깨 부담을 줄여준다. 핸들을 너무 높게 잡으면 어깨가 올라가게 되어 목과 관절에 부담을 준다.

④ 의자의 등받이는 일직선에서 약간 뒤로 젖혀지는 정도로 조절해, 몸을 뒤로 기대 상체의 몸무게가 등받이 전체로 분산되게 한다. 등받이를 일직선(90도)으로 똑바로 세우는 것은 몸무게가 허리와 골반으로 쏠리게 되어 허리통증과 골반통증을 유발시킬 수 있다.

⑤ 머리의 위치는 정면을 바라봤을 때 약 5~10도 정도 높게 시선을 둔다. 고개는 살짝 들고 턱은 몸쪽으로 당겨 머리와 어깨의 위치가 일직선상에 놓이는 것이 좋다. 머리가 어깨 위치보다 1cm만 앞으로 굽어도 목에 가해지는 부담은 1.5배 이상 늘어나 목과 어깨, 허리에 부담을 주게 된다.

❗ 어쩔 수 없이 장시간 운전을 해야만 한다면 올바른 운전자세를 익혀 허리와 관절을 보호하자.

무거운 짐도 잘 들어야 위험하지 않다

사람들은 보통 하루에 상체를 숙이거나 물건을 바닥에서 들어올리는 동작을 평균 35회 정도 한다. 상체를 숙이거나 물건을 들어올리느라 하루에 35회 이상 허리에 부담을 준다는 것은 상당한 무리임이 분명하다. 게다가 대부분의 사람들은 온몸의 근육을 골고루 사용하여 물건을 들어올리기보다는 습관적으로 무릎을 펴고 허리만 숙여 들어올리는 경우가 많다. 그러면 상체의 무게와 물건의 무게가 모두 허리에 몰려 허리에 큰 부담이 된다.

특히 허리주변의 근육이 경직이 되어있거나 허리에 간헐적으로 통증이 있는 사람이라면 만성적인 허리통증이나 디스크 탈출증(Disk Herniation)의 위험이 높아진다. 그리고 골반이 틀어졌거나, 다리의 길이가 차이가 나거나, 척추의 좌우균형이 다르거나, 허리와 등근육의 좌우근력이 다르거나, 복부와 허리의 근력이 차이가 난 상태에서 물건을 들어올리면 부상의 위험은 더욱 증가될 수 있다.

물건이나 짐을 들어올릴 때는 허리근육만이 아니라 다리, 복부, 어깨, 팔 등 전신의 근육을 골고루 사용해야 안전하고, 허리의 부담을 꽤 줄일 수 있다. 물건을 들어올릴 때뿐만 아니라 물건을 들어올린 채 움직일 때도 마찬가지다. 한 관절만 사용하게 되면 그 관절에 붙어있는 근육 위주로 일을 해야 하고, 그 근육의 근력이 약하거나 유연성이 좋지 않아 근육의 힘을 충분히 발휘하지 못하면 그 부담은 곧바로 해당 관절이나 근육에 상당한 부담으로 작용해 근육이 순간적으로 늘어나거나 수축되는 손상을 입어(염좌) 통증을 유발시킨다.

예방과 치료 없이 지속적으로 이러한 동작을 반복하다 보면 근육과 관절이 변형돼 등이 굽거나, 골반이 틀어져 만성통증과 기타 허리질환으로 이어진다.

안전하게 물건 들어올리는 방법

① 몸과 물건 사이의 거리를 최대한 가깝게 하고 다리 간격은 어깨너비로 벌린다.

② 허리는 곧게 세우고 엉덩이, 무릎, 발목을 구부려 앉는다.

③ 양손으로 물건을 몸통에 가깝게 잡고 허리를 펴고 다리와 복부, 허리

에 힘을 주며 발바닥으로 바닥을 밀듯이 일어선다.

④ 물건을 내려놓을 때도 허리를 세우고 복부와 허리에 힘을 주며 엉덩이, 무릎, 발목을 구부리며 물건을 천천히 내려놓는다.

⑤ 만약 허리에 간헐적인 통증이 있는 사람이나 허리가 약한 사람이라면 물건을 들어올릴 때 숨을 멈추고 복부에 힘을 주고 들어올리면 일시적으로 복부내압이 상승해 허리를 보호해줘 안전하다.

⑥ 물건을 들어올릴 때는 발의 위치가 똑바로 위치하도록 하고, 물건을 들어올린 후 방향을 전환할 때는 몸통을 돌리지 말고, 발의 방향을 바꿔 움직여야 허리부담이 줄어든다.

⚠ 상체를 숙여 물건을 들어 올릴 때는 최대한 많은 관절과 근육을 사용하는 것이 허리의 부담을 최소화 시킬 수 있다.

잘못된 보행습관이 허리를 망가뜨린다

발가락에서부터 머리의 두피 근육까지 전신을 한꺼번에 사용하게 만드는 최고의 신체활동은 '걷기'다. 하지만 체형이 비틀어지고 잘못된 자세로 걷는다면 몸을 망치는 지름길이 되기도 한다. 남녀노소를 막론하고 성별과 직업, 환경을 뛰어 넘어 우리는 태어나서 눈을 감을 때까지 걷고, 또 걸으며 살아갈 수밖에 없다. 그러니 제대로만 걷고 자주 걷는다면 아플 이유가 없다고 하면 억지일까?

잘못된 걸음의 대표격인 8자걸음은 발을 정면에서 바깥쪽으로 45도 이상 벌리고 몸을 좌우로 뒤뚱거리며 걷는 걸음으로, 발바닥 바깥쪽이 땅을 먼저 딛게 돼, 발 안쪽의 아치가 체중에 의해 눌려 평발이 되기 쉬우며, 몸의 중심이 좌우로 심하게 흔들려 골반과 허리에 큰 부담을 준다.

모델들의 워킹방법인 1자걸음은 양발 사이의 간격이 좁아 종아리와 허벅지의 각도가 안쪽으로 모아진다. 앞뒤로 움직이기 때문에 엉덩이 관절과 무릎, 발목관절에 부담을 주며, 골반의 흔들림으로 인해 허리 의 움직임이 심해져 과도한 스트레스를 받는다.

엉덩이를 좌우로 심하게 흔들며 걷는 걸음은 발을 앞으로 뻗을 때 마다 뻗는 다리 방향으로 골반이 심하게 회전되어, 허리까지 따라 과 도한 움직임이 생기기 때문에 허리통증을 유발한다.

ⓘ 8자걸음, 1자걸음, 오리걸음, 로봇걸음 모두 허리통증의 원인 이 될 수 있다.

보통 '오리걸음' 이라고 하는 엉덩이를 뒤로 빼고 어기적어기적 걷는 걸음은 다리를 뻗을 때 엉덩이가 뒤로 빠지는 것인데, 허리가 앞으로 15도 정도 기울어져 허리, 특히 요추 4, 5번에 과도한 근육의 경직을 유 발시킨다. 이렇게 오래 걸으면 허리통증이 생긴다.

소위 '로봇걸음' 이라고 하는 팔과 몸통, 골반의 움직임 없이 다리만 앞으로 뻗어 걷는 걸음은 동작이 다리에서만 일어나, 신체의 하중이 전신으로 분산되지 않고 무릎과 허리에만 몰려 통증을 유발시킨다.

척추측만증으로 인해 몸통이 한쪽으로 기울어져 걷는 걸음은 기울 어진 쪽의 허리에 체중이 쏠려 걸으면 걸을수록 허리에 통증이 증가 돼, 나중엔 척추관협착증이라는 병으로 발전하게 된다.

오래 앉아 컴퓨터 작업을 하면 목과 어깨가 앞으로 굽고 기울어져 걸 을 때도 목을 앞으로 빼고 걷는 거북목증후군(Turtle Neck Syndrome)이 생긴다. 이 걸음은 몸의 하중이 앞으로 쏠리게 되어 그 하중을 감당해 야 하는 허리에 과도한 스트레스가 가해져 걸으면 걸을수록 통증이 생긴다. 또 목과 어깨가 경직되었기 때문에 걸을 때 목과 어깨를 거의 움직이지 않아 허리와 무릎의 움직임이 상대적으로 많아져 근육의 피로로 인해 통증이 생기기도 한다.

무릎을 완전히 펴지 않고 구부정하게 걷는 걸음이나 무릎을 아예 구부리지 않고 과도하게 쫙쫙 피며 허벅지 근육에 힘을 전혀 주지 않고 걷는 걸음, 신발을 구겨 신고 걷거나 슬리퍼를 신고 발을 끌면서 걷는 걸음도 우리 몸의 체중을 전신으로 분산시켜 주지 않기 때문에, 상체와 하체의 움직임을 연결해 힘의 고리역할을 하는 허리에 부담이 몰려 걸으면 걸을수록 허리의 뻐근함이나 통증을 느껴 허리를 망치게 된다.

편한 것이 좋은 것이라는 사회의 인식 속에 점차 걷는 시간이 줄어드는 현대인. 이로 인해 걸을 때 사용되는 근육과 인체기능이 떨어지고, 신체 각 부분의 문제점으로 인해 점점 더 다양한 통증에 시달리며 살아가고 있다.

이러한 악순환을 끊어 주는 가장 기본적이고 중요한 신체활동인 '올바른 걷기'를 통해 몸의 균형을 바로잡고 허리를 강화시켜 가장 빠르게 건강을 되찾도록 해보자.

우선 시선을 전방에 약 5~10도 정도 높게 두고 귀와 어깨 옆면 정중앙, 허리, 골반 정중앙이 일직선이 되게 가슴을 펴고 몸통은 약 5도 정도 앞으로 기울여 걸어야 한다. 다리를 뻗을 때는 양발 간격이 11자로 평행하게 다리를 뻗고, 발바닥이 땅에 닿을 때는 무릎을 자연스럽게 살짝 구부리며 발뒤꿈치 바깥쪽이 먼저 땅에 닿은 후, 발바닥을 지면에 모두 붙이며 1번째, 2번째, 3번째 발가락으로 땅을 밀듯이 딛어야 한다.

걸을 때는 땅을 발바닥으로 누르듯이 걸어야 복부, 허리, 엉덩이, 허

❗ 앉아서 컴퓨터 작업을 오래 하는 사람들은 목이 앞으로 굽어 걸을 때도 목을 빼고 걷는 거북목증후군이 나타난다.

벅지 앞뒤, 종아리근육을 모두 사용하여 신체 어느 한 부분으로 무게가 쏠리는 것을 막고 피로감을 줄일 수 있다. 인체는 걷기를 하면 몸통의 중심을 안정화시키기 위해 복부, 옆구리, 허리의 근육이 끊임없이 사용된다.

오르막 경사를 걸을 때는 허리, 엉덩이, 허벅지 뒤부분의 근육을 더 많이 사용하며, 내리막 경사일 때는 복부, 허벅지 앞, 종아리 부분의 근육을 더 많이 사용하므로, 운동을 위해 걸을 때는 평지에서만 걷기보다는 완만한 경사의 동산이나 오르막과 내리막 경사가 같이 있는 길을 걷는 것이 온몸의 근육을 골고루 사용하고 발달시킬 수가 있어 좋다. 이는 러닝머신에서 걷기를 할 때도 마찬가지다.

특히 허리통증이 있는 사람들의 경우, 완만한 오르막 경사를 걸으면 간접적으로 허리 주변의 근육을 함께 강화, 발달시켜 통증예방과 치료에 효과가 좋다.

허리가 가끔씩 저리거나 통증이 있다면 적어도 1주일에 3회 이상, 하루 40분 이상 완만한 오르막 경사를 약간 빠르게 걷는 운동이 좋으며, 만성통증이 있다면 1주일에 적어도 4회 이상, 하루 30분씩 완만한 오르막 내리막 경사를 천천히 땅을 발바닥으로 꾹꾹 눌러주며 복부와 허리, 엉덩이에 힘을 주며 걷는 운동이 통증을 줄여주고, 허리를 강화시켜 운동치료 효과를 얻을 수 있다.

이와 같은 걷기운동 전후에는 전신과 특히 허리와 다리의 스트레칭을 꼭 10분씩 실시하는 것이 몸의 피로를 줄여주므로 잊지 말아야 한다.

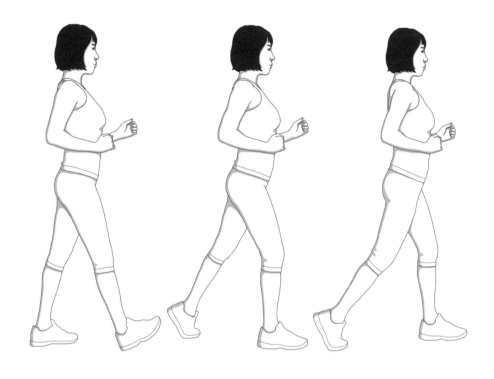

1. 발뒤꿈치가 먼저 닿는다.

2. 발바닥 전체에 체중을 싣는다.

3. 1,2,3번째 발가락으로 바닥을 밀듯이 걷는다.

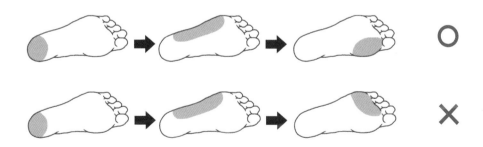

바르게 걷는 방법과 지면에 발바닥이 닿는 순서

신발도 허리통증과 관련이 있다

신발 선택에 따라 허리의 건강과 통증이 좌우될 수가 있다. 신발바닥이 너무 딱딱하거나 얇으면, 걸을 때 체중분산이 골고루 되지 않아서 디딜 때의 충격이 발목과 무릎, 허리로 전달이 되어 허리에 부담을 준다.

여성들은 아름다움을 위해 높은 굽의 하이힐을 많이 신는데, 높이가 5cm 이상일 경우 무게중심과 골반을 앞으로 기울게 만들어 허리를 더 뒤로 젖히게 만든다.

이로 인해 허리(요추) 부분의 만곡(Curve)이 심해져 요추전만증(Lodosis : 척추의 요추가 앞으로 기울어져 발생하는 허리통증 질환)을 유발시켜 만성 허리통증으로 이어질 수 있다.

뒷굽 뿐만 아니라 앞굽이 높은 구두나 운동화 역시 몸의 무게중심이 높아져 발목과 무릎을 흔들리게 만들어 골반과 허리에도 많은 부담이 간다.

이와는 반대로 발바닥을 편하게 하기 위해 평평한 스니커즈나 단화를 신는 경우도 많은데, 이때도 발 안쪽의 아치(Arch)가 낮아지게 되어 다리가 안쪽으로 기울어지게 해서 허리에 부담이 간다.

신발의 사이즈도 허리통증과 관련이 있다. 신발 사이즈가 너무 크거나 작으면 정상적인 보행으로 체중을 분산시키기 어려워 허리에 부담을 주고, 너무 푹신한 신발이나 신발밑창에 에어(Air)가 들어있는 신발도 쿠션으로 인해 골반이 위, 아래로 흔들리게 되어 허리에 부담을 주게 된다.

가장 위험한 것은 신발밑창이 너무 오래되어 바깥쪽이나 안쪽이 심하게 닳았을 때로 다리가 똑바로 지탱하지 못하고 바깥쪽으로 기울어

① 허리에 통증을 야기하는 신발을 주의하재!

지게 되어 허리통증을 유발시킬 수가 있다.

신발은 기능적인 목적과 체형에 따라 자신에게 맞는 것을 골라야 한다. 야외활동이나 걷는 일이 많은 사람은 편하거나 쿠션이 좋은 것을 고르고 디자인보다는 기능성에 중점을 둬야 한다. 자신의 스타일이나 옷의 디자인 따라 선택하고 싶다면 되도록 허리에 부담을 주지 않는 신발이나 구두를 고르는 것이 좋다.

허리에 부담을 주지 않는 신발 선택법

① 자신에게 딱 맞는 신발 사이즈를 찾기 위해서는 아침보다는 오후나 저녁에 고르도록 한다. 많이 걷거나 활동을 하게 되면 발에 혈액이 몰려 자연스럽게 붓게 된다. 오전에 신발을 구입하면 발에 혈액공급이 충분히 되지 않아 붓지 않은 상태였기 때문에, 구입한 이후 오후가 되어 신으면 발이 불편해질 수 있다.

② 뒷굽이 5cm가 넘을 경우 5cm 이하에 비해 허리의 부담이 20% 이상 증가된다. 특히 7cm 이상부터는 허리의 부담이 가중돼 장시간 신었을 경우 허리근육의 경직과 체중이 몰려 그 다음날 상당한 허리통증을 느끼게 된다. 그러므로 구두를 꼭 신어야 한다면 되도록 5cm 이하의 굽을 고르는 것이 좋다.

③ 뒷굽이 높은 하이힐을 신으면 체중이 발 앞쪽에 쏠려 발 모양을 변형시킬 수가 있다. 그러므로 매일 신기보다는 하이힐과 낮은 굽의 구두를 하루 걸러 번갈아 신어 발의 변형도 막고 허리근육의 부담도 줄여주자.

④ 허리통증이 심한 경우 너무 푹신한 신발만을 고집하지 말고 발의 착용감이나 신발의 무게가 가벼운 것을 선택하도록 한다. 뛰거나 점프할 일이

뒷굽이 5cm가 넘을 경우 5cm 이하에 비해 허리의 부담이 20% 이상 증가된다.

별로 없다면 굳이 쿠션이 너무 푹신한 것보다 적당히 푹신하고 발을 부드럽게 감싸주며 가벼운 신발이 허리에 부담을 줄여준다.

⑤ 신발의 밑창이 너무 오래되거나 닳았을 경우, 정상적인 보행이나 똑바로 서있기가 힘들어진다. 밑창이 너무 오래되면 고무의 탄성이 떨어지고 딱딱해져 충격흡수가 안 되고, 밑창이 바깥쪽이나 한쪽만 더 많이 닳을 경우, 신발 전체가 기울어져 다리를 안쪽이나 바깥쪽으로 기울게 만들어 골반과 허리의 부담을 가중시킨다.

신발은 너무 비싸지 않은 제품을 구입해 때가 되면 적절히 교환해주고, 허리가 아프다면 1년에 한번은 꼭 신발을 바꿔주는 것이 좋다.

⑥ 운동화를 신을 때는 밑창이 너무 얇은 스니커즈나 단화보다는 충격을 흡수해주는 충격흡수 패드가 부착되어 있는 신발을 고른다. 여러 겹으로 이루어져 바닥에서 올라오는 충격을 흡수해주며, 체중을 발바닥 전체로 고르게 분산시켜 허리를 보호해주기 때문이다.

⑦ 신발을 고를 때는 통풍이 잘되는 천 제품을 선택하고, 끈으로 묶는 것보다 찍찍이 밴드로 되어있어 허리를 자주 굽히지 않아도 되는 편한 타입이 좋다.

요즘은 일반 신발 대리점에서도 자신의 발모양에 꼭 맞게 목적에 따라 신발을 맞춰주는 서비스를 해주는 곳도 많으므로 맞춤신발을 구매하는 것도 좋은 방법이다. 하지만 과학적으로 입증이 되지 않은 효과를 과도하게 홍보하는 고가의 신발을 구매하기보다 자신의 몸과 목적에 맞게 저렴한 신발을 자주 교체해 신는 것이 더 현명한 방법이다.

외모만을 위한 운동은 위험하다

운동을 과하게 하거나 잘못된 방법으로 실시하면 오히려 운동이 노동처럼 바뀌어 관절과 근육, 특히 허리에 치명적인 부상을 야기한다. 운동도 노동처럼 근육과 관절에 상당한 부담을 주므로 반드시 올바른 방법으로 실시해야 한다. 특히 잘못 알고 있는 운동상식이나 잘못된 운동방법이 가장 큰 위험요소로 이에 대한 확실한 지식이 필요하다. 운동시 유의해야 할 것들에 대해서 짚어보도록 하자.

허리통증시 올바른 운동법

① 집에서 러닝머신을 할 때, 운동화를 신지 않고 맨발로 걷거나 뛰면 디딜 때의 모든 충격이 발목과 무릎을 거쳐 허리에 가중되어 허리통증을 낳는다.

② 복부운동을 할 때 허리의 유연성이 좋지 않은 경우, 복부 근력운동보다 유연성 운동을 먼저 실시하여 허리의 부담을 줄여줘야 한다. 복부근육과 허리근육은 서로 상반되는 기능을 하기 때문에 복부근육이 수축하려면 허리근육이 부드럽게 늘어나야 하는데, 복부근육은 수축하려고 하는데 허리근육이 늘어나지 않게 되면 허리관절에 부담을 주게 되어 복부운동(누워서 다리 들어올리기나, 상체 말아 올리기)을 할 때마다 허리에 통증을 느끼게 된다.

③ 무거운 물건을 들어올릴 때나, 덤벨로 어깨운동을 위해 머리 위로 팔을 뻗을 때 허리와 등이 굽어지면 들어올리는 무게가 모두 굽어진 허리와 등에 쏠려 허리통증을 유발시킨다.

④ 복부운동이나 허리운동의 균형을 맞추지 않고 복부운동만 하거나, 허

리운동만 할 경우 복부근력과 허리근력의 불균형으로 인해 허리통증이 일어나기 쉽다. 복부근육은 우리 몸 앞을 지탱하고, 허리근육은 우리 몸 뒤를 지탱하게 되는데, 복부근육이 허리근육보다 센 경우 상체를 앞으로 기울어지게 만들어 등이 앞으로 굽게 되고, 허리근육이 복부근육보다 센 경우에는 상체를 뒤로 기울게 해 등을 너무 곧게 만든다. 이는 등과 허리의 척추만곡(Curve)을 평평하게 만들어 상체의 체중이 모두 허리로 몰려 허리통증을 유발시키게 된다.

⑤ 골반의 좌우높이가 틀어지거나, 양다리의 길이가 차이가 난 상태에서 운동을 계속하면, 한쪽으로만 신체의 하중이 쏠리게 되어 전후좌우의 근육이 불균형하게 발달되고 어느 근육 한쪽에 과도한 스트레스와 부담이 가해져 이는 허리를 비롯한 다양한 부위의 통증으로 연결된다.

⑥ 사람들은 의외로 눈에 보이는 부분인 가슴, 팔, 다리, 복부 위주의 불균형적인 운동을 많이 한다. 외모만 중시한 운동을 계속하면 몸의 중심을 바로 잡는 척추 주변의 근육(복부 안쪽, 허리 안쪽, 옆구리, 골반주변의 작은 근육들) 발달이 저하돼, 오히려 허리의 통증을 유발시킨다. 그러므로 기능적인 측면에서 몸을 더 잘 움직이기 위해 가장 중요한 허리와 몸통 부분의 근육과 근력을 우선 발달시킨 다음, 팔과 다리 순으로 운동을 진행해야 한다.

⑦ 간혹 잘못된 생활습관이 운동자세에 영향을 주는 경우가 있다. 예를 들면 오른손잡이의 경우 왼손에 비해 오른손을 더 많이 사용하고 근력도 더 강한데 이를 생각하지 않고 똑같은 방법으로 운동을 계속하면, 강해진 부분은 더 강해지게 되고 약한 쪽은 강해진 쪽에 맞춘 운동강도로 인해 부상을 입게 되거나 올바른 자세를 잡기 어려워 이는 허리의 부담으로 이어지게 된다.

이렇게 오른손잡이는 오른다리에도 하중이 많이 쏠려 왼다리에 비해 근력과 근육발달이 좋다. 그래서 앉았다 일어나기를 하거나, 계단 오르기나 등산을 할 때 오른다리와 왼다리에 체중이 똑같이 분산되지 않고 오른쪽에 더 많은 하중과 무게중심이 쏠린다. 이로 인해 오른쪽 다리의 무릎부상과 왼쪽 허리의 부담으로 이어져 허리통증이 쉽게 발생하게 되는 것이다.

임신과 출산 후의
허리통증은 다르다!

임신과 출산으로 여성의 몸에는 많은 변화가 온다. 이 시기를 어떻게 잘 보내느냐는 평생의 체형과 허리건강이 달려있다. 여성들은 임신을 하면 처녀 때보다 10~13kg에서 많게는 20kg까지 체중이 늘게 되는 데, 이 부담은 고스란히 허리에 부담이 된다. 임신 전의 체중과 신체활동에 맞춰져 있는 허리가 임신과 출산으로 늘어난 채 지내야 하는 10개월 동안, 대부분의 임산부들이 만성적인 허리통증에 시달리게 된다.

이 통증은 임신과 출산을 넘어 평생의 고질병으로 고착될 수도 있어, 10개월의 임신기간에 맞춰 허리를 안전하게 관리하는 것이 중요하다. 출산 후에는 체형이 달라지고 육아환경으로 바뀌게 되므로 임신기간과 출산 후의 허리관리 또한 다르게 처방되어야 한다. 건강한 허리를 유지하고 허리통증을 예방, 치료하기 위해 출산 전후 허리 관리에 대해 자세히 알아보자.

임신 중에는 허리통증에서 자유로울 수 없다

여성은 남성에 비해 척추의 S자 곡선이 더 크다. 이로 인해 허리에 부담이 가는 자세나 동작을 조금만 취해도 더 쉽게 허리통증을 느낀다. 더구나 허리를 보호해주는 근육량이 남성에 비해 적기 때문에 한 번의 부상이 만성 허리통증으로 이어질 확률이 더 높다. 여기에 임신으로 점차 불어나는 자궁과 배는 허리 뒤편의 부담으로 이어져 허리통증을 전혀 느낀 적이 없는 여성들도 이 시기에는 허리통증에서 자유로울 수가 없다.

1. 건강을 위해 임신 전부터 허리를 강화시키자 : 건강한 아이를 출산하려면 평생 다이어트를 해오던 여성들도 태아를 위해서 고영양, 고칼로리 음식을 많이 먹게 되고 유산이라도 하지 않을까 조심해 바깥 외출과 활동량을 줄여 체중이 쉽게 는다. 늘어난 체중에 비해 활동량이 부족해져 근육량이 늘기도 어렵다.

이렇게 임신기간 중에는 허리의 부담을 줄여주기 위한 허리 강화운동마저 하기 어려운 상황이다. 때문에 선진국의 고급 산부인과 병원에서는 임신 전 산모교육에 꼭 허리 강화운동 프로그램을 포함시켜 실시한다.

특히 복부와 허리운동을 같이 실시하여 임신기간 동안 배가 잘 늘어날 수 있도록 복부근육의 유연성과 근력을 늘려주고, 허리의 부담을 줄여주기 위해 허리근력 강화와 늘어난 체중을 오래 버틸 수 있도록 근지구력을 함께 높인다.

복부 강화운동 1번, 허리 강화운동 1번, 복부와 허리 스트레칭을 연속해서 실시하는 방법으로, 집안에서 아침, 점심, 저녁 3번을 1주일에 4회 정도 실시해주면 불러오는 배와 자궁을 잘 버텨낼 수 있는 강한 허

ⓘ 임신기간 중 허리부담을 줄이기 위해 복부와 허리 강화운동을 함께 하고 복부, 허리 스트레칭까지 연속해준다.

리를 만들 수 있다. 임신을 원한다면 임신 예정 6개월에서 늦어도 3개월 전부터 강화운동을 해주면 효과가 더 높다.

2. 높아진 임신연령이 허리통증을 부른다 : 결혼과 임신이 늦어지게 되면 가장 피해를 보는 것은 아기보다 임산부 자신이다. 요즘 결혼 풍토로는 30대 초중반에 임신을 많이 하는데, 여성은 25세부터 근력과 근육량이 점차 감소한다. 30대에 들어서면 근육과 관절의 유연성이 점차 줄어들어 딱딱해지고 뭉치기 쉬운데, 임신기간 중 허리통증으로 이어질 위험이 높은 배경이 된다.

더구나 임신 전부터 허리통증을 가지고 있다면 임신기간과 출산 후에는 만성 허리통증과 디스크로 발생될 위험이 2배 이상 높아서, 점차 높아만 가는 임신연령은 또 하나의 허리통증 주범으로 주목받고 있다.

30대 이후의 임신기간 중에 나타나는 허리통증을 예방, 치료하기 위해서는 배가 불러올수록 더 활동량을 줄이지 말고, 하루에 적어도 30분은 수영이나 가벼운 산책과 스트레칭을 꼭 실시하여 허리근육의 피로를 줄여주고, 뭉치는 근육을 부드럽게 풀어줘야 한다.

하루 30분, 1주일에 적어도 4일 이상은 꼭 가벼운 운동을 실시하는 것이 좋다. 하지만 30대 이후의 임신은 20대에 비해 유산의 위험성이 높기 때문에 자궁이나 복부가 눌리는 스트레칭이나 무리한 운동은 피해야 한다.

3. 과도한 S라인이 허리통증을 심하게 만든다 : 배가 불러오면 골반이 앞으로 기울어지며 몸이 앞으로 쏠려 상체를 뒤로 더 젖히게 된다. 척

ⓘ 임신을 원한다면 임신 예정 6개월 전이나 늦어도 3개월 전부터 허리 강화운동을 해주면 허리통증을 예방할 수 있다.

추의 곡선이 정상 때보다 더 과도하게 S라인이 되는데, 이 경우 목과 어깨, 등, 허리의 근육이 쉽게 뭉치게 되고 경직이 되어 부상을 입거나 통증이 생기기 쉽다.

더구나 태아가 자라남에 따라 자궁이 넓어져 골반이 앞으로 기울어지면 몸의 무게중심이 더 앞으로 쏠리게 되어 허리근육이 잘 뭉치게 된다.

필자가 운동치료를 맡았던 영화배우 심은하 씨의 경우 둘째아이를 임신했을 때 체중이 20kg이나 늘어 허리의 통증을 심하게 느껴 고생을 했다. 시간이 날 때마다 누워서 무릎을 90도로 굽힌 채 두다리를 세우고 복식호흡을 하도록 해 뭉친 허리근육을 늘려 통증을 줄였다.

뭉친 목과 어깨, 등을 풀어 주기 위해서는 지압이나 마사지를 선택하기 보다는 고무줄(밴드 트레이닝)을 가지고 목과 어깨, 등근육 운동을 시켜 통증을 예방하였다.

여성의 골반은 임신기간 중 평상시보다 5~10도 정도 더 앞으로 기울어지는 만큼, 허리근육의 피로는 4배 이상 증가되므로 허리근육을 풀어주는 스트레칭도 자주 해줘야 허리통증을 예방할 수 있다. 아침, 점심, 저녁 5분간 매일 실시해주면 손쉽게 허리통증에서 자유로워질 수 있다.

4. 임산부 걸음이 허리통증의 주범? : 배가 불러 오고 체중이 늘어가면서 움직이거나 걷기가 쉽지 않는 8개월 이상부터는 8자걸음이나 몸통을 좌우로 뒤뚱뒤뚱 움직여 걷게 된다. 8자걸음은 골반이 점차 벌어져 다리뼈가 바깥쪽으로 회전하는 것 때문이지만, 이 때 체중의 부담이 엉

덩이와 허리에 가해지게 된다.

또 뒤뚱뒤뚱 걸어 몸통이 좌우로 심하게 흔들리면 척추와 골반이 만나는 지점인 천장관절에도 부담을 줘 허리통증이 나타난다. 체형의 변화로 인해 어쩔 수 없다지만 허리통증을 줄이고, 예방하는 방법이 있다. 걸을 때는 발이 쉽게 붓는 만큼 쿠션이 좋은 편한 신발을 신고, 슬리퍼나 구두는 되도록 피한다. 또 몸통을 좌우로 흔들기 보다는 턱을 당기고 가슴을 펴고 팔을 앞뒤로 많이 흔들며 걸으면 흔들리는 몸통을 안정시킬 수 있다.

5. 앉거나 누워있는 것보다 움직이는 것이 허리부담을 줄인다 : 누워있는 자세가 허리의 부담이 가장 적지만, 임산부의 경우는 예외다. 체중이 복부와 골반에 몰려있어 누워있으면 복부와 골반이 아래로 쳐지게 되어 허리에 부담이 간다.

허리에 부담을 가장 적게 주는 방법은 자꾸 움직이는 것이다. 임신기간 동안 잘 붓는 다리는 늘어난 체중으로 발바닥과 종아리에 부담이 주어 혈액순환이 잘 되지 않아 생긴다. 하지만 걸을 때는 발과 종아리의 근육이 수축하면서 혈액을 강제적으로 순환시켜 붓기를 줄여준다.

영화배우 심은하 씨의 경우 임신 3개월부터 필자와 함께 하루 1시간씩 출산 때까지 꾸준히 운동을 실시하였는데, 20분은 가볍게 걷고, 15분은 골반과 허리, 다리, 목과 어깨 순서대로 스트레칭을 통해 뭉친 근육은 풀어주고 골반이 잘 늘어날 수 있도록 했다. 나머지 25분은 목과 등, 어깨, 허리, 허벅지, 엉덩이 순서대로 근육운동을 통해 골반의 수축능력을 높이고, 허리와 등, 어깨의 근력강화를 하여 출산 전후의 허리통증을 예

자주 걷고 움직이면 부은 다리도 빠지고 태아도 건강하게 태어난다.

방하고, 자연분만을 목표로 운동을 진행했다. 가만히 누워 있을 때 보다 걷거나 움직일 때 심장의 혈액순환 기능이 45% 이상 증가되며, 태아의 활동성도 더 높아져 태아가 건강하게 태어날 확률도 높아지는 것이다.

출산 후 허리통증을 다스려야 평생건강이 보장된다

10개월 동안 10~20kg이 늘어난 체중이 결코 한 순간에 빠지지 않듯이 늘어난 뼈와 관절, 근육도 쉽게 예전으로 돌아가지 않는다. 오히려 처녀시절의 다이어트보다 훨씬 힘들다. 게다가 출산으로 지칠 대로 지치고 누적된 피로가 채 가시기도 전, 사랑스러운 아이에게 젖을 물리고 키우기 위해 자신의 건강은 뒷전으로 밀리기 십상이다.

하지만 출산 후 6개월은 여성의 평생건강을 좌우하는 중요한 시기다. 임신으로 늘어난 체중을 출산 후 6개월 내에 되돌리지 못하면 평생 체중으로 남기 때문이다. 귀한 자식도 중요하지만 그 귀한 자식을 건강하게 키우기 위해서라도 자신의 건강부터 챙겨야 할 시기인 것이다.

1. 자연분만과 제왕절개의 허리통증은 다르다 : 산모 스스로 복부와 골반근육의 수축력을 통해 아이를 자연분만하면 10개월간 늘어났던 골반과 근육들이 70% 이상 원상회복된다. 사실 늘어났던 뼈마디와 관절, 근육이 아물며 제자리로 돌아가기는 쉽지가 않을 것이다. 임신기간 동안 얼마나 열심히 운동을 했고 허리와 골반이 튼튼한가에 따라 이때 원상회복 속도가 다르다.

늘어날 대로 늘어난 복부의 피부와 근육은 수축해가며 제자리를 잡아가고, 불어난 체중으로 피로해진 허리는 한결 가벼워지고, 벌어졌던 골반은 자궁에서 아이를 밖으로 밀어내기 위해 있는 힘껏 최대한 수축을 해 제자리를 잡아간다. 자연분만시 힘을 주는 것은 10개월간 늘어나고 벌어진 관절과 근육을 제자리로 되돌아가게 해주는 일종의 교정운동이 되어준다.

제자리로 잡아들어간 뼈와 관절, 근육은 기능을 점차 회복하여 허리의 부담을 한결 가볍게 만들어준다. 복부와 허리근육의 기능은 빨리 돌아올 수는 있지만 허리의 근육통은 피해갈 수 없다. 이때는 과도해진 S라인이 허리를 위아래로 늘려주기 위해 스트레칭을 실시하여 뭉친 허리근육을 풀어 근육통을 예방하고, 허리가 눌리지 않고 안정적으로 고정되도록 복부와 허리운동을 같이 실시해야 한다. 스트레칭과 근력운동의 비율은 6 : 4 정도로 실시한다. 제왕절개보다 자연분만쪽이 회복이 더 빠른데, 이후 허리 근육통증에 시달릴 수 있으므로 스트레칭과 근력운동을 병행해서 실시해야 한다.

마취를 통해 배를 가르고 아이를 출산하는 제왕절개 분만은 비록 산모와 아이의 고통이 적고 안전하지만 근육과 골격, 특히 허리에는 그다지 좋은 영향을 미치지 못한다. 자연분만과 같이 복부와 골반, 허리의 근육을 한껏 수축시키는 과정이 생략이 되어 벌어지고 늘어진 상태가 그대로 남아 있을 수 있으며, 배를 가르고 다시 꿰매는 과정으로 인해 복부근육의 기능이 빨리 회복되지 않는다.

때문에 체중의 부담이 허리에 몰려 근육통보다 신경통이 발생할 위험이 높으며, 출산할 때 골반을 수축하지 않아 허리와 골반의 연결부위인 천장관절이 늘어난 상태로 헐거워져 허리 옆으로 띠처럼 뻐근한 통증이 느껴지는 근육통과 다리가 저리는 좌골신경통이 같이 생기기 쉽다.

신경통은 갑자기 나타나기도 하지만 갑자기 사라지기도 하는데, 무리하게 움직이면 재발할 수 있으므로, 통증이 사라졌다고 해서 완치가된 것은 아니라는 점을 명심하자. 제왕절개 분만은 자리에 누워 안정을 취하는 시간 또한 자연분만에 비해 더 길어 회복을 위한 스트레칭과 운동의 시간도 늦춰지게 된다.

이전의 체형과 체중으로 되돌아갈 시간은 똑같이 6개월 주어지지만, 누가 먼저 시작을 하느냐가 결과를 다르게 한다. 제왕절개한 산모는 근육과 관절의 회복을 위해 자연분만한 사람보다 짧은 시간에 더많은 노력을 기울여야 하는 것이다. 벌어진 골반을 수축시키기 위해허벅지 안쪽과 엉덩이근육을 강화시켜야 하고, 피부와 근육을 가른 복부는 쉽게 힘을 주어 수축하지 못하게 되었으므로, 스트레칭으로 딱딱하게 굳지 않도록 자주 마사지를 해줘야 한다.

산후조리 기간에 누워있는 시간이 길어 허리의 근력운동을 따로 하긴 어려워도 몸통을 좌우로 회전하는 스트레칭은 할 수 있으므로, 누워있더라도 몸을 추스르며 자꾸 움직여야 회복이 빠르고 허리의 부담도 그만큼 줄어든다. 우선 3개월간 불안정한 관절과 뼈가 서서히 제자리를 찾아가도록 약한 강도로 스트레칭을 실시하고, 교정과 회복을 위한 근력운동은 3개월 후부터 복식호흡을 통해 복부운동과 허리운동으로 나누어서 한다.

자연분만의 경우 첫아이 출산 때는 1개월 후부터 가볍게 스트레칭과 운동을 시작하고, 둘째아이 출산 때는 2~3주 후부터 시작하는 것이 좋다.

ⓘ 제왕절개를 한 산모는 복부근육이 빨리 회복되지 않으며, 허리 근육통과 좌골신경통이 같이 생기기 쉽다.

2. 임신기간 동안의 자세와 걸음걸이를 버려라 : 출산 후에도 임신 10개월간의 습관을 버리지 못하고 계속해서 8자걸음이나 몸을 뒤뚱거리며 걷는 여성들이 많다. 8자걸음은 걸을 때 골반의 움직임을 막고 체중의 부담이 골발과 허리로 곧바로 전해지게 되어 허리통증을 일으키기 쉽다.

엉덩이를 뒤로 빼고 배를 내밀고 있는 오리 엉덩이 자세 또한 바꿔야 한다. 이 자세는 척추의 S라인의 곡선을 과하게 해 허리와 목의 부담을 증가시켜 등과 허리근육을 뭉치게 하여 허리근육통이 발생하기 쉽다. 복부운동과 허리 스트레칭을 실시하여 과도한 S곡선을 줄이고, 서있을 때 가슴과 어깨를 펴고 턱을 당겨 자세를 바로잡도록 한다.

배가 불러와 앞으로 기울어진 골반으로 인해 골반 앞부분인 서혜부 (Groin : 골반과 앞쪽 허벅지 경계부분)의 근육과 인대들의 길이가 짧아져서 허리의 부담이 계속될 수 있으므로 골반이 예전의 각도로 돌아가기 위해 이 부분의 근육을 늘려주는 스트레칭을 해야 한다. 편안하게 누워서 한쪽다리를 펴고 한쪽다리는 구부려 가슴으로 당겨주는 스트레칭을 통해 골반을 바로잡고 허리통증을 치료할 수 있다.

ⓘ 편안하게 누워서 한쪽다리를 펴고 한쪽다리는 구부려 가슴으로 당겨주는 스트레칭을 통해 골반을 바로잡고 허리통증을 치료할 수 있다.

3. 수유기간 동안 망가지는 허리 : 아이의 젖을 물리기 위해 아이를 안고 왼쪽이나 오른쪽으로 몸통을 틀어 젖을 물리다 보면 허리가 틀어져 허리통증이 발생할 수 있다. 아이를 팔로 앉으면 아이의 체중과 젖을 물리기 위해 등을 앞으로 굽히고 허리를 회전하기 때문에 왼쪽으로 젖을 물리면 오른쪽 허리가, 오른쪽으로 젖을 물리면 왼쪽 허리에 통증이 발생하기 쉽다.

허리를 보호하며 수유를 하려면 의자에 앉아 허벅지 위에 쿠션을 놓고 등을 앞으로 굽히지 않도록 한다. 젖을 직접 자주 물리기보다 젖을 미리 짜 놓고 젖병으로 먹이는 방법이 허리에 좋다. 직접 수유를 할 때는 젖을 물린 후에는 꼭 허리를 좌우로 회전시켜 스트레칭을 해주고, 목과 어깨는 자주 습관적으로 펴고 목과 어깨를 돌려주며 뭉치는 것을 예방하자.

4. 아이가 커갈수록 늘어만 가는 허리통증 : 아이가 안아달라고 칭얼대거나 울면 안타까운 엄마 마음에 자꾸 안아 올려주게 되는데, 잘못된 자세로 안으면 허리부상을 입기 쉽다. 아이가 커갈 수록 엄마의 허리 부담도 커질 수밖에 없는데, 아이를 안을 때는 우선 양쪽 무릎을 굽힌 다음 허리를 펴고 복부와 허리에 힘을 주며 다리 힘으로 일어나야 한다.

무릎을 편 채 허리만 숙여 아이를 안아올리면 아이의 몸무게와 엄마의 상체무게가 모두 허리에 부담을 줘 근육통과 신경통, 심하게 되면 디스크에 걸릴 확률이 높아진다. 특히 자연분만의 경우 출산 후 3개월, 제왕절개의 경우 출산 후 6개월은 되어야 허리와 골반의 관절이 서서히 자리를 안정적으로 잡아가기 때문에, 이 시기에는 허리힘보다는 다리의 힘을 주로 사용해 아이를 안아올리도록 한다.

아이를 업어 줄 때도 허리로 업고 상체를 앞으로 기운 채 걷거나 서 있는 경우가 많은데, 허리가 앞으로 10도 정도 기울어지면 허리의 부담은 똑바로 서있을 때 보다 2배 이상의 힘이 가해져 허리통증이 생긴다. 아이를 등에 업을 때는 의자모양의 배낭이나, 앞으로 매는 베이비 키트를 사용해 허리를 바르게 펴주는 것이 좋다.

직접 수유를 할 때는 젖을 물린 후에는 꼭 허리를 좌우로 회전시켜 스트레칭을 해주고, 목과 어깨는 자주 습관적으로 펴고 목과 어깨를 돌려주며 뭉치는 것을 예방하자.

05

허리통증이 생기는
해부학적 원인

우리 몸의 주춧돌을 골반, 기둥을 척추라고 할 때 골반과 척추가 바르게 서지 못하면 그 문제는 허리에 국한되지 않고 전체의 균형에 영향을 미치게 된다.

몸이 바르게 서기 위해서는 우선 골반과 척추의 균형이 가장 중요하다. 척추가 바르더라도 골반이 앞뒤, 좌우로 기울어지면 척추 역시 바른 상태를 유지할 수 없기 때문에 골반과 척추의 균형을 위해 늘 바른 자세를 유지하도록 하자.

근육의 균형도 아주 중요한데, 바른 상태의 골반과 척추상태를 유지, 보호해주는 역할은 근육이 담당하기 때문이다. 근육은 올바른 자세를 유지하기 위해 체중의 분산을 돕고, 골반과 척추가 안전하고 바르게 움직이도록 한다. 또한 외부의 충격을 흡수하고 골격이 정렬을 유지하도록 고정시켜 주는 역할도 담당한다. 하지만 골반과 척추를 고정시켜주는 근육에 문제가 생기면 골반과 척추가 틀어지거나 통증이 생기기도 한다.

모든 허리통증은 척추에서 온다

척추는 인체의 다른 큰 뼈들과는 다르게 하나로 되어 있는 것이 아니라 33~34개의 뼈로 탑처럼 이루어져 있다. 골반은 총 6개의 뼈로 이루어져 있고, 척추는 목뼈(경추) 7개, 등뼈(흉추) 12개, 허리뼈(요추) 5개, 엉덩이뼈(천추) 5개, 꼬리뼈(미추) 4~5개로 구성되어 있다. 꼬리뼈쪽 부분은 태어날 때부터 유전적인 차이로 붙어있는 경우와 나눠져 있는 경우가 있어서 사람마다 척추의 총 개수에 차이가 난다.

척추를 이루는 이 수많은 뼈의 조합은 외부의 충격을 완충시키고 분산하기 위해 S자형 곡선으로 틀을 잡고 있으며, 경추는 목 앞쪽으로 둥글고(경추 전만), 흉추는 몸통 뒤쪽으로 둥글게 나와있으며(흉추 후만), 요추는 허리 앞쪽으로 둥글게 나온 곡선(요추 전만)을 이뤄 3중 완충장치를 갖추고 있다. 사람이 앉아 있을 때나 걸을 때 외부의 충격과 신체 하중을 뼈와 관절, 근육에 부담을 주지 않고 효과적으로 분산시키기 위해서다.

척추의 S자 곡선은 일직선일 때 보다 역학적으로 10배 이상의 견고한 탄성과 분산효과가 있어 몸의 기둥역할을 하며 몸을 움직일 때 효과적인 중심축 역할을 한다.

하지만 3개의 곡선의 각도나 좌우로 조금이라도 틀어질 경우, 외부 충격과 신체하중의 분산효과는 반감이 되어 어느 한쪽의 관절과 근육에 무리가 가고, 이는 근육을 쉽게 뭉치게 해 통증을 유발시키는 것이다.

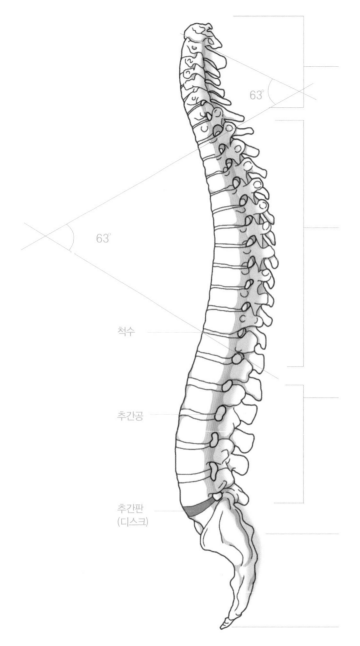

① 경추뼈 7개(경추 전만) – 가장 위에 있는 경추 1번 뼈는 반지모양을 하고 있는데, 경추 2번 뼈의 돌기에 들어가 목을 좌우로 움직일 수 있게 되어 있으며, 앞뒤로 구부렸다 펴는 동작이 가능하다. 경추뼈가 틀어져 신경을 누르면 두통이나 현기증, 시력 저하가 발생한다.

② 흉추뼈 12개(흉추 후만) – 흉추에는 각각 늑골이 붙어있어 폐를 보호하고 숨을 쉴 때 위아래, 옆으로 움직이며 흉곽호흡을 도와준다. 앞뒤로 구부렸다 펴는 동작보다 좌우로 회전하는 움직임이 더 크다. 흉추뼈가 틀어져 신경을 누르면 호흡곤란, 손과 팔의 저림증상, 가슴통증, 만성피로나 심장기능 저하가 발생한다.

③ 요추뼈 5개 (요추 전만) – 상체의 무게를 지탱하거나 허리가 앞으로 구부러지고 뒤로 펴지는 중요한 움직임을 한다. 좌우의 움직임은 크지 않고 주변의 복부근육과 허리근육 등이 요추뼈를 보호한다. 요추뼈가 틀어져 신경을 누르면 변비나 생리통, 허리통증과 좌골신경통, 다리의 순환장애나 부종이 발생한다.

④ 천추뼈 5개(천추 후만) – 다른 부위와 달리 천추뼈 사이에 추간판(Disc)이 없고 5개의 뼈가 평평하게 하나로 붙어있다. 골반과 관절로 연결되어 있으며 천장관절로 천추뼈 양 옆에 골반뼈와 연결되어 있다. 천추뼈가 틀어져 신경을 누르면 빈뇨감, 생리불순, 치질, 갱년기 장애가 발생하기 쉽다.

⑤ 미추뼈 3~5개 – 사람마다 개수가 다르며, 천추뼈와 마찬가지로 3~5개의 뼈가 하나의 뼈로 붙어있다.

옆에서 본 척추의 모습과 기능, 관련 질환

척수는 뇌신경으로 두개골과 연결되어 있다. 연수에서 척수라고 불리는 가늘고 긴 신경다발이 퍼져 있다. 척추뼈 가운데에 있는 척추관을 통로로 추간공이라는 구멍을 통해 척수신경이 각 근육과 내장으로 뻗어나간다.

만약 척추의 S자 형태가 조금이라도 틀어지거나 각 마디 사이가 좁아지면, 척수신경이 뻗어나가는 통로가 좁아지고 신경을 누르게 되어 근육의 힘이 떨어지거나, 감각이 마비되는 문제가 생긴다.

척수신경의 역할은 각 내장기관과 근육들을 통제하고 관리하는 중추신경으로, 척수신경이 잘못되면 척수신경이 담당하고 있는 기관, 근육들의 기능이 떨어져 통증이 생기고 질환이 발생한다.

한편, 목뼈(경추)가 비뚤어지거나 신경이 눌리면, 두통이나 현기증, 시력저하를 일으킬 수 있으며, 등뼈(흉추)의 경우는 호흡곤란, 손과 팔의 저림증상, 가슴통증, 만성피로나 신장기능 저하를 일으킨다. 허리뼈(요추)의 경우에는 변비나 생리통, 허리통증과 좌골신경통, 다리의 순환장애나 다리의 부종을 일으킨다.

엉덩이뼈와 꼬리뼈가 비뚤어지면 생리불순과 치질을 일으킬 수 있으므로, 척추의 균형은 단순한 근육통증 뿐만 아니라 신경계통과 내장기관의 기능저하까지 야기하는 건강의 큰 문제로 이어진다.

척추는 목뼈의 곡선, 등뼈의 곡선, 허리뼈의 곡선이 어우러져 전체적으로 63도를 유지한다. 하지만 다양한 원인으로 63도의 각도가 변하거나, 좌우의 틀어짐이 발생할 경우 통증이 발생한다. 골격이 틀어지면 뼈에 붙어있는 근육도 틀어져 본 형태를 유지하기 어렵고 기능이 떨어져 근육이 쉽게 뭉치고, 잘 늘어나지 않게 되어 신체 움직임도 떨

❗ 척추의 균형은 단순한 근육통증 뿐만 아니라 신경계통과 내장기관의 기능저하까지 야기하는 건강의 큰 문제로 이어진다.

어지기 시작한다.

척추가 짧은 뼈 마디마디로 이어져 있는 것은 척추의 움직임이 전후 좌우로 숙이고 구부리고 회전하는 여러 동작들을 할 수 있게 구조적으로 만들어진 것인데, 움직임이 줄어들어 각 뼈와 관절을 보호하는 근육과 인대들이 뻣뻣하게 굳어지고 지속적인 스트레스를 받으면 척추 관절 사이에 자리잡고 있는 디스크(추간판)에 압박이 계속된다. 그러면 디스크의 수분이 빠져나가 외부의 충격에 쉽게 손상이 되고 찢어져 바깥쪽으로 삐져나와 인대들을 누르고, 그 사이로 지나가는 신경에도 영향을 미쳐 저리는 듯한 통증과 부분저으로는 일시적 마비까지 일으키게 된다.

디스크에는 혈관이 없어 오랫동안 압박을 받거나 움직임이 없으면 산소와 수분공급을 못 받게 되고, 산소와 영양이 부족해지면 척추뼈 사이의 완충역할을 하는 디스크는 쉽게 손상이 된다. 이런 구조적인 뼈의 변형과 근육의 통증을 예방하기 위해서는 타고난 자연스런 척추의 S자형 곡선과 척추뼈 마디마디의 디스크가 압박을 받지 않도록 체중을 잘 조절하고, 장시간 오래 앉아있더라도 그 하중을 분산시킬 수 있는 탄력 있고 유연한 근육상태와 활발한 신체활동이 뒷받침 되어야 한다.

골반이 기울어지면 허리뼈에 영향을 준다

허리는 척추의 주춧돌이라고 할 수 있는데 등뼈에 비해서 허리뼈는 크고 안정적인 대신 움직임에 제한이 있다. 주된 움직임은 앞으로 숙이거나, 몸을 뒤로 젖힐 때 움직임이 활발한 대신 좌우회전에는 골반과 인대로 연결되어 있어 움직임에 제한을 받는다. 이 골반이 틀어지면 허리까지 영향을 미쳐 체중이 한쪽으로 쏠려 통증은 물론 몸 전체에 불균형이 생긴다.

골반과 허리뼈는 천장관절과 튼튼한 인대들로 연결이 되어 있고, 걸을 때나 앉을 때, 서있을 때 허리로만 집중이 되는 체중을 골반과 다리 전체로 분산시키는 역할을 한다. 하지만 골반이 앞으로 기울어지면 허리뼈의 곡선에 변화를 주게 되어 허리뼈가 앞으로 밀려나가게 된다.

이렇게 되면 체중이 앞으로 쏠리고 각각의 허리뼈 뒷부분의 간격이 좁아지게 되어 디스크를 압박해 디스크 탈출증이나 요추전만증을 유발시킬 수가 있는데, 하이힐을 자주 신거나 임신으로 인해 배가 나오거나 복부비만의 경우 이와 같은 문제가 발생할 수가 있다.

이처럼 복부와 허리근육의 불균형, 허리뼈와 골반뼈의 틀어짐으로도 허리의 통증은 쉽게 발생하게 된다. 근육의 균형뿐만 아니라 허리뼈와 골반뼈의 올바른 위치, 허리뼈의 균형 있는 각도의 곡선 또한 유지되어야 건강한 허리를 오래도록 간직할 수 있는 것이다.

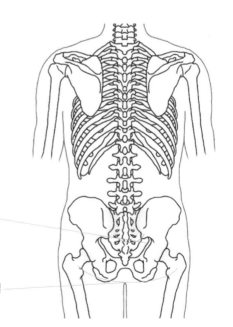

천장관절

엉덩이관절

비뚤어진 골격이 전신에 통증을 만든다!

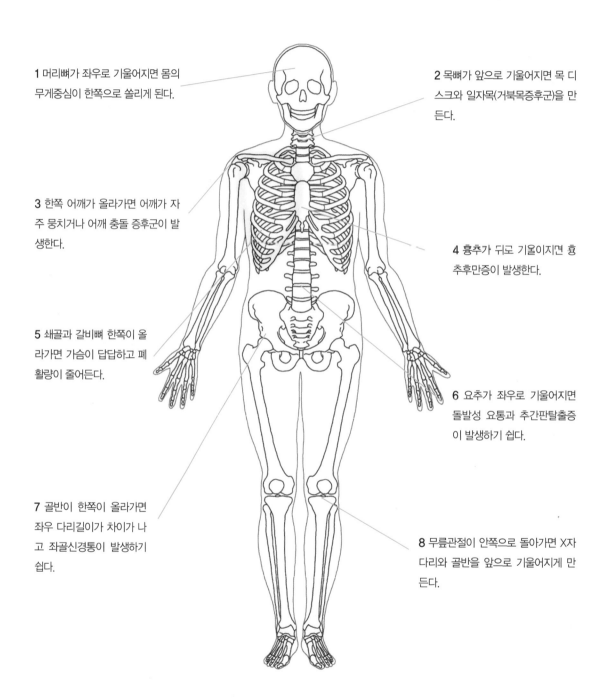

1 머리뼈가 좌우로 기울어지면 몸의 무게중심이 한쪽으로 쏠리게 된다.

2 목뼈가 앞으로 기울어지면 목 디스크와 일자목(거북목증후군)을 만든다.

3 한쪽 어깨가 올라가면 어깨가 자주 뭉치거나 어깨 충돌 증후군이 발생한다.

4 흉추가 뒤로 기울이지면 흉추후만증이 발생한다.

5 쇄골과 갈비뼈 한쪽이 올라가면 가슴이 답답하고 폐활량이 줄어든다.

6 요추가 좌우로 기울어지면 돌발성 요통과 추간판탈출증이 발생하기 쉽다.

7 골반이 한쪽이 올라가면 좌우 다리길이가 차이가 나고 좌골신경통이 발생하기 쉽다.

8 무릎관절이 안쪽으로 돌아가면 X자 다리와 골반을 앞으로 기울어지게 만든다.

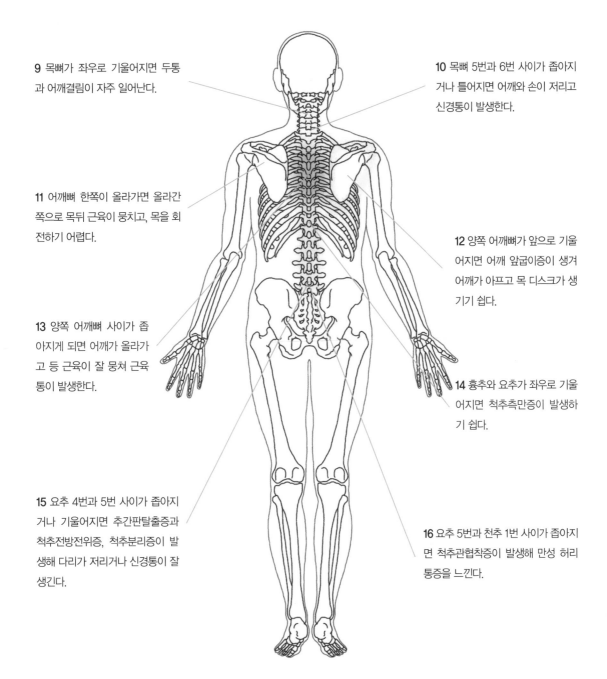

9 목뼈가 좌우로 기울어지면 두통과 어깨결림이 자주 일어난다.

10 목뼈 5번과 6번 사이가 좁아지거나 틀어지면 어깨와 손이 저리고 신경통이 발생한다.

11 어깨뼈 한쪽이 올라가면 올라간 쪽으로 목뒤 근육이 뭉치고, 목을 회전하기 어렵다.

12 양쪽 어깨뼈가 앞으로 기울어지면 어깨 앞굽이증이 생겨 어깨가 아프고 목 디스크가 생기기 쉽다.

13 양쪽 어깨뼈 사이가 좁아지게 되면 어깨가 올라가고 등 근육이 잘 뭉쳐 근육통이 발생한다.

14 흉추와 요추가 좌우로 기울어지면 척추측만증이 발생하기 쉽다.

15 요추 4번과 5번 사이가 좁아지거나 기울어지면 추간판탈출증과 척추전방전위증, 척추분리증이 발생해 다리가 저리거나 신경통이 잘 생긴다.

16 요추 5번과 천추 1번 사이가 좁아지면 척추관협착증이 발생해 만성 허리통증을 느낀다.

뭉친 근육이 전신에 통증을 만든다!

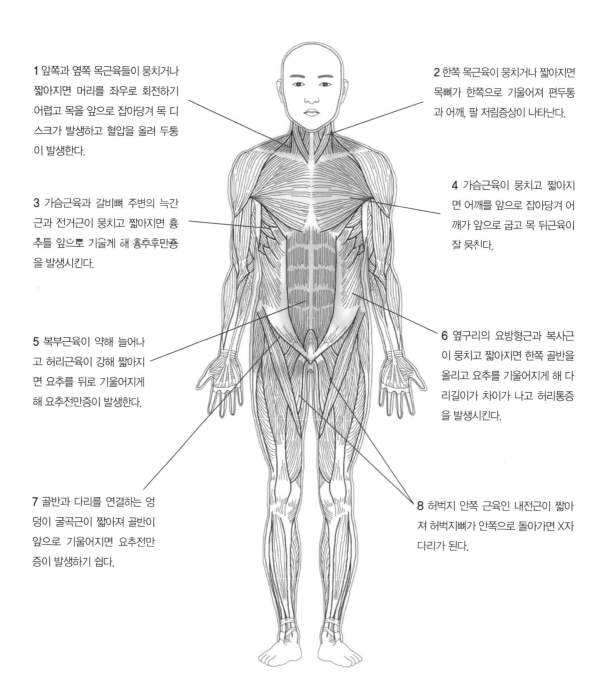

1 앞쪽과 옆쪽 목근육들이 뭉치거나 짧아지면 머리를 좌우로 회전하기 어렵고 목을 앞으로 잡아당겨 목 디스크가 발생하고 혈압을 올려 두통이 발생한다.

2 한쪽 목근육이 뭉치거나 짧아지면 목뼈가 한쪽으로 기울어져 편두통과 어깨, 팔 저림증상이 나타난다.

3 가슴근육과 갈비뼈 주변의 늑간근과 전거근이 뭉치고 짧아지면 흉추를 앞으로 기울게 해 흉추후만증을 발생시킨다.

4 가슴근육이 뭉치고 짧아지면 어깨를 앞으로 잡아당겨 어깨가 앞으로 굽고 목 뒤근육이 잘 뭉친다.

5 복부근육이 약해 늘어나고 허리근육이 강해 짧아지면 요추를 뒤로 기울어지게 해 요추전만증이 발생한다.

6 옆구리의 요방형근과 복사근이 뭉치고 짧아지면 한쪽 골반을 올리고 요추를 기울어지게 해 다리길이가 차이가 나고 허리통증을 발생시킨다.

7 골반과 다리를 연결하는 엉덩이 굴곡근이 짧아져 골반이 앞으로 기울어지면 요추전만증이 발생하기 쉽다.

8 허벅지 안쪽 근육인 내전근이 짧아져 허벅지뼈가 안쪽으로 돌아가면 X자 다리가 된다.

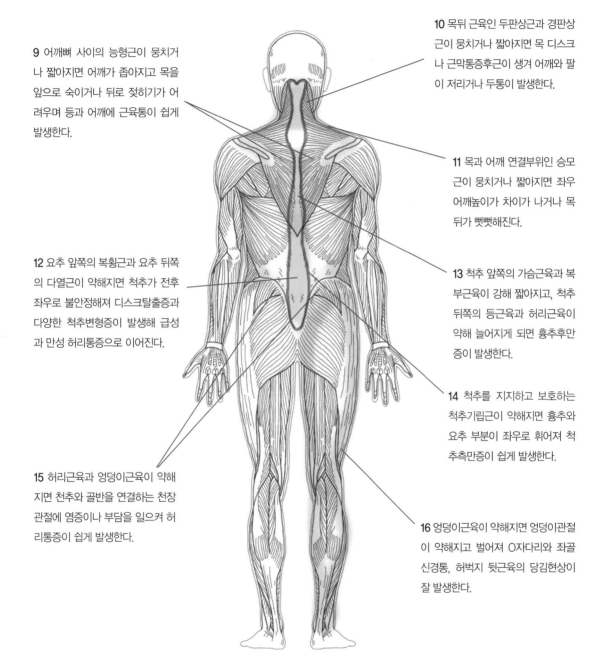

9 어깨뼈 사이의 능형근이 뭉치거나 짧아지면 어깨가 좁아지고 목을 앞으로 숙이거나 뒤로 젖히기가 어려우며 등과 어깨에 근육통이 쉽게 발생한다.

10 목뒤 근육인 두판상근과 경판상근이 뭉치거나 짧아지면 목 디스크나 근막통증후근이 생겨 어깨와 팔이 저리거나 두통이 발생한다.

11 목과 어깨 연결부위인 승모근이 뭉치거나 짧아지면 좌우 어깨높이가 차이가 나거나 목뒤가 뻣뻣해진다.

12 요추 앞쪽의 복횡근과 요추 뒤쪽의 다열근이 약해지면 척추가 전후좌우로 불안정해져 디스크탈출증과 다양한 척추변형증이 발생해 급성과 만성 허리통증으로 이어진다.

13 척추 앞쪽의 가슴근육과 복부근육이 강해 짧아지고, 척추 뒤쪽의 등근육과 허리근육이 약해 늘어지게 되면 흉추후만증이 발생한다.

14 척추를 지지하고 보호하는 척추기립근이 약해지면 흉추와 요추 부분이 좌우로 휘어져 척추측만증이 쉽게 발생한다.

15 허리근육과 엉덩이근육이 약해지면 천추와 골반을 연결하는 천장관절에 염증이나 부담을 일으켜 허리통증이 쉽게 발생한다.

16 엉덩이근육이 약해지면 엉덩관절이 약해지고 벌어져 O자다리와 좌골신경통, 허벅지 뒷근육의 당김현상이 잘 발생한다.

척추의 앞쪽 근육인 복부근육(Abdominal M)과 척추와 골반을 연결해주는 엉덩이 굴곡근(Hip Flexer M)이 짧아지거나 경직되면 골반과 척추가 앞으로 기울어지게 만들어, 척추는 몸의 중심을 잡기 위해 허리부분을 과도하게 뒤로 젖히게 되어 요추전만증을 유발시킨다.

골반 뒤쪽 근육인 척추기립근(Elector Spinae) 중 허리부분을 담당하는 다열근(Multifidus)과 엉덩이근육(Gluteus M), 허벅지 뒷근육(Hamstring M)이 짧아지거나 경직되면 골반을 뒤로 기울어지게 하여 척추까지 뒤로 기울게 만든다. 이때 허리부분의 요추는 중심을 잡기 위해 1자형이 되고, 등뼈인 흉추부분은 앞으로 기울어져 대나무 척추(일자형척추 : Flat Back)와 흉추후만증(Kyposis)이 생기는데, 이렇게 척추가 변형되어 만성적인 허리통증에 시달리게 되는 것이다.

몸통 옆구리 부분의 요방형근(Quadratus Lumborum M)은 좌우골반의 높이를 조절하는 근육으로 옆으로 구부리거나, 한쪽 골반을 위로 올려주는 기능을 담당하는데, 이 근육이 짧아지거나 경직되면 한쪽 골반을 끌어올려 좌우 다리길이를 다르게 만든다. 또 좌우 골반의 높이까지 차이가 나게 해 골반이 한쪽으로 기울어져 이로 인해 허리부분의 요추를 C자형으로 변형시키는 척추측만증(Scoliosis)이 발생되어 만성적인 척추질환으로 이어진다.

이와 같이 근육과 골반, 척추의 연관관계로도 통증을 발생시킬 수 있어 바른 자세가 중요한 것이다.

나의 골격은 올바른가?

허리통증을 발생시키는 문제는 골반과 척추에서 주로 발생하지만, 몸의 전체적인 골격의 비뚤어짐도 많은 원인을 제공한다. 척추를 중심으로 머리, 어깨, 팔, 다리, 골반으로 연결되어 있어 어느 부분 하나라도 비뚤어지면 척추를 거쳐 여러 부분의 문제를 야기한다. 척추를 기준으로 전체적인 골격의 상태를 체크해 보고 이에 따른 문제점을 파악하고 운동을 통해 해결해 보자.

다음의 진단법은 혼자서도 확인할 수 있는 것들로 커다란 거울 앞에서 되도록 속옷 차림이나 몸에 달라붙는 옷을 입고 체크해보자. 혼자서 하기 어려우면 가족이나 가까운 사람들에게 부탁해 확인해 보면 좋을 것이다. 이후에 운동이든 다이어트든 평소 건강을 위한 모든 활동에 도움이 되므로 모든 독자들이 꼭 따라해보길 권한다.

간단하게 허리의 문제를 알아볼 수 있는 이 테스트만 가지고도 초기에 허리통증을 예방하고 치료할 수 있기 때문에, 언제 어디서든 시험해 볼 수 있는 장점이 있다. 그림에서 지시하는 대로 따라해 보고 그 결과에 따라 자신이 어떤 질환에 노출되어 있는지 참고할만한 정보를 주는 것으로 정확한 진단은 전문의와 상의하는 것이 좋으며, 일단 자가 진단법이라는 데 의의를 두었으면 좋겠다.

비뚤어진 골격상태를 확인하자!

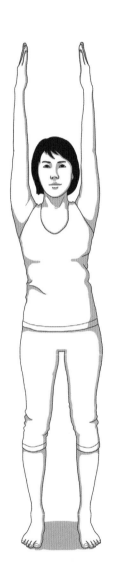 

1. 목과 어깨의 비틀어짐 체크하기

How to
편안하게 서서 양팔을 어깨높이까지 올린다.
거울 앞에 서서 양팔의 높이가 똑같은지 확인한다.

Check
오른팔이 왼쪽 팔보다 높다. (또는 반대의 경우)

① 흉추가 오른쪽으로 C자형으로 기울어져(휘어져) 있다.
→ 척추측만증과 요통 발생
② 오른쪽 승모근과 삼각근이 뭉쳐 있다.
**→ 두통과 어깨통증(오십견, 견관절 충돌증후군, 어깨 건
초염 등)**
③ 무게중심이 왼쪽으로 쏠려 있고, 왼쪽 골반이 오른쪽
골반보다 높아져 있다.
**→ 왼쪽 허리 근육통증, 오른쪽 허리 신경통증 유발 위험,
왼쪽 옆구리가 결림**
④ 왼쪽 고관절에 체중이 쏠려 왼쪽 골반통과 좌골신경통
의 위험이 높다.
⑤ 흉추가 왼쪽으로 돌아가(회전) 있다.
→ 숨을 쉴 때 답답하다(호흡근의 활동을 제약한다).

2. 등과 허리의 비틀어짐 체크하기

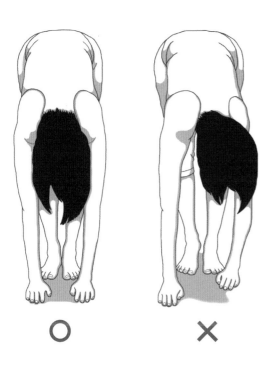

O   ×

How to

편안하게 서서 양발을 붙이고 숨을 내쉬며 무릎을 편 상태에서 상체를 앞으로 숙인다. 등의 좌우높이가 똑같은지 확인한다.

Check

상체를 숙였을 때 오른쪽 등의 높이가 더 높다.
(또는 반대의 경우)

① 척추가 오른쪽으로 C자형으로 기울어져(휘어져)있다.
→ 척추측만증과 요통발생
② 오른쪽 갈비뼈가 전면과 후면으로 튀어나와 있다.
→ 숨을 쉴 때 답답하다.
③ 왼쪽으로 몸통을 구부리기는 쉽다. 오른쪽으로 몸통을 구부리기는 어렵다. **→ 몸통이 왼쪽으로 기울어져 있다.**
④ 가끔씩 오른쪽 허리에 칼로 에이는 듯한 통증(급성 허리통증)을 느낄 때가 있고, 왼쪽 허리는 항상 묵직한 근육통증(만성 허리통증)이 있다.
⑤ 무게중심이 왼쪽으로 쏠려 있고, 오른쪽 고관절과 무릎에 통증을 느낄 때가 있다.
⑥ 오른쪽 목과 어깨가 자주 결리고 근육뭉침이 심하다.

Check

등 부분은 오른쪽이, 허리부분은 왼쪽이 더 높다. (또는 반대의 경우)

① 흉추는 오른쪽으로, 요추는 왼쪽으로 C자형으로 기울어져(휘어져) 있다.
전체적으로 S자형으로 척추가 휘어져 있다. **→ 척추측만증, 요통발생**
② 오른쪽 어깨뼈(견갑골)가 바깥쪽으로 돌출되어 있으며, 몸통이 왼쪽으로 약간 회전되어 있다.
→ 숨을 쉴 때 답답하고, 몸통을 좌우로 최대한 구부리기가 어렵다.
③ 오른쪽 가슴의 유두가 왼쪽보다 높으며, 배꼽이 왼쪽으로 쏠려 있다.
→ 몸통이 오른쪽으로 기울어져 있다.
③ 오른쪽으로 몸통을 구부리기는 쉽다. 왼쪽으로 몸통을 구부리기는 어렵다.
→ 등은 근육통증을, 허리는 신경통증을 느낄 때가 있다.
④ 상체를 앞으로 구부리거나, 뒤로 펴기가 불편하다. **→ 허리와 등의 유연성 감소**
⑤ 오랜 시간 동안 서있거나, 앉아 있기가 힘이 든다. **→ 근력과 근지구력 감소**

3. 허리와 골반의 비틀어짐 체크하기

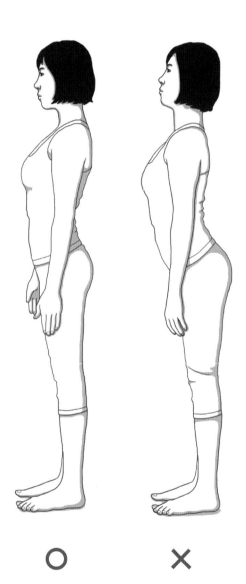

○   ✕

How to
옆으로 편안하게 힘을 빼고 선 다음, 귀와 어깨 옆선, 고관절(골반 옆면의 정중앙), 종아리, 발목뼈(복숭아뼈)가 수직으로 일직선상에 있는지 확인한다.

Check
옆모습의 귀의 위치와 등과 골반(골반 옆면의 정중앙)이 일직선상에 있지 않다. 귀와 어깨의 위치가 골반보다 앞에 있으며 골반이 앞으로 기울어져 있다(요추전만증).

① 허리근육이 짧아지고, 경직되어 있어 자주 근육통증을 느끼며, 심할 때는 신경통증을 느낄 때가 있다.
→ 허리근육의 경직으로 인해 척추에 가해지는 압력이 증가
② 엉덩이가 튀어나와 있으며, 무릎은 과도하게 펴져 있어 다리가 뒤로 휘어 보이며, 배가 앞으로 볼록하게 나와 있다. **→ 허리가 뒤로 젖혀진 각도가 크며 서있을 때 배를 내밀며 서있다.**
③ 편안하게 누워 한쪽다리를 가슴으로 당길 때 골반 앞쪽 부분에 통증(서혜부 통증)을 느끼거나 반대쪽 다리가 위로 들린다.
→ 골반 앞쪽 근육(다리를 골반 쪽으로 들어올릴 때, 골반을 앞으로 기울일 때 사용되는 근육인 장요근)이 짧아져 있다.
④ 몸의 무게중심이 앞쪽으로 쏠려 허벅지 앞쪽 근육이 긴장되어 있으며 상체를 앞으로 숙일 때 허리가 완전히 펴지지 않는다.
→ 허리근육이 긴장되고 짧아져 있으며, 앉았다 일어날 때와 계단을 올라갈 때 엉덩이근육보다 허벅지근육을 많이 사용한다.

×

Check

귀의 위치보다 골반이 뒤로 기울어져 있다(흉추 후만증).

① 머리가 앞으로 기울어져 있으며 윗등이 뒤로 많이 튀어 나와 있다.

→ 목과 어깨 근육통증(만성 통증) 발생.

② 골반이 뒤로 기울어져 요추의 정상적인 만곡이 사라지고, 이를 보완하기 위해 등의 상부 즉, 흉추가 뒤로 밀려나가 등이 앞으로 굽어 보인다. 이로 인해 척추의 가해지는 무게가 잘 분산되지 않아 흉추와 요추가 만나는 지점인 갈비뼈 12번 지점 쪽의 근육통을 호소한다.

③ 흉추가 앞으로 굽어져 복직근이 짧아져 있고, 골반이 뒤로 기울어지게 만드는 엉덩이근육(대둔근)과 허벅지 뒷근육(슬곡근)이 긴장되어 있다. 상체를 앞으로 숙일 때 허벅지 뒷부분에 근육통을 느끼게 된다.

④ 오래 앉아 있을 때 등이 굽어져 있고 골반이 뒤로 기울어져 있어 골반의 압박이 심해진다. 척추에서 골반을 통해 다리로 내려가는 신경(좌골신경)이 눌리게 되어 엉덩이에서 다리까지 저리는 듯한 신경통을 느끼게 된다.

⑤ 머리와 어깨가 앞으로 굽어있으며, 등 중앙부분이 굽어있다. **→ 머리 : 거북목증후군, 어깨 : 라운드숄더(원형어깨), 등 : 후만증**

꾸준한 스트레칭이 허리통증을 잡는다

허리통증을 느끼는 사람들의 문제점을 찾아내기 위해 가장 손쉬운 테스트 방법은 두 다리를 편 채 상체를 숙여보라고 하는 것이다. 이 테스트를 실시하는 이유는 간단하다. 허리를 숙였을 때 허벅지 뒷근육의 문제인지, 허리근육의 문제인지를 알아내기 위해서다.

우리 몸은 상체를 숙일 때 척추의 여러 허리관절이 각각 앞으로 구부러지며 허리 부분의 척추근육을 늘리고, 골반이 앞으로 기울어지면서 허벅지 뒷근육이 자연스럽게 늘어난다. 이렇게 되어야만 상체의 몸무게를 허리와 골반과 다리로 분산시켜 허리에 부담을 주지 않기 때문이다.

허리만 굽혀진다면 허리관절에만 기울어진 만큼의 부담이 모두 가해지겠지만, 골반도 앞으로 기울어지면서 무게부담을 1/2로 줄여준다. 이로 인해 허리를 45~70도를 구부리게 되도 허리에 가해지는 부담은 1/2로 줄어들게 되어 허리를 보호할 수 있는 것이다. 그렇게 하기 위해선 척추의 기울기와 골반의 기울기가 정상적이어야 하고, 허리근육과 허벅지 뒷근육의 유연성이 필요하다.

1. 허벅지 뒷근육이 경직되어 늘어나지 않을 때 : 허리는 굽혀지나 허벅지 뒷근육이 경직되어 늘어나지 않아 골반이 앞으로 기울어지지 않으면 상체의 무게부담이 모두 허리에 몰리게 되어 허리통증을 발생한다. 이 때 허리주변의 근육과 인대, 힘줄에서 염증이 생겨 돌발성 요통과 요추 염좌로 이어지게 되며, 정상적인 사람에 비해 상체를 앞으로 숙이기도 어려워지는 것이다. 이렇게 되면 허벅지 뒷근육은 더 경직이 되고, 나중에는 다리가 저리거나 더 심각하게 허리에 부담이 가해진다.

이를 해결하기 위해선 적어도 매일 아침, 저녁 하루 2번씩 허벅지 뒷
근육 스트레칭을 실시해야 한다. 허벅지 뒷근육은 3개의 근육으로 이
루어져 있는 큰 근육(반건양근, 반막양근, 대퇴이두근)이므로 한 번에 적
어도 30초 이상 늘려줘야 효과를 얻을 수 있다.

2. 허리근육이 경직되어 늘어나지 않을 때 : 상체를 굽힐 때 허리근육
이 경직되어 척추가 앞으로 기울어지지 않고 골반이 과하게 기울어지면
상체의 무게부담이 엉덩이와 허벅지 뒷근육에 몰리게 되어 통증이 나타
난다. 이 통증이 지속될 경우 허벅지 뒷근육과 종아리근육이 저리거나
쥐가 자주 나 걷거나 앉아 있을 때, 심지어는 자고 있을 때도 발바닥이나
종아리에 쥐가 나게 된다.

또 허벅지 뒷근육이 과도하게 늘어나면 이 부담은 다시 골반의 엉덩
이 부분에 힘이 몰리게 되어 나중엔 다시 허리에까지 통증을 발생시키
게 된다. 이를 해결하기 위해선 적어도 매일 아침과 점심, 저녁 하루 3번

허리근육 스트레칭

의자에 앉아 양쪽 다리를 어깨너비보다 넓게 벌리고 숨을 들이쉬었다가 내쉬며 상체를 최대한 앞으로 숙인다. 골반은 고정시키고 허리만 앞으로 숙여준다는 느낌으로 실시한다. 30초씩 5회 반복, 하루 3번 실시.

씩 허리근육을 스트레칭을 해줘야 하며 상체를 숙이는 동작을 30초 이상 늘려줘야 효과를 얻을 수 있다.

3. 약한 엉덩이가 허리를 망가뜨린다 : 걸을 때 한발은 땅에 닿고 한발을 들어 앞으로 뻗을 찰라 우리 몸은 한발로 서있는 자세가 된다. 이때 한발에 온몸의 체중이 실리게 되고 골반은 양발로 바닥과 평행을 이루다가 한발로 평행을 이루게 된다. 그 잠깐 동안 골반이 반대편으로 기울어지거나 흔들릴 경우 상체의 몸무게가 한발로 지지하고 있는 쪽 허리로 몰리게 되어 통증이 유발된다.

이때 골반을 평행하게 유지시켜 주는 역할을 하는 근육은 엉덩이근육들 중 중둔근(Gluteus Medius)과 소둔근(Gluteus Minimus)인데, 이근육들이 약해지거나 경직되면, 걸을 때 골반이 바닥과 평행하게 똑바로 유지되지 않는다. 걸으면서 한발을 앞으로 뻗을 때마다 허리가 아프거나 오르막길과 내리막길을 걸을 때 허리에 통증을 느꼈다면 골반이 한쪽으로 기울어졌거나 흔들려 허리에 부담을 주고 있는 것이다.

또 계단을 오르거나 내려갈 때도 마찬가지로 한발로 몸을 지탱해야
하는데, 이때도 엉덩이근육이 약하면 골반이 흔들리거나 한쪽으로 기
울어져 허리에 부담이 간다. 이 문제점을 해결하기 위해선 걸을 때 골
반이 안정감 있게 바르게 설 수 있도록 엉덩이근육을 단련시켜야 한
다. 하루 종일 앉아서 6시간 이상 일한다면 다음의 스트레칭을 하루에
꼭 3번 이상 실시해보자.

Tip

계단을 오르내릴 때 골반이 한쪽으로 기울어지는 것을 막는 스트레칭

Level 1

양손을 벌리고 서서 한쪽다리를
90도로 굽혀 앞으로 들어올린 후
1분간 유지한다. 좌우 각각 1분씩
5회 반복, 하루 3번 실시.

Level 2

양손을 벌리고 서서 한쪽다리를 옆으로 들어주어 몸의 중심을 잡
기 위해 최대한 들어올렸다가 바닥에 닿지 않게 내리고 다시 올린
다. 좌우 각각 20회씩 5회 반복, 하루 3번 실시.

생리통으로 인한 허리통증 대처법

여성은 일생 동안 평균 450회의 생리를 하게 되는데 생리통이 심한 여성의 경우는 일생동안 450회의 심각한 생리통을 느껴야 한다. 여성의 자궁은 수정이 안 되면 임신을 위해 준비 중이었던 자궁내막을 원상태로 되돌리려 분비물을 배출하는데, 이때 자궁내막 세포에서 생성되는 프로스타글란딘이란 물질이 자궁근육을 수축시켜 통증이 느껴지는 것이 생리통이다. 프로스타글란딘이 자궁근육을 수축시킬 때 골반의 여러 근육들도 동시에 수축이 되면서 허리관절까지 영향을 줘 허리통증이 생긴다. 생리통으로 인한 허리통증은 심할 때가 많아 상황과 원인에 따른 대처법이 꼭 필요하다.

1. 골반과 허리주변의 근육이 약하거나 뻣뻣한 경우

평상시 골반과 허리 주변의 근육이 약하면 생리시에 자궁근육의 수축력이 약해 생리혈과 불순물을 체외로 완전히 배출시키지 못하고 자궁내막에 남아 염증을 유발시켜 허리통증을 심하게 만든다. 또 허리 주변이 뻣뻣한 경우에도 자궁근육이 완전히 수축하지 못해 같은 통증을 발생시킨다.

이런 사람들은 생리 시작하기 1주일 전부터 몇 가지 스트레칭을 해주면 허리통증을 막을 수 있다. 하늘 보고 누워 엉덩이 들기나, 윗몸 일으키기, 엎드려 상체와 다리 들기와 같은 골반과 허리근육을 단련시키는 스트레칭을 해주면, 근육의 수축력을 높여 생리기간에 생리혈과 분비물이 잘 배출돼 자궁을 깨끗하게 만들어준다.

생리기간 중에는 근력운동보다는 골반과 허리 스트레칭을 실시하여 자궁근육이 원활히 수축되도록 해야 한다. 골반근육이 수축해 허리에 영향을 줄 때 허리 스트레칭을 해주면 허리통증을 예방할 수 있기 때문이다.

생리기간 동안 매일 아침에 일어나자마자 1번, 자기 전에 1번씩 실시해보자.

2. 체중이 너무 적게 나가거나 많이 나가는 경우

체중이 너무 적게 나가는 사람은 몸을 움직일 때 소비되는 기초대사량과 신진대사 기능이 낮아 체온이 쉽게 떨어지고 혈액순환이 잘 되지 않아 골반과 자궁의 체온도 떨어져 생리통이 심해지고 이로 인해 허리통증이 발생한다.

반대로 체중이 많이 나가는 사람은 체중으로 인해 골반과 허리의 부담이 많아져 골반과 허리의 근육이 긴장하고 수축돼 생리통으로 인한 허리통증이 심해진다.

체중이 적게 나가는 사람은 평소 근력운동과 고단백질 식사를 통해 근육량과 체중을 늘리고 기초대사량과 신진대사 기능을 높여 체온이 잘 유지되고 혈액순환이 원활하도록 해야 한다. 상체, 몸통, 하체의 근력운동을 1주일에 적어도 3회 이상 실시하고, 작은 근육보다 가슴, 등, 복부, 허리, 다리 등 큰 근육 위주의 근력운동을 실시해야 한다. 생리 전 1주일부터 생리시작 전날까지는 근력운동 위주로 실시하고, 생리기간 중에는 스트레칭과 유산소운동 위주로 해준다.

체중이 많이 나가는 사람은 체중과 체지방을 줄여야 하는데, 허리와 골반의 부담을 줄이기 위해 1주일에 5일은 운동을 해준다. 먼저 근력운동을 실시해 신진대사 기능을 높이고 그후에 유산소운동을 실시해 체지방을 줄여야 한다. 생리 시작 전 1주일은 근력운동과 유산소운동 순서로 실시하고, 생리기간 중에는 유산소운동과 스트레칭 위주로 해준다.

3. 손과 발이 찬 경우

혈액순환이 잘되지 않아 손과 발이 찬 여성은 골반과 자궁 안의 체온도 낮아 골반과 자궁근육의 수축이 잘 되지 않기 때문에 생리통이 더 심해진다. 자궁 내의 온도가 낮아지면 호르몬의 분비도 잘 되지 않아 생리주기가 불규칙해진다. 또한 생리혈이 자궁에서 깨끗하게 배출되지 않으면 심한 생리통과 함께 허리통증도 악화되는데, 이렇게 혈액순환이 잘 되지 않으면 자궁 내의 난소에도 영양공급이 되지 않아 자궁의 건강 또한 위험하다.

혈액순환을 좋게 하기 위해서는 유산소운동과 스트레칭을 해야 한다. 손과 발이 찬 경우, 전신에 골고루 혈액이 잘 돌아야 하는데 걷기와 달리기는 손과 발, 골반과 자궁의 혈관을 확장시켜 전신의 혈액순환이 잘 되도록 도와준다. 스트레칭은 골반과 허리 근육과 관절을 부드럽게 하여 생리기간 중 생리혈과 분비물이 잘 배출되도록 도와주고 혈액순환을 좋게 하여 자궁 안 난소에 영양공급도 좋게 하고 호르몬 분비가 잘 되도록 하여 생리통을 줄여주고 허리통증을 막는다.

4. 주로 앉아서 일하거나 서서 일하는 경우

하루에 6시간 이상 앉아서만 일을 하면 체중의 부담이 허리와 골반으로 이어져 골반내압이 상승해 자궁이 수축되고 혈액순환이 잘 되지 않아 자궁의 근육이 쉽게 경직되고 생리기간 중 생리혈을 체외로 쉽게 배출하기 어려워져 생리통이 심해진다.

반대로 오래 서서 일하는 사람들은 골반이 앞으로 기울어져 허리에 부담을 주고 자궁이 좁아져 생리통이 심해진다.

이들을 위한 대책으로는 주로 앉아서 일하는 사람들은 생리시작 1주일 전에는 1시간에 적어도 5분은 일어나 허리를 돌려주거나 상체를 숙였다 펴주는 스트레칭을 실시하여 골반과 허리의 부담을 줄이는 것이 좋다.

그리고 엘리베이터보다는 계단을 이용해 골반과 다리의 혈액순환을 좋게 하고 골반의 근육들이 잘 움직이도록 해줘야 생리통으로 인한 허리통증을 예방할 수 있다.

생리기간 중에는 앉아서 다리를 꼬거나 한쪽으로 기울이지 않도록 하고 앉아있는 동안 골반이 차가와지지 않도록 담요를 덮거나 아랫배를 두손으로 문질러주는 마시지를 해준다.

오래 서서 일하는 사람들 역시, 생리시작 1주일 전에는 1시간에 5분은 앉아서 상체를 뒤로 젖히거나 앞으로 숙여주어 골반이 앞으로만 기울어지는 것을 막는다.

생리기간 중에는 골반과 자궁이 차가워지지 않도록 무릎 아래까지 내려오는 긴 치마나 바지를 입고, 가만히 서있기 보다는 되도록 자주 걷거나 움직여 혈액순환이 잘 되도록 노력해야 한다.

5. 생리주기가 불규칙적인 경우

생리는 여성이 임신이 가능하다는 증거이며, 자궁이

건강하다는 뜻으로 여성건강의 바로미터가 된다. 하지만 무리한 다이어트나 편식 등으로 단백질과 무기질, 비타민과 같은 영양소가 부족해지면 가장 먼저 문제가 발생되는 곳이 바로 자궁이다.

생리를 규칙적으로 하지 못하면 호르몬 분비와 균형에 문제가 생겨 나중에는 불임과 각종 부인과 질환에 시달릴 수 있다.

자궁내막이란 수정란이 착상하면 태아에 영양을 공급하는 곳인데, 자궁내막은 매달 생성됐다가 임신이 안 되면 월경을 통해 밖으로 배출되어야 한다. 하지만 생리를 하지 않아 이 내막이 난소나 골반 벽에 붙어 자라면, 자궁내막증이 생겨 나팔관이 유착되어 불임이 되거나 생리혈과 분비물이 몸밖으로 배출이 되지 않아 생리통이 심해지고 이는 다시 허리통증으로 이어지게 된다.

불규칙적인 생리주기를 규칙적으로 바꾸기 위해서는 우선 영양섭취를 좋게 해, 자궁이 따뜻하고 혈액순환을 좋게 하고 자궁을 건강한 상태로 만들어줘야 한다.

이로 인해 호르몬의 균형이 맞춰지면 생리가 자연스럽게 28일 주기로 맞춰져 생리통도 완화되고 허리통증도 줄어든다.

생리통은 생리시작 전과 생리시작 3~5일경이 가장 심한데 이 기간에는 수면시간과 식사간격을 규칙적으로 맞추는 것이 좋다.

운동은 허리와 골반의 근육을 강화시켜 혈액순환을 좋게 하고 자궁 내의 온도를 따뜻하게 만들어줘 자궁의 근육이 부드럽게 이완되도록 도와주는 것이 좋은데, 1주일에 적어도 3일은 40분 이상 근력운동과 스트레칭을 실시하는 것이 좋다.

운동과 영양요법으로 부족하면 전문의와 상의하여 호르몬 제제를 처방받아 규칙적인 생리를 하는 것이 생리통을 완화시키고 허리통증을 예방하는데 도움이 된다.

Part 4

허리통증에 도움을 주는 보조적인 방법들

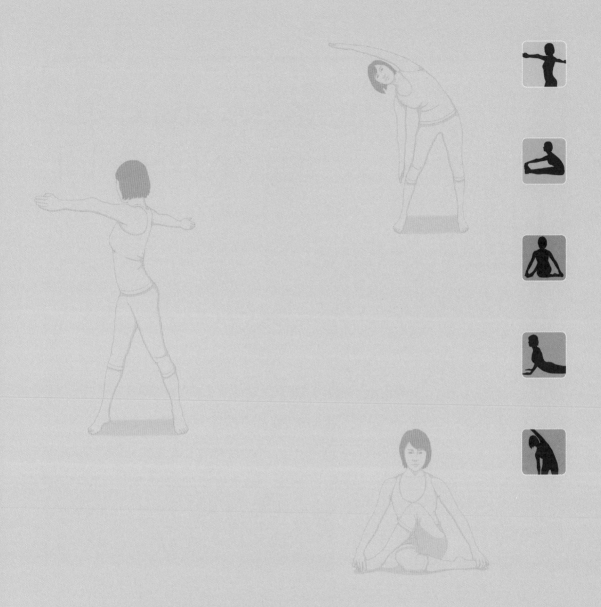

꾸준히 운동치료를 진행하더라도 정확한 자세와 횟수, 강도를 지키지 않으면 조금씩 몸에 불협

화음이 생길 수 있다. 이럴 땐 운동 후 피로와 근육통을 해소시키는 지압과 마사지, 그밖에 다

양한 보조적인 방법을 이용해보자. 지압과 마사지를 비롯한 보조적인 방법들은 '치료'가 아니

라 '보완'과 '완화'를 위한 것이므로, 이것들에만 의지하지 말고 성실하게 운동치료 프로그램

을 진행해야 건강한 몸으로 변화될 수 있다.

01

허리통증을 완화시키는 지압과 마사지

운동요법을 통해 허리통증을 없앨 때 보조적인 도움을 받을만한 것들로 크게는 지압과 마사지를 들 수 있다. 흔히 많은 사람들이 정형외과나 한의원 등의 물리치료실에서 각종 기기를 통해 고주파 치료나 전기자극을 이용한 통증완화 치료를 많이 시술받아 봤을 것이다. 병원에서 실시하는 것이기 때문에, 몸에 해로운 것은 없으나 통증의 근본적인 원인치료를 하지 않고 물리치료만 계속 받는 것은 결코 바람직하지 않다.

특히 우리나라 사람들은 마사지나 지압을 받을 때, 더 많이 더 세게 받는 것을 좋아하는데, 이것이 오래 지속될 경우, 피부표면에 손상이 올 수도 있고, 적응효과(Adaptation)가 일어나 근육이 높은 자극에 적응해 버려, 감각 신경계통이 무디어질 우려도 있다.

그렇기 때문에 마사지나 지압은 통증의 치료법이 아니라 통증을 완

화시켜주는 보조적인 방법들로 선택하고 지압과 마사지법의 주의사
항을 잘 습득한 다음 실시할 것을 권한다.

필자가 운동치료 중 지압이나 마사지 요법을 실시할 때는 다음과 같
은 경우에만 한정된다. 보통 운동을 개인지도 할 때, 운동 직전 스트레
칭을 하기 마련이지만 부분적인 근육통증이나 압통감을 호소하는 사
람들의 경우, 스트레칭만으로는 한계가 있다.

스트레칭은 보통 큰 동작을 통해 큰 근육 위주로 이완되기 때문에
운동 전 몸의 큰 근육을 풀어주는 데는 효과적이지만, 부분적이고 세
밀한 부위나 깊은 부위의 근육은 풀기 힘들 때가 있다. 이런 경우, 곧바
로 운동을 시작하기 보다는 지압과 마사지를 통해 뭉친 근육을 풀어주
고 근육의 경직도를 완화시킨 후 운동치료를 시작하면 더 나은 효과를
얻을 수 있다.

⊕ 허리통증의 운동치료를 할
때는 되도록 지압이나 마사지는
운동 전후에 하는 것을 권한다.

지압은 통증이 유발되기 쉬운 지점에 한다

이 때 실시하는 지압은 큰 근육 부위들 대신, 통증이 유발되기 쉬운 지
점인 목뒤, 어깨 위쪽(승모근 위쪽), 어깨뼈 주변(견갑골), 등골 사이(척
추), 허리 부분과 골반이 만나는 곳의 압통점(Trigger Point)에 실시하
며, 손가락과 손바닥, 팔꿈치, 주먹을 이용한다.

마사지는 운동치료 전보다는 주로 운동치료 후에 생기는 근육통을
예방하기 위해 실시한다. 운동을 하고 나면 근육 내 신진대사가 활발
히 일어나 운동 중 에너지 대사물인 찌꺼기나 피로물질인 젖산(Lactic
Acid)이 증가해 부종과 피로감, 근육통이 일어나기 쉬운데 이때 마사

지를 부드럽게 해주면 근육의 피로회복이 빨라지고, 부종이 쉽게 감소되어 고질적인 근육통에 시달리지 않게 된다.

한편, 지압과 마사지는 허리에 통증이 생겼을 때, 일시적인 처치방법으로도 사용될 수 있는데, 지압은 만성 허리통증 환자들의 통증완화에 효과가 좋고, 마사지는 급성 허리통증 환자들에게 권한다. 급성 허리통증을 호소하는 사람에게 자극적인 지압을 시술했다가는 통증이 더 심해질 우려가 있기 때문에 주의하자.

지압을 주로 만성적인 허리통증에 시달리는 사람들에게 권하는 이유는 각종 물리치료를 오랫동안 받아 일반적인 치료에 적응이 되어 있는 근육과 신경에 새로운 자극을 줌으로써 혈액순환을 증가시키고, 근육의 경직도를 낮춰 줄 수 있어 더 이상 일반적인 전기자극 치료에 효과를 얻지 못할 때, 지압이 마지막 방법으로 선택되기도 한다.

마사지 또한 급성 허리통증 환자뿐 아니라 만성 통증환자에게도 시술해 근육 내 피로물질과 통증을 발생시키는 노폐물과 찌꺼기를 체외로 쉽게 배출할 수 있도록 도와주고, 혈액순환을 좋게 해 근육의 회복능력을 높여 다른 치료와 같이 사용해 효과적인 보조치료법으로 활용된다.

지압과 마사지의 차이점

자, 그럼 지압과 마사지의 차이점을 알아보자. 지압은 통증이 있는 부분과 뭉친 근육부위를 지그시 눌러서 이완시키는 것이고, 마사지는 뭉친 부위를 전체적으로 부드럽게 풀어주는 원리다. 급성 통증을 호소하는 사람에게는 마사지를 선택하면 좋지만, 너무 세게, 장시간 하지 않도록 하고, 시술할 때 몸이 흔들리지 않도록 주의해야 한다. 그리고 지압처럼 해당 통증부위를 직접적으로 해주는 것이 아니라, 통증부위 주변에서 시작해 점차 통증부위 방향으로 부드럽게 풀어주는 것이 좋다.

반대로 지압은 통증 유발지점에 직접적으로 해주게 되는데, 다시 한 번 강조하지만 급성 통증시에는 절대 해서는 안 된다!

특히 허리 디스크나 척추분리증 및 척추전방전위증 같이 신경손상이나 손상부위가 불안정해졌을 때 하면, 더 심각한 손상을 줄 수 있으므로 전문가나 의사의 처방 후 실시하도록 한다.

셀프 지압이나 셀프 마사지가 아니라, 다른 사람이 지압이나 마사지를 해줄 때는 시술을 받을 때 느끼는 통증에 대한 정도를 수치화 해서 시술자에게 알려주는 것이 좋다. 이것을 '비주얼 스케일(Visual Scale)'이라고 부르는데, 누르는 강도나 마사지 하는 정도에 따라서 1부터 10까지의 통증으로 분류해 통증의 정도를 객관적 수치로 시술자에게 알려주는 것이다.

가령, 시술자가 지압점을 처음에 눌렀을 때의 강도가 가장 아프다고 느꼈다면 10, 아주 살짝 아팠다면 1 정도의 기준으로 대답을 해준다. 그냥 "조금 아파요, 많이 아파요"라고 반응하는 것보다 시술자가 강도를 조절하는데 더 도움이 되기 때문에, 아픈 정도를 7이라고 하면 조금 더 약화시켜 5 정도라고 느끼는 수준의 강도로 조절할 수 있다.

지압과 마사지를 받고 싶다면 마사지는 주로 근육이나 손상부위가 경직되어 있는 아침에 받는 것이 더 좋고, 지압은 손상부위에 피로감이 누적된 저녁 때 받는 것이 더 효과적이다. 다만, 지압과 마사지 모두

⊕ 급성 허리통증 환자들에게는 마사지가, 만성 허리통증 환자에게는 지압이 좋다.

> ### 지압시의 강도 조절법 – 비주얼 스케일(Visual Scale)
> 1. 지압을 해주는 시술자가 처음 지압을 가했을 때의 느낌이나 통증의 정도를 숫자를 통해 객관적 수치로 말해준다.
> 2. 가장 아픈 것이 10, 가장 적게 아픈 것을 1로 두었을 때, 자신이 느끼는 정도를 수치로 말해주면서 지압을 받으면 좀더 안전하게 지압을 마칠 수 있다.

환자의 안정을 위한 것이기 때문에 운동 중에는 되도록 하지 않는 것이 좋다.

운동치료 동작들을 따라하는 기간에는 주로 운동하기 전과 후에 실시해주면 좋다. 운동치료 후 몸이 힘들거나 통증 부위에 피로감이 누적되어 있거나 근육이 뭉쳤다는 느낌이 들었을 때 해주면 통증완화 효과가 좋으며, 통증의 정도가 높을 경우 운동 후 가벼운 마사지로 끝내도 된다.

만성 허리통증에
좋은 지압법

02

지압법은 동양의학에서는 '경락, 경혈 지압법'과 서양의학에서는 근육과 근막의 압통점을 완화하고 이완시키는 '근육근막이완법(Myofascial Release Technique)' 2가지 방법이 있다.

먼저, 동양의학 개념으로 보면 사람의 몸에 크게 12개의 경락이라는 기의 흐름이 있다. 그 흐름의 도처에 '경혈(급소)'이 있는데, 경혈은 몸의 여러 기관과 네트워크처럼 연결되어 있다. 즉, 경락이 선(Line)이라면 경혈은 점(Point)라고 보면 이해하기 쉬울 것이다. 이 급소에 침이나 뜸, 지압 등의 기계적인 자극을 주면 경락으로 연결되어 질환과 관련된 아픈 부위를 낫게 하고 통증이 멈추게 된다.

서양의학의 개념에서는 주로 근육과 근막의 뭉침과 통증을 유발시키는 압통점을 풀어주고 부드럽게 늘려주는 데만 이 지압을 사용하는데, 줄기로 이뤄진 '근육'과 이 근육다발을 감싸고 있는 '근막' 두 가지는 시술시 차이점이 있다. 근육은 아픈 지점을 눌러서 풀어주고 근막은 손바닥을 이용해 해당 부위를 양옆으로 늘려준다.

운동치료 전문가인 필자는 운동치료시 급성 통증 환자에게는 절대 지압법을 사용하지 않는다. 허리통증의 경우, 만성환자에게 가르쳐주거나 직접 시술하는데, 먼저 서양의학적인 입장에서 아픔을 호소하는 부위 근육의 압통점을 풀어주고, 이를 보완하는 측면에서 동양의학적인 경혈지압을 실시하고 있다.

가정에서나 일상생활에서 이를 쉽게 응용하려면 압통점을 풀어주는 지압법과 마사지법을 먼저 익혀서, 운동 전후에 사용하면 좋을 것이다. 그리고 통증이 오래되어 그것만으로도 쉽게 풀리지 않는다면 운동 전후만이 아니라, 아침과 밤에 샤워나 목욕 후 근육이 이완되었을 때 실시해도 좋은 효과를 얻을 수 있다.

지압은 손끝으로 자극을 주는 것

이와 같이 지압은 경혈을 자극하든 압통점을 시술하든 자극은 피부 위에서 이뤄진다. 가장 자연스럽게 몸에 자극을 전할 수 있는 것은 손끝과 손바닥으로, 누를 때 압력을 가하기 쉽고 강약도 조절할 수 있기 때문이다. 게다가 때와 장소를 가리지 않고 통증이 있을 때마다 할 수 있어 편리하다.

하지만 혼자서는 아무리 아파도 근육이나 경혈의 위치에 따라 누르기 힘든 곳이 있다. 이럴 때는 할인점이나 인터넷 쇼핑몰 등에서 판매하는 간단한 지압도구나 마사지 기구를 구매하여 사용하는 것도 한 방법이다. 아니면 집안에 있는 뭉툭한 막대기나 끝이 무딘 볼펜 등을 사용하여 손으로 누르기 어렵거나 작은 부위에 압력을 가하는 방법을 잘 고안해 보는 것도 좋다. 하지만 무리한 방법이나 날카로운 도구로 아픈 곳을 누르면 그 환부만이 아니라 다른 곳들까지 근육이 긴장해버려 좋은 효과를 얻기는커녕 또 다른 근육통마저 불러일으킬 수 있기 때문에 반드시 주의하자.

허리통증을 위한 지압방법

1. 손으로 누른다 : 손으로 지압을 할 때는 손톱 끝이 피부에 직각으로 서지 않도록 주의한다. 손톱이 아니라 손가락 바닥 면을 피부 위에 지그시 버튼 누르듯이 수직으로 누른다. 무리하게 눌러 손가락이 휘거나 관절에 통증이 올 경우, 너무 센 것이므로 체중을 이용하여 강약을 조절해 눌러준다.

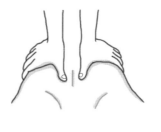

2. 손바닥으로 누른다 : 손바닥으로 누를 때는 손바닥의 뿌리부분이라고 할 수 있는 손바닥 아랫 부분(살이 가장 많은 부분)을 주로 이용한다. 지그시 누르며 팔꿈치를 펴고 체중을 이용해 힘을 가한다. 특히 큰 근육 부위나 넓은 부위를 누를 때 효과적이다. 무리하게 눌러 손목에 통증이 오거나 손바닥에 쥐가 날 정도라면 누르는 강도가 너무 센 것이므로 강약을 조절하도록 한다.

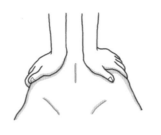

지압시 주의사항

1. 지압을 받을 때 환자의 몸이 푹 꺼지는 매트리스 바닥은 삼가해야 한다. 허리에 부담을 주거나 근육부위에 자극이 제대로 전달되기 어렵기 때문이다.

2. 누를 때는 피부표면에 대해 90도 각도로 힘을 가하는 것이 좋다. 허리에 지압을 할 때는 손가락 끝에 힘을 주는 것이 아니라, 손바닥에 체중을 실어 지그시 누르는 방법이 시술자의 피로와 부상을 막는다.

3. 지압은 세게 누른다고 효과가 더 좋은 것은 아니다. 기분이 좋을 정도의 적당한 강도가 가장 좋다.

4. 누르는 사람은 환자의 호흡에 맞춰 힘을 줬다 뺐다 해야 한다. 숨을 내쉴 때에 맞춰서 하나, 둘, 셋 지그시 힘을 주며 누르고, 숨을 마실 때에 맞춰 하나 둘, 셋 천천히 힘을 빼며 이완시킨다.

5. 한곳을 누를 때 1분을 넘기지 않도록 한다. 너무 오래 누르면 오히려 해당 부분의 증상을 악화시키거나 통증을 더 심하게 할 수도 있다.

6. 환자가 엎드려 있을 경우, 시술자의 몸이 비스듬하거나 옆에서 손만 이용해 누르면 제대로 힘이 가해지지 않아 효과가 떨어지고 시술자도 무척 힘이 든다. 두팔과 두손이 수직으로 체중을 실어 누를 수 있도록, 환자 몸 위나 옆에 최대한 밀착해 시술하는 것이 좋다.

7. 시술자는 누를 때 팔꿈치를 펴도록 한다. 팔꿈치가 굽혀지면 힘이 경혈이나 압통점에 제대로 전달되지 않는다.

8. 누르는 사람은 경혈이나 압통점의 위치에 맞춰서 자신의 몸도 이동시키면서 해야 바른 자세를 유지할 수 있다.

통증에 따른
지압법 익히기

1. 허리 위쪽이 아플 때

근육과 근막이 긴장되고 뭉쳐서 발생하는 허리통증일 때
는 비교적 허리 위쪽에서 통증이 나타난다. 주로 척추기
립근이 뭉치거나 무거운 짐을 들었을 때, 갑자기 힘을 쓴
후 근육통증으로 발생되는 허리통증일 때 이 부분에서
통증이 많이 나타난다. 이런 돌발성 요통은 반복되는 육
체노동이나 운동을 하는 경우나 피로가 누적되어 발생하
는 근육의 긴장과 뭉침, 혈액순환이 잘 되지 않는 경우,
허리근육 내의 산소결핍, 피로물질의 축적 등이 이어져
만성적인 통증이 지속된다.

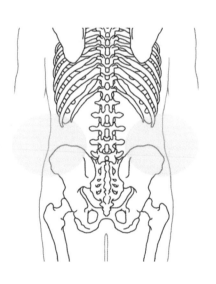

　또 스트레스성 요통이 있을 경우나 배속에 가스가 차 있는 복부팽만
감, 습관적으로 다리가 부었을 때나 하체비만이 심한 경우에는 허리
윗부분과 허리 양옆 바깥쪽에서 통증이 나타난다.

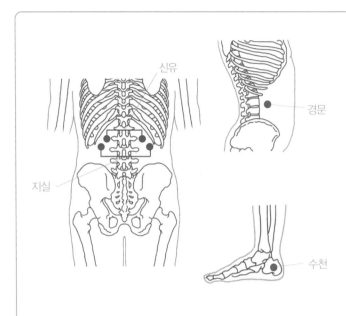

효과가 있는 경혈

1. 신유(腎兪) : 몸 앞면의 배꼽 높이지점을 따라 몸 뒷면 척추뼈 정중앙에서 좌우양쪽으로 3.5~4cm 위치한 곳을 지압한다.

2. 지실(志室) : 몸 앞면의 배꼽 높이지점을 따라 몸 뒷면 척추뼈 정중앙에서 좌우양쪽으로 약 6cm 위치한 곳을 지압한다.

3. 경문(京門) : 배 옆구리쪽, 12번째 갈비뼈 바로 아래 위치한 곳을 지압한다.

4. 수천(水泉) : 발꿈치 안쪽의 패인 곳으로 누르면 찌릿한 반응이 느껴지는 곳을 지압한다.

혼자서 할 때

1. 신유, 지실 : 앉아서니 시서도 실시할 수 있다. 배에 힘을 빼고 양손을 허리 뒤쪽으로 감싸 안으며 신유와 지실지점에 엄지를 대고 몸의 중심을 향해서 지그시 힘을 가하며 누른다. 이곳을 누를 때 통증의 느낌으로 스트레스 정도를 파악할 수 있다. 처음에는 약하게, 점점 힘을 세게 해주며 증가시킨다. 천천히 호흡에 맞춰서 숨을 마신 후 숨을 내쉬며 지그시 누르고, 다시 천천히 숨을 들이쉬며 힘을 뺀다.

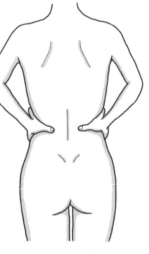

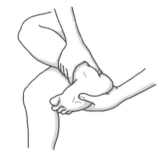

2. 수천 : 수천을 지압해주면 통증완화의 효과가 더 높다. 수천 위치에 엄지손가락을 대고 지그시 누른다. 호흡에 상관없이 지그시 누른 후 15~30초 후에 힘을 천천히 뺀다.

다른 사람이 해줄 때

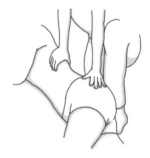

1. 신유, 지실 : 환자를 엎드리게 하고 누르는 사람은 자신의 체중으로 힘을 지그시 가하며 누르는 것이 좋다. 팔꿈치가 굽혀지지 않도록 주의! 지실의 조금 윗쪽부분에 12번째 갈비뼈가 있어, 이곳을 잘못해서 너무 세게 누르게 되면 골절이 되는 경우도 있으므로 조심해서 강약을 조절한다.

2. 경문 : 환자는 베개를 베고 옆으로 눕는다. 시술자는 한손으로 몸통을 고정시키고 지그시 체중을 가하며 지압한다.

2. 허리 뿌리쪽이 아플 때

척추관협착증이나 척추의 퇴행성 관절통의 경우, 비교적 허리 아래쪽에 통증이 나타난다. 척추뼈 양쪽, 좌우 사이에는 척제혈이 나란히 있어 눌러보면 압통감을 느낄 수 있다.

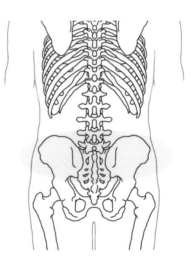

또 척추의 양쪽에 있는 경혈인 대양유, 관원유에도 압통감 혹은 묵직하고 뻐근한 느낌을 주는 위치가 있으므로, 이곳을 충분히 지압해준다. 척추뼈 정중앙(등뼈 위)에 압통점이 나타나는 일도 있는데, 이곳은 자극하지 않는 것이 좋다.

대양유는 복부 팽만감이 있거나 설사를 자주 할 때도 압통감이 느껴지는 일도 있다. 관원유를 눌러주면 생리시 허리통증에도 아주 효과적이다.

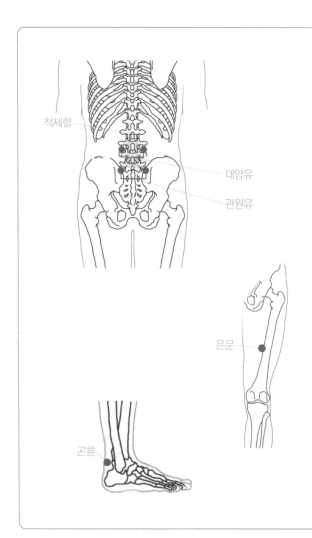

효과가 있는 경혈

척제혈(脊際穴) : 척추와 골반뼈가 만나는 지점(골반뼈의 장골능선 부분. 요추 4번과 5번 사이) 높이에서 척추뼈 정중앙 좌우 1~2cm 위치 요추 3, 4, 5번에서 천추 1번 위치를 위, 아래 순서대로 지그시 누른다.

대양유(大陽俞) : 척추뼈 정중앙에서 좌우 양쪽으로 3.5~4cm 위치에서 요추 1, 2, 3, 4번 위치를 위, 아래를 순서대로 지그시 누른다.

관원유(關元俞) : 요추 5번과 천장관절(척추뼈와 골반이 만나는 지점)의 사이에서 척추뼈 정중앙 좌우 양쪽으로 3.5~4cm 지점을 지그시 누른다.

은문(殷門) : 엉덩이 아래 주름과 무릎 뒤쪽의 주름의 정중앙, 허벅지 뒤쪽부분의 가운데 부분을 지그시 누른다.

곤륜(崑崙) : 바깥 발목뼈(복숭아뼈)와 아킬레스건의 사이를 눌러서 뻐근하거나 찌릿한 느낌이 있는 곳을 지그시 누른다.

혼자서 할 때

혼자 손으로 누르기 힘든 곳은 골프공을 이용하여 경혈과 압통점을
자극하는 것이 좋다.

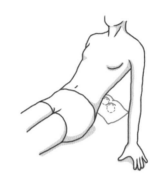

1. 척제혈, 대장유, 관원유 : 골프공을 2개 준비해서 그림과 같이 부
드러운 타올로 감싸놓는다. 공이 척추뼈 좌우 양쪽의 뭉친 근육부분
에 각각 닿도록 잘 움직여서 자신의 체중을 이용하여 지그시 누르
며 지압을 한다. 이 때 허리에서 골프공이 수직으로 눌리도록 한다.
눌리는 자극이 너무 강할 때는 타올을 몇 겹 더 대서 자극을 완화시
킨다.

2. 천천히 2, 3회 깊은 호흡을 하고 위치를 변화시켜 다시 한다. 단,
장시간 계속하면 통증이 심해질 수 있으므로 여러 부위를 돌아가며
1분 이상 누르지 않게 주의하며 실시하자.

다른 사람이 해줄 때

1. 대양유, 관원유 : 환자는 엎드리고 시술자는 자신의 체중으로 힘
을 가하는 것이 좋다. 팔꿈치가 굽혀지지 않도록 하고, 누르는 힘이
너무 강하지 않도록 주의한다.

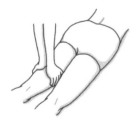

2. 은문 : 환자를 엎드리게 하고, 은문만이 아니라 손
바닥 아래 부분을 이용하여 허벅지 뒷부분을 전체적
으로 지그시 눌러준다.

3. 곤륜 : 곤륜은 허리나 등의 긴장을 완화시키는 경
혈이다. 아킬레스건을 엄지손가락과 둘째손가락으
로 부드럽게 잡듯이 눌러준다.

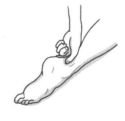

3. 천장관절이 아플 때

천장관절은 척추뼈와 골반뼈를 연결하는 관절로 몸을 좌우로 비틀거나 회전할 때 아프기 쉬운 곳이다. 골반내부의 내장기관(자궁이나 난소)의 이상에 의해서 생리시에 하복부 통증과 함께 천장관절부에 엉덩이 통증이 나타나는 일도 있다. 천장관절이 아프다고 하는 사람들의 대부분은 골반이 비틀어져 있거나 골반뼈 좌우높이가 달라져 다리길이에 차이가 생긴다.

한쪽 근육만 많이 사용하는 스포츠나 몸이 오른쪽이나 왼쪽으로 기울어진 상태로 일을 하는 사람이나 골프처럼 한쪽방향으로 회전을 많이 하는 사람들에게 통증이 쉽게 발생할 수 있다. 특히 좌골신경통 초기에도 이 위치에 통증이 자주 나타난다.

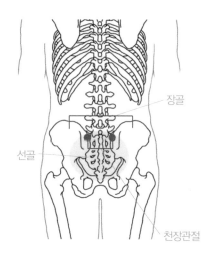

장골
선골
천장관절

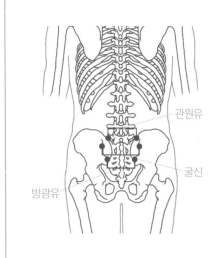

관원유
굴신
방광유

효과가 있는 경혈

1. 관원유 : 요추 5번과 골반뼈 사이. 척추뼈 정중앙에서 좌우 양쪽으로 3.5~4cm 지점을 지그시 눌러준다.

2. 굴신(屈伸) : 요즘 중국에서 새로 발견한 경혈로 좌우 골반뼈의 장골(Illium) 능선의 중앙에 위치하며 이곳을 지그시 눌러준다.

3. 방광유(膀胱俞) : 좌우 골반뼈 장골능선의 아랫부분, 엉덩이 꼬리뼈 윗부분 5cm 지점을 눌렀을 때 뻐근함이나 통증이 있는 위치를 지그시 눌러준다.

4. **양육천(陽陸泉)** : 무릎 바깥쪽 조금 아래, 종아리뼈 맨 위 튀어나온 곳의 바로 아래지점을 눌렀을 때 뻐근함이나 통증이 있는 위치를 지그시 눌러준다.

5. **임읍(臨泣)** : 발등에서 발가락 4번째와 5번째 뼈 사이를 따라 올라와 발등 중간부분을 눌렀을 때 뻐근함이나 통증이 있는 위치를 지그시 눌러준다.

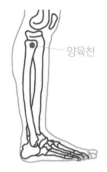

양육천

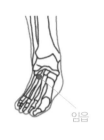

임읍

혼자서 할 때

1. **관원유, 굴신, 방광유** : 아픈 쪽의 허리를 윗 방향으로 위치하도록 옆으로 눕는다. 베개를 조금 높게 해 눈으로 볼 수 있도록 한다. 양쪽 무릎을 조금 굽혀 자세를 안정시킨 후, 경혈 위치를 엄지손가락으로 잡고 지그시 눌러준다. 허리통증이 심할 경우 관원유의 자극은 피하도록 한다.

2. **양육천** : 앉아서 한쪽 무릎을 세우고 엄지로 지그시 누른다.

다른 사람이 해줄 때

1. 관원유, 굴신, 방광유 : 환자는 혼자서 자극할 때처럼 옆으로 눕는 자세를
취하거나 엎드린다. 허리통증의 정도에 따라서 오랜 시간 엎드려 있으면 통증
이 더 심해질 수도 있으므로 옆으로 눕는 자세나 엎드린 자세를 교대로 바꿔
줘도 된다. 골반뼈의 장골능선을 따라 나타난 압통점 중 가장 아픈 곳을 따라
서 순서대로 지그시 눌러준다. 방광유 위, 아래에도 통증이 나타날 때, 방광염
일 경우가 있는데 이때 이곳을 지그시 눌러주면 증상이 완화된다.

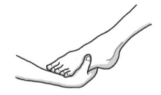

2. 양육천 : 환자는 위로 향하게 눕고 한쪽 다리
씩(또는 아픈 허리쪽의 다리를 먼저 실시) 누른
다. 왼쪽 다리라면 오른손의 엄지 손가락으로
지그시 누르도록 한다.

3. 임읍 : 환자는 위로 향하게 눕고 한쪽 발씩
(또는 아픈 허리쪽 발을) 지그시 누른다.

4. 허리 바깥쪽이 아플 때

허리통증의 빈도는 높지 않지만 돌발성 요통이 척추기립근(허리부분의
근육)이 아니라, 외복사근(복부 옆면)이나 요방형근(옆구리 안쪽)의 손상
으로 인해 일어났을 경우에는 허리의 바깥쪽 부분이 심하게 아프다.

급격하게 몸을 비틀거나 회전했을 때, 부자연스러운 자세에서 갑자
기 일어나려고 할 때, 오랜 시간 동안 허리를 숙였다가 갑자기 상체를
일으킬 때 나타난다. 또 평상시에 육체활동이나 스포츠나 운동을 즐기

지 않았던 사람이 갑자기 신체활동을 무리하게 하거나,
물체에 부딪쳐 타박상을 입었거나, 심하게 몸을 혹사시
켰을 때, 갑자기 무거운 물건을 들거나 옮긴 후 , 자고 일
어난 후나 며칠이 지나서 극심한 허리통증을 느끼는 경
우가 많다.

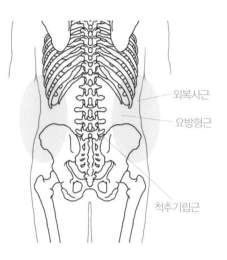

외복사근(복부 옆면)은 민감한 근육으로 직접 이 근육을
자극하는 것은 어려우므로, 척추뼈 사이의 경혈이나 외복
사근 부위 주변을 지그시 눌러주어 외복사근의 긴장을 완
화시킨다.

요방형근은 손으로 직접 누르기가 어려우므로 그 부분 바로 윗부분
의 압통점을 직접 자극하는 것이 효과가 좋다.

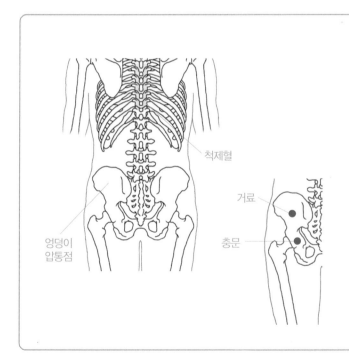

효과가 있는 경혈

1. 척제혈 : 척추와 양쪽 갈비뼈 6, 7, 8,
9, 10, 11번의 사이의 틈새 부분을 지그
시 눌러준다.

2. 엉덩이 부분의 압통점 : 좌우 엉덩이
부분을 눌러서 아픔이 느껴지는 곳을
지그시 눌러준다.

3. 거료 : 배꼽에서부터 손가락 4마디
아래의 높이로 유두에서 수직 아래방향
으로 내려온 선과 만나는 지점을 지그
시 눌러준다.

4. 충문 : 서혜부 중앙의 동맥과 맥박이
느껴지는 부분 사이를 지그시 눌러준다.

혼자서 할 때

1. 거료, 충문 : 하늘을 보고 누워 서혜부에 네손가락을 대고 둥글게 눌러준다.

2. 엉덩이 부분의 압통점 : 엉덩이 부분의 압통점은 옆으로 누워서 엄지로 지그시 누른다.

다른 사람이 해줄 때

1. 척제혈 : 환자는 엎드린 자세로 척제혈(흉추 6번~흉추 11번)을 지그시 눌러 자극하면 외복사근이 천천히 부드럽게 풀린다.

2. 거료 : 환자는 하늘 보고 누워 누르는 사람은 양손의 4손가락을 겹쳐서 경혈에 수직방향으로 지그시 누른다. 안쪽에서 바깥쪽 순서대로 반복해서 눌러준다.

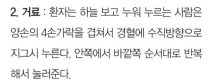

3. 엉덩이 부분의 압통점 : 환자는 엎드리고 엉덩이근육을 따라 압통이 나타나는 부분 3곳 정도를 정해 지그시 누른다. 손바닥 아랫부분을 이용해 눌러주는 것이 효과가 좋다.

5. 엉덩이(좌골)가 아플 때

엉덩이 통증의 대부분은 장시간 앉아서 하는 일하는 사람들에게 주로 나타난다. 천장관절 양쪽이나 대둔근(엉덩이근육)에 통증이 일어나므로, 주의 깊게 찾아내야 한다.

큰 근육이므로 힘을 주고 깊게 누르지 않으면 압통점을 발견하기 어려울 때도 있는데, 그럴 경우에도 아주 세게 힘을 주지 말고 천천히 힘을 가하도록 한다. 또 허리쪽이나 허벅지 뒤쪽에도 긴장이나 근육뭉침이 동시에 일어날 수 있으므로, 주의하며 실시한다.

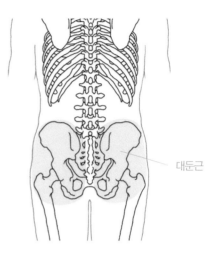

대둔근

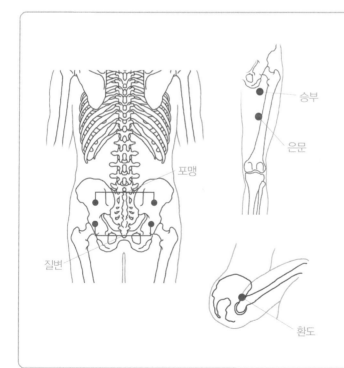

승부
은문
포맹
질변
환도

효과가 있는 경혈

1. 포맹 : 골반뼈 장골능선 중앙의 아래쪽에서, 손가락 두개 정도만큼 바깥쪽의 압통점을 지그시 누른다.

2. 질변 : 포맹 위치에서 손가락 1개만큼 아래의 압통점을 지그시 누른다.

3. 환도 : 허벅지를 구부려 엉덩이 관절을 굽혔을 때 생기는 옆쪽 주름에서 허벅지뼈 위쪽 머리부분을 지그시 누른다.

4. 승부 : 엉덩이 아랫주름 가운데 중앙부분을 지그시 눌러준다.

5. 은문 : 엉덩이의 둥근 주름과 무릎 뒤쪽주름의 정중앙부분, 허벅지 뒤쪽부분 가운데 부분을 지그시 눌러준다.

혼자서 할 때

1. 포맹, 질변, 환도 : 옆으로 누워 무릎을 조금 구부린 자세를 취하고 엄지 손가락으로 압통점을 찾아 지그시 눌러준다.

2. 승부, 은문 : 의자에 앉아 다리를 구부리고 올려 놓고 허벅지 뒤쪽 가운데 부분과 엉덩이주름과 무릎 뒤쪽주름의 정중앙 부분을 지그시 눌러준다.

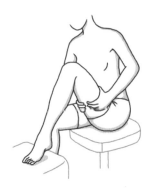

다른 사람이 해줄 때

1. 승부, 은문 : 환자는 엎드려 눕고 누르는 사람은 허벅지 뒷부분을 손바닥으로 지그시 눌러준다.

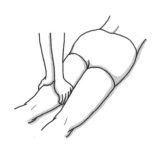

2. 포맹, 질변, 환도 : 환자는 엎드린 자세를 취하고, 누르는 사람은 팔꿈치를 펴고 엉덩이근육 부분을 몸의 중심을 향해 압통점을 찾아 지그시 눌러준다.

6. 돌발성 요통을 느낄 때

허리부분의 근육과 근막이 뭉치거나 손상을 받아 급성으로 통증이 발생하는 경우를 돌발성 요통이라고 한다. 이것은 허리관절의 염좌(삠), 혹은 척추기립근의 염좌가 대부분이다. 염좌된 부위는 아파서 손을 댈 수도 없다.

돌발성 요통이 생기면 우선 편안한 자세를 취하고 통증이 있는 부위를 누르거나 흔들지 말고, 그 부위에서 떨어져 있는 다른 경혈을 다스려 통증을 점차적으로 해소시켜 나가야 한다.

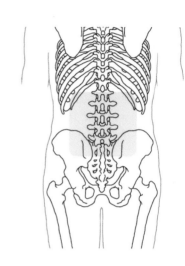

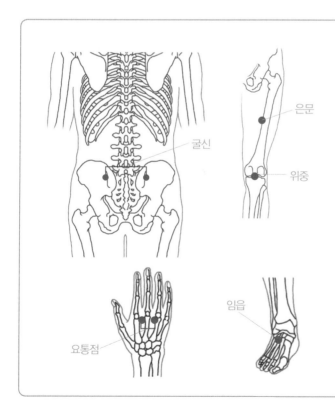

효과가 있는 경혈

1. 굴신(屈伸) : 중국에서 새로 발견한 경혈로 좌우 골반뼈의 장골능선의 중앙에 위치하며 이곳을 지그시 눌러준다.

2. 은문 : 엉덩이의 둥근 주름과 무릎 뒤쪽의 주름 사이 정중앙. 허벅지 뒤쪽 가운데 부분을 지그시 눌러준다.

3. 위중 : 무릎 뒤쪽의 주름 가운데 부분을 지그시 눌러준다.

4. 요통점 : 손등. 검지와 중지, 중지와 약지 사이를 문질러 통증이 있는 곳을 지그시 눌러준다.

5. 임읍(臨泣) : 발등. 약지와 소지(새끼 발가락) 사이를 손으로 눌러 통증이 있는 곳을 지그시 눌러준다.

혼자서 할 때

1. 요통점 : 돌발성 요통의 경우에는 움직이면 심한 통증이 일어나
므로 혼자서 경혈을 누르는 것은 곤란하다. 하지만 다른 사람의 도
움을 받기 어려울 때는 손등에 있는 요통점을 눌러준다. 손등. 검지
와 중지, 중지와 약지 사이를 문질러 통증이 있는 곳을 지그시 눌러
주면 조금씩 몸을 움직일 수 있게 된다.

다른 사람이 해줄 때

굴신, 은문, 위증 중에서 압통이 강한 경혈을 찾아내 반응이 있는 경혈은 모두 지압해준다. 천천히 호흡에 맞춰가며
자극해야 하고, 여러 혈을 한 번에 누를 때에는 통증부위에서 먼곳부터 순서대로 눌러줘야 한다.

1. 굴신 : 환자는 편안하게 엎드린다. 좌우 골반뼈의 장
골능선의 중앙에 위치하며 이곳을 지그시 눌러 척추
기립근의 긴장을 풀어준다.

2. 은문 : 환자는 엎드리고 시술자는 엉덩이의 둥근 주
름과 무릎 뒤쪽의 주름 사이 정중앙. 허벅지 뒤쪽 가운
데 부분을 지그시 눌러준다. 이 경혈은 등의 근육을 부
드럽게 이완시켜 통증을 줄여주며 무릎, 발목 아래에
타올이나 쿠션을 대면 환자가 더 편하게 시술을 받을
수 있다.

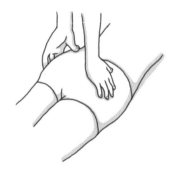

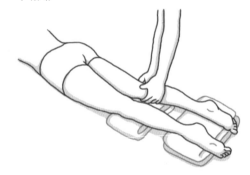

급성 허리통증에
효과적인 마사지

04

체계적인 의학적 치료가 없었던 아주 오랜 옛날부터 사람은 통증이나 저림, 마비증상이 있으면 그 부위를 누르고, 쓰다듬고, 비벼주고 주무르는 것을 본능적으로 행해 왔다. 그리고 수많은 경험과 의학발달에 따라 연구, 체계화 되어 '마사지' 라는 치료적 의료기술로 발전하게 되었다. 마사지는 적용방법에 따라 신경과 근육을 활성화시키거나 반대로 근육과 신경 및 통증을 진정시키는 작용으로 나뉘어진다. 신경과 근육을 활성화시키기 위해선 약한 강도로 부드럽게 시술을 하고, 신경과 근육을 안정시키는 효과를 얻으려면 조금 강한 자극으로 시술을 한다. 단, 강한 자극이라고 해도 아픔을 느낄 정도로 강하면 안 된다.

마사지가 근육이나 관절에 미치는 주요작용은 다음과 같다. 근육에 주는 효과는 1) 혈액이나 림프의 흐름을 좋게 한다. 2) 노폐물과 피로물질을 없애 새로운 혈액의 흐름을 만들어준다. 3) 근육 안에 신진대사를 증가시켜 근육의 영양상태를 좋게 만들어 준다… 등이다. 그래서 마사지를 하면 근육은 수축력과 저항력이 생겨 피로를 회복하고 통증을 완화시킨다.

관절에 주는 효과는 1) 관절 내부의 혈액순환과 기능을 좋게 한다. 2) 관절 내부의 신진대사를 활발하게 만든다. 3) 활액(관절의 윤활제)의 분비를 촉진시킨다… 등이 있다. 효과가 더 높아지도록 샤워나 목욕 후에 실시하면 가장 좋다.

마사지시 주의사항!!

아래의 상태일 때는 절대 지압이나 마사지를 해서는 안 된다.

1. 손상부위가 붓거나 빨갛게 부풀어 오르거나, 열이 생겼을 경우
2. 손상부위에 피가 나와있을 경우
3. 타박상, 염좌, 골절의 초기상태
4. 통증을 느끼는 정도가 심할 경우

상황별 마사지를 익히자

마사지는 지압보다 더 익히기 쉬우므로 잘 배워서 요긴하게 이용해보자. 마사지의 기본기술은 경찰법(Effleurage, Stroking)과 유찰법(Petrissage)이 있다. 경찰법은 팔, 다리를 문지를 때 심장에서 먼 곳에서 시작해 가까운 곳을 향해 하는 것이다.

손상부위나 대상이 되는 근육의 피부표면을 쓰다듬고 비비는 방법인 경찰법은 손바닥을 완전하게 밀착시켜 적당히 압력을 가하며 누르

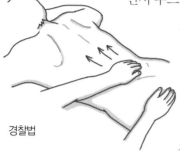

경찰법

면서 부드럽게 한다.

유찰법은 손을 피부에 대고 작은 힘으로 대상이 되는 근육을 부드럽게 쥐듯이 주무른다. 주무르는 방법은 보통 근육섬유에 평행하게 실시하는데, 경우에 따라서는 직각으로 실시하는 경우도 있다.

유찰법은 강한 유찰법과 압박 유찰법으로 나뉘는데 강한 유찰법은 손가락으로 피부와 근육조직을 집어들어 올리면서 지속적인 압박을 가하는 동작으로 원을 그리듯이 시술을 한다.

압박 유찰법은 피부를 집어서 하는 방법이 아니고 일종의 마찰법을 이용해 피부와 근육부위에 원을 그리거나 부드럽게 쓸어주는 동작이다. 유찰법은 혈관과 림프의 흐름을 촉진시키고, 근육이나 혈관 내의 노폐물을 제거하고 순환을 개선해준다. 또한 근육과 인대, 힘줄의 탄력성을 높이고 마비나 근육경련에 효과가 좋다.

마사지 방법은 이외에도 다양한 손놀림이 있지만, 기본적인 것 2가지만으로도 충분히 도움을 받을 수 있을 것이다.

마사지를 시작할 때는 가볍게 쓰다듬는 경찰법으로 시작을 한다. 마사지를 시작하는 부위의 뭉치는 현상을 완화시키고 정돈시켜 혈관을 확장시키고 혈액이나 림프의 흐름을 촉진시켜 신진대사나 피부호흡을 활발하게 하기 위함이다. 경찰법으로 시작하는 것과 그냥 바로 유찰법으로 마사지를 시작한 것과는 그 효과에서 특별한 차이가 없다고 알려져 있다.

유찰법

허리와 등을 함께 풀어줘야 한다

허리는 그 근육의 위치, 신경이나 혈관이 지나는 통로를 생각하면 스스로 마사지를 하는 것이 곤란한 부위다. 눈으로 해당 근육이 보인다고 해도 어깨나 옆구리 등의 몸 여기저기에 힘이 들어가게 되어 마사지의 목적을 다 이루지 못하고 효과가 기대만큼 나오기도 어렵기 때문이다. 통증부위에 손바닥을 대고 가볍게 쓰다듬는 정도라면 혼자서도 가능하겠지만 안전하고 효과적인 마사지를 실시하기 위해서는 안심할 수 있는 사람에게 도움을 청하는 것이 최선이다.

허리통증을 풀기 위한 마사지를 하려면 아픈 부위인 허리만이 아니라, 등이나 다리의 근육까지 부드럽게 마사지를 가하면 더 효과가 커진다. 허리의 근육은 크고 넓은 부분이기 때문에 통증이 한곳에 집중되어 있어도 주변의 면 부위에도 통증이나 뭉치는 영향을 미치고 있는 경우가 많다. 그렇기 때문에 등의 넓고 큰 주변근육들을 함께 풀어주면 손상부위와 동시에 통증이 가벼워진다.

⊕ 허리통승 마사지는 샤워나 목욕 후에 하는 것이 가장 좋다.

1. 등, 허리 통증 마사지

처음에 경찰법을 실시하면서 손바닥으로 지그시 밀면서 아래에서 위로 밀어올리듯이 부드럽게 마사지를 한 후, 손바닥이나 겹친 네 손가락을 사용해서 부드럽게 원을 그리며 풀어준다. 증상에 따라

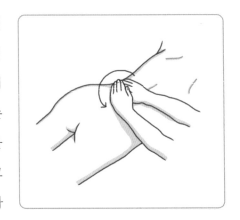

통증부위에 대한 시술시간을 늘려간다. 등의 근육은 크고 넓어서 주로 손바닥을 사용하거나 척추뼈 양쪽 사이의 지압법을 병행하는 것도 효과가 좋다.

손가락끝 4개를 겹쳐 원을 그리듯이 부드럽게 마사지한다. 허리 마사지는 될 수 있는 한 샤워나 목욕 후에 실시하는 것이 좋다.

2. 무릎 통증에도 효과적인 마사지

허리통증을 완화시키기 위해서는 아픈 부위만이 아니라 등이나 다리 근육의 마사지를 병행하는 것이 더 효과적이라고 위에서 말했듯이 특히, 다리의 뒤쪽 부분의 마사지는 허리통증 해소를 도와주거나 허리 아래쪽 혈액순환이 원활하지 않아 발생하는 무릎통증에도 효과를 발휘한다. 허리근육의 불균형이 척추뼈의 틀어짐을 낳는 무릎 통증에는 효과가 좋으므로 꼭 한번 시도해보자.

마사지는 다리 전체가 이완된 상태에서 실시하는 것이 좋다. 무릎에 통증이 있는 경우에 엎드려서 실시하면 강한 압력이 가해졌을 때, 무릎이 바닥에 닿아 아플 때도 있으므로 주의한다. 그럴 때는 허리나 무릎 밑에 베개나 타올 등을 깔고 하면 통증을 예방할 수 있다.

마사지는 심장에서 먼 곳부터 시작해 심장쪽 방향으로 실시하는데, 피로나 근육의 뭉침현상으로 정체된 혈액이나 림프를 심장으로 되돌려주어 혈액순환의 개선효과로 통증도 완화시키며 몸도 개운하게 해준다.

다음으로 엄지 손가락 또는 손바닥 아랫부분으로 부드럽게 원을 그리며 마사지를 실시해 나간다. 아킬레스건 부위는 꽉 쥐지 않도록 주

⊕ 신경과 근육의 활성화를 위해서는 약한 강도, 안정시키는 효과를 얻으려면 조금 강한 자극으로 마사지한다.

⊕ 다리 뒤쪽 마사지는 허리통
증에도 도움을 준다.

의하면서 부드럽게 살짝 쥐었다 풀어주면서 이완시켜준다.

　다리의 뒤쪽은 결림이나 뭉침현상이 잘 나타나는 부위이므로 신경
써서 풀어준다. 손가락이 피부의 표면만 미끄러지면서 마사지 하지 않
도록 근육을 부드럽게 잡았다 풀듯이 해줘야 한다.

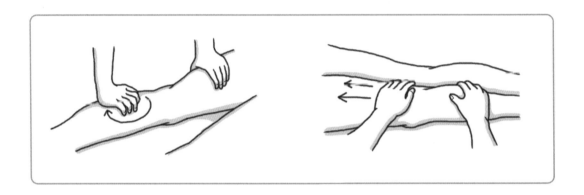

허리통증에
효과적인 가정용법들

1. 냉각요법

옛부터 인체에 냉(冷)자극과 온(溫)자극을 이용해 통증을 다스리는 것을 '온열요법'이라고 한다. 몸에 열을 가하거나 억제하는 것에 따라 혈액순환개선, 소염효과, 진통효과, 신진대사촉진 등의 생체반응을 일으키는 것이 목적으로 의료현장에서도 근육통증과 관절통증에는 온열요법이 이용되고 있으며, 물리치료 기기도 많이 개발되어 있다.

온냉의 기준은 건강한 사람의 체온(36.5~37도)보다 높으면 온(溫), 낮으면 냉(冷)으로 구분한다. 체온과 비교해 온도차이가 클수록 효과에 대한 자극이 강하다.

냉자극은 급성통증에 진통과 소염효과가 있어 응급처치 상황에 주로 사용한다. 진통효과는 통증을 완화시키는 효과를 말하며, 소염효과는 염증을 줄여주고 염증의 확산을 막아주는 효과를 말하는데, 돌발성 요통이 일어난 직후에서 24시간 동안은 냉자극을 실시한다. 이 경우 아픈 부위를 직접, 간접적으로 차갑게 만든다.

스포츠 현장에서도 선수가 부상을 당하면 담당 트레이너가 뛰어나와 손상부위를 차갑게 해준다. 이것은 차가운 냉자극에 의해 마취효과와 함께 부종과 염증을 줄여줘 경기를 계속할 수 있게 해주는 것이다.

또 투구를 끝낸 투수가 팔에 얼음주머니를 대고 냉찜질을 하는 것도 빠른 투구로 근육을 혹사시켜 만약에 일어날 수 있는 손상과 염증을 예방시키고, 혹은 이미 일어난 염증을 확대시키지 않기 위한 일송의 응급처치다. 이렇게 해두면 그 후에 손상회복이 빨라지기 때문이다.

차갑게 할 때 적정한 온도는 0도씨 정도로 얼음을 직접 환부에 대면 동상을 일으킬 수 있기 때문에 부드러운 천이나 수건에 싼 비닐 얼음주머니에 얼음과 물을 넣어서 얼음이 반쯤 녹을 정도가 가장 좋은 온도다. 단, 손상부위에 직접 가하는 냉자극은 응급처치를 목적으로 하는 것으로 완전한 치료가 될 순 없다.

통증이나 염증이 어느 정도 가라앉았을 때 온자극처럼 혈액순환을 촉진시키는 자극을 주어 손상부위에 빠르게 영양과 산소를 공급해줘야 손상부위의 회복력을 높이고 치료기간을 단축시킬 수가 있다.

⊕ 냉자극은 급성통증의 진통과 소염효과가 있다.

얼음주머니 만들기

시판되는 얼음주머니가 없으면 두꺼운 비닐주머니에 얼음과 물을 넣어 입구를 확실하게 묶는다. 손상부위 면적에 맞춘 크기로 얼음 주머니를 만들자. 얼음주머니를 고정시킬 목적일 때는 얼음주머니를 가로로 묶어 붕대나 타올 등으로 감싸 고정시키는 것이 좋다.

2. 온열요법

급성통증을 지나 증상이 만성화된 통증에는 온열자극을 가해 손상부위의 영양상태를 좋게 만들어야 한다. 온자극의 효과는 근육과 신경을 부드럽게 이완시키고 손상부위에 혈액공급을 늘려주어 산소와 영양공급을 원활하게 해주는 것으로, 만성통증을 완화시켜주고 회복기간을 단축시키는 장점이 있으며, 특히 허리강화 운동 전후에 실시하면 근육통증을 완화시켜 운동 후 회복을 좋게 해준다.

가정에서도 간단하게 할 수 있는 효과적인 온자극은 핫(Hot)타올이 있다. 물에 적신 타올에 물을 짜내고 비닐주머니에 넣어 전자레인지에 30초~1분간 살짝 돌려 따뜻하게 만든다. (약 60~80도씨)

이것을 핸드타올 등에 싸서 타올의 두께에 따라 온도조절을 하면서 15~20분 정도 손상부위에 대준다. 그후 손으로 지압이나 마사지를 해주면 더 효과적이다. 단, 따뜻하게 해서 오히려 통증이 심해질 때는 즉시 중지해야 한다.

무릎이나 다리근육을 따뜻하게 하고 싶을 때 드라이기를 이용하면 비교적 쉽고 편한 자세로 손상부위를 따뜻하게 할 수 있다. 뜨겁지 않을 정도의 거리에 드라이기를 대고 움직이면서 피부에 열풍을 전달해

핫 타올 만드는 법

물에 담궜던 타올을 너무 꽉 짜지 않는 것이 포인트. 타올을 넣어둔 비닐봉지의 입구는 열어둔 채 전자레인지에 돌려준다. 전자레인지에서 뺄 때는 뜨거울 수 있으므로 화상에 주의한다.

간다.

핫타올이나 드라이기 이용법 외에도 손쉽게 할 수 있는 온열요법으로는 반신욕이 있는데, 반신욕은 피부가 아니라 몸속부터 뜨겁게 만드는 효과가 있다. 이렇게 되면 근육과 신경을 동시에 이완시켜 주고, 혈액순환도 좋게 해줘 통증을 줄이고 회복시간을 단축시키는 효과가 있다. 반신욕은 뜨거운 물이 든 욕조에 몸의 하반신만 담그고 앉아있는 것으로, 특히 만성요통에 효과적이다.

약간 따뜻한 정도의 물에 장시간 있는 깃과 약산 뜨거운 정도의 물에 단시간 앉아있는 방법이 있는데, 전자가 심장에 부담이 적게 가고 안전하며 정신안정 효과도 얻을 수 있다. 음악을 듣거나 편안한 자세로 즐겁게 입욕을 즐겨보자.

⊕ 다른 온열요법으로는 몸속부터 뜨겁게 만드는 반신욕과 핫타올, 드라이기 이용법이 있다.

3. 습포제 이용하기

현재 시판되고 있는 습포제(파스류)는 고춧가루 엑기스 등이 들어있는 열(熱)감형 습포제와 멘톨(Menthol)을 넣은 냉(冷)감형 습포제로 나뉜다. 붙인 느낌은 '열(熱)'과 '냉(冷)'으로 구분되지만, 둘다 혈액순환 촉진과 산소와 영양공급을 목적으로 한 것이다.

단, 열감형은 상처가 난 직후나 염증이 있는 경우에는 통증이 더 심해지거나 피부가 약한 사람은 피부발진을 일으킬 수 있으므로 주의하는 것이 좋다. 만성화된 통증의 경우에는 사용감이 좋은 쪽을 골라 쓰면 된다.

온습포제와 냉습포제를 번갈아 이용해 좋은 효과를 얻는 방법도 있다. 가령 오른쪽 허리에 통증이 있다고 가정해보자.

아픈 부위에 가로세로 5cm로 잘라낸 냉습포제를 붙인다. 그런 다음 등허리를 좌우로 나누는 척추를 기준으로 아픈 부위의 정확히 대칭된 반대쪽에 온습포제를 붙인다.

이 치료법은 자극의 정도차이를 이용해 좌우의 밸런스를 취하게 만드는 것으로 물리치료의 냉온 교대치료(Contrast Therapy)를 활용한 방법으로 차가운 곳과 따뜻한 곳을 차이를 두는 물질의 대류현상을 활용한 방법이다. 혈액순환을 좋게 만들어 뭉친근육은 이완시키고, 늘어진 약한 근육은 강화시켜주는 방법이다. 가정에서 간단하게 할 수 있으므로 적극 추천한다.

습포제 비법

아픈 부위에 냉습포제를 붙이고 그 반대쪽에 온습포제를 붙이는 것이 기본. 그대로 붙이는 것보다 사방 5cm 정도의 크기로 잘라서 붙이는 것이 더 효과가 높다.

1. 허리통증일 때 : 척추를 기준으로 정확히 대칭점에 붙인다.

2. 허리와 무릎통증이 동시에 있을 때 : 오른쪽 무릎의 안쪽 부위가 아플 경우에는 아픈 곳에 냉습포제를 붙이고, 왼쪽무릎 안쪽에 온습포제를 붙인다. 혹은 왼쪽 무릎이 아니라 아픈 무릎의 바깥쪽에 붙이는 것이 효과가 높을 때도 있다.

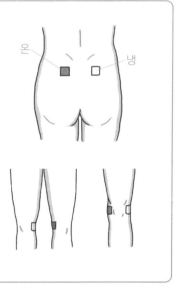

온   냉

4. 테이핑 요법 익히기

근육의 신축성과 유사한 기능을 가진 치료용 테이프를 통증이 있는 부위나 뭉친 근육 위에 붙혀 피부와 근육의 공간을 늘려 혈액과 림프액, 관절 윤활액의 순환을 증가시켜 통증을 완화시키는 테이핑 요법은 특히 급성, 만성 허리통증 환자들에게 효과가 좋다.

이 테이프는 피부와 유사한 신축성이 있으며, 테이프 표면을 피부에 잘 고정시켜주는 접착제만 있을 뿐 약품이 첨가되어 있지 않아 약물의 부작용이 없으며, 파스와의 차이점은 파스보나 신축성이 좋아 수축력이 떨어진 근육의 기능을 도와주고, 뭉치거나 경직된 피부를 늘려줌으로써 마사지를 받는 것과 똑같은 효과를 얻을 수 있다는 점이다.

일반적으로 테이프를 붙이고 48시간 후에는 단순한 통증완화 뿐 아니라 근막의 틀어짐을 바로잡고, 손상된 근육의 회복과 재생을 도와주는 효과를 낸다.

또한 스포츠선수들처럼 운동을 해야 하지만 통증과 근육의 수축력이 떨어져 운동동작이 어려울 때 테이핑을 붙이면 기능이 떨어진 근육의 역할을 테이프의 신축력이 보조를 해줘 어느 정도의 운동과 움직임이 가능해진다. 물리치료나 재활치료 때 테이핑 요법을 병행하면 치료기간을 단축시킬 수 있다.

1. 허리를 굽힐 때 통증이 있는 경우 : 폭 5cm, 길이 30cm 정도의 테이프를 2개 준비하여 배꼽 양옆에 서로 대칭하게 붙여준다.

2. 허리를 펼 때 통증이 있는 경우 : 폭 5cm, 길이 30cm 1개, 폭 5cm 길이 25cm 1개를 준비하고 긴 테이프는 절반 정도 가운데를 가위로 자르고 꼬리뼈 부근에 테이프를 붙이고 척추기립근 양옆을 따라 위로 붙인다. 아랫부분에 가로로 25cm 테이프를 덧붙여 고정시킨다.

3. 급성 허리통증이 있는 경우 : 허리를 삐어서 꼼짝할 수 없을 때에는 척추기립근을 따라 두 갈래로 테이프를 붙이고 요추 4, 5번을 가로로 보강 테이프를 붙여 마무리를 해준다. 양옆 등 바깥쪽에 각각 아래에서 위로 테이프를 보강해서 붙여준다.

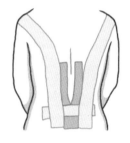

4. 몸통과 허리를 회전할 때 통증이 있는 경우 : 폭 5cm, 길이 30cm 테이프를 2개 준비하여 배꼽 아래에서 시작해 옆구리 갈비뼈를 향하여 각각 붙인다.

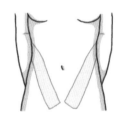

5. 허리 디스크로 인해 통증이 있을 때 : 길이 25cm, 폭 5cm 테이프를 3개를 자르고, 1개는 정중앙을 가로지르게 붙이고, 나머지는 X자 형태로 통증이 있는 부위에 정확히 대칭을 그리며 붙인다.

6. 좌골신경통과 허리통증이 동시에 있
을 때 : 길이 30cm, 폭 5cm 테이프를 2
개 준비해, 각각 끝부분 5cm를 남기고
가위로 가운데를 잘라준다. 엉덩이 아
래 주름 바로 윗부분에서 두 갈래로 나
누어 통증부위를 감싸듯이 위로 붙인다. 나머지 1개는 엉덩이 가운데
맨위 꼬리뼈 부분에서 바깥쪽으로 두 갈래로 벌려 붙여준다.

테이핑 요법시 주의할 사항

1. 테이프는 근육의 시작과 끝을 찾아 근육의 결을 따라 붙이는 것이 원칙. 근육의 길이는 성별과 나이에 따라 다르기 때문에 자기 근육의 길이에 맞춰 테이프를 적당하게 잘라 사용해야 효과가 좋다.

2. 테이프에 붙은 겉종이를 미리 벗겨낸 후 붙이려고 하면 서로 달라붙을 수 있으므로 테이프를 피부에 붙여가며 겉종이를 벗겨내는 것이 좋다.

3. 손상된 부위의 근육을 최대한 늘린(이완) 상태에서, 테이프를 붙여야 테이프의 신축력을 높일 수가 있다. 예를 들어 허리통증이 심한 경우 허리를 앞으로 숙인 자세에서 등에 테이프를 붙인다.

4. 테이프를 붙이는 부위의 피부상태가 깨끗해야 한다. 선천적으로 피부가 약하고 민감한 사람의 경우는 하루 24시간을 넘기지 않고, 하루 걸러 붙이는 것이 접착제로 인한 피부발진과 피부손상을 예방할 수 있다.

5. 테이프는 2~3일에 한 번씩 갈아준다. 테이프를 붙인 채 목욕을 해도 상관없지만 목욕 후에는 드라이기로 테이핑한 부위를 잘 말려줘야 한다.

6. 심한 운동을 해야 할 때 운동 전에 테이프를 미리 붙이면 근육의 부상을 예방할 수 있다. 만성적인 허리통증 환자는 허리에 테이프를 붙인 상태에서 운동을 하면 통증 완화효과가 더 좋다.

5. 뜸 사용하기

뜸은 옛부터 전해져 내려오는 온열요법 중 가장 쉽고 간편하게 실시할 수 있는 통증완화 방법이다. 말린 약초들이나 쑥을 혈자리에 놓아주면 뜸의 열기가 몸 안에 흘러들어 아픈 곳을 치료하고 통증을 완화하는 원리다.

뜸을 뜨면 혈액 내에 백혈구 수치가 증가해 면역기능이 강화되고 또 혈액순환을 좋게 하여 아픈 곳에 영양과 산소공급을 원활히 하여 자연 치유기능을 높인다.

하지만 뜸을 피부 위에 직접 시술하면 화상의 위험이 있어 주의하는 것이 좋으며, 현재 시판되는 간편한 뜸 제품을 사용하길 권한다.

아픈 곳의 경혈점이나 아픈 부위 위에 뜸을 올려놓아 여러 번 반복해서 실시하면 통증이 빠르게 완화되어 만성통증 환자에게는 좋지만, 피부 위에 상처가 있거나 피부가 예민하거나 얇은 경우, 화상의 위험과 피부손상을 입을 수 있으므로 주의하는 것이 좋다.

또 돌발성 요통과 같은 급성통증은 손상 부위에 뜸을 뜨게 되면 손상 부위의 출혈이나 부종이 발생할 수 있으므로 급성통증에는 실시하지 않도록 한다. 급성통증에는 뜸보다는 냉찜질이 더 효과적이다.

⊕ 뜸은 급성통증에는 위험하므로 실시하지 말자!

허리통증 환자들을 위한
건강한 성생활법은?

허리통증이 있을 때 부부간의 성생활은 어떻게 해야 할까? 허리를 위해 무조건 안 하는 것이 건강에 도움이 될까?

신체적 측면에서 보면 부부가 사랑을 나눌 때의 몸짓은 몸의 구석구석 작은 근육과 관절 하나하나 모두 사용하게 된다. 이를 통해 부드럽고 때론 강한 동작을 통해 자신의 감정을 표현할 수 있는데, 이때 근육과 신경은 부드럽게 활성화 되고 또 안정되는 양상을 띤다.

인간의 사랑의 행위는 따로 배운 것도 아니고 인위적이지도 않은 가장 자연스러운 동작이다. 허리를 중심으로 두사람이 하나가 되어 부드러운 움직임으로 온몸의 근육과 특히 엉덩이와 허리, 복부의 근육을 사용하기 때문에 각 기능이 더욱 향상된다.

미국의 킨제이 성연구소에 따르면 규칙적인 성생활을 하면 신체의 근육과 기능이 단련된다는 연구결과에서도 나와 있듯이 전신의 근육과 신경을 모두 사용할 수 있는 좋은 운동이다.

사랑을 나눌 때는 상체와 하체를 연결시켜 주는 허리의 움직임이 가장 중요하다. 물론 허리통증이 심한 경우라면 상대방이 상위체위를 함으로써 허리에 부담을 주지 않는 것이 좋다.

사랑을 나눌 때 우리 몸에서는 최고의 천연 몰핀(통증을 줄이고 느끼지 못하게 하는 약물)인 '베타 엔돌핀'의 분비량이 최고조에 달해 각종 통증을 완화시킨다.

평상시 허리통증으로 인해 날카로워져 있는 신경계통을 안정화시킬 수 있으며, 감정적으로 불안하고 예민한 상태를 한층 부드럽고 편안하게 해 통증을 느끼는 정도가 낮아진다.

사랑을 나눌 때는 호르몬 분비량이 평상시보다 최고 10배 이상 증가되는데, 이때 엔돌핀 뿐만 아니라 스스로 몸을 치유하는 '성장 호르몬' 또한 늘어나 허리부분의 염증이나 손상 부위를 빠르게 회복시킬 수 있다.

이로 인해 체내의 신진대사뿐만 아니라 세포를 활성화 시켜 통증을 극복하려는 면역기능도 강화된다.

기능적인 측면에서는 자신이 어느 자세, 어느 움직임에서 통증을 느끼는지 스스로 알게 되어 그 동작을 제외한 다른 자세나 움직임을 통해 통증으로 약해진 부위를 강화시킬 수 있고, 긴장된 심리상태가 아닌 안정된 상태에서 움직이기 때문에 허리를 간접적으로 강화시킬 수가 있는 것이다.

사랑을 나누는 행위야 말로 최고의 유산소운동과 근력운동, 유연성운동을 동시에 하는 것과 같아 어쩌면 최고의 운동법이라고도 할 수 있다. 사랑을 나누면 심장 박동수가 빨라지며, 근육에 혈액을 공급시켜 혈액순환이 증가되고, 모든 관절과 근육을 사용해 근력운동의 효과가 있으며, 부드럽고 유연한 동작을 통해 유연성 또한 증가시킬 수가 있기 때문이다.

부부관계와 사랑을 나누는 횟수가 규칙적이고 안정적일수록 두 사람의 호르몬 균형과 신체의 기능이 안정적이라는 조사결과도 있듯이, 통증을 느끼는 사람들의 가장 큰 문제인 예민하고 신경질적인 문제도 상당부분 완화시켜 줄 수 있으므로, 어쩌면 통증을 예방하고 치료하는 측면에서도 적당히 필요한 처방이라고 할 수 있다.

감수자 _ 재활의학 박사 김명신
이화여대 의과대학 졸업 후, 일본 게이오 대학병원 재활의학과 전임 의사,
미국 뉴저지 대학병원 통증 클리닉 전임 의사를 거쳤고, 일본 도쿄 노인병원 내분비내과,
GENOME PROJECT 수석 연구원, 대한 재활의학회 정회원, 일본 재활의학회 정회원,
유럽 노화방지학회 정회원, 일본 내분비학회 정회원으로 활동하고 있다.
현재, 세계 각국의 왕족과 CEO, VIP들의 노화예방과 건강한 아름다움을 가꿔주기로 유명한
'라 끄리닉 드 빠리(La Clinique De Paris, 신라호텔)'의 원장이다. 저서로 『10년 젊은 몸 만들기』가 있다.

**4주간의
운동치료**
허리통증

초판 1쇄 발행	2009년 1월 20일
초판 12쇄 발행	2018년 9월 10일
지은이	한동길
펴낸이	염현숙
편집인	김옥영
모델	남정우 이주영
일러스트	이정욱
표지사진	민영주(Studio Aye)
본문 디자인	김은희 유성미 정연화 이현정
마케팅	정민호 이숙재 정현빈 김도윤 안남영
홍보	김희숙 김상만 이천희
제작	강신은 김동욱 임현식
제작처	한영문화사
임프린트	아우름
펴낸곳	(주)문학동네
출판등록	1993년 10월 22일 제406-2003-000045호
주소	10881 경기도 파주시 회동길 210
전자우편	editor@munhak.com | 대표전화 031-955-8888 | 팩스 031-955-8855
문의전화	031-955-3561(편집부) 031-955-3578(마케팅)
문학동네카페	http://cafe.naver.com/mhdn | 트위터@munhakdongne
북클럽문학동네	http://bookclubmunhak.com

ISBN 978-89-546-0748-3 04690
ISBN 978-89-546-0747-6 04690(세트)

허리 신경통

좌골신경통 · 만성 신경통

2

3

4

5
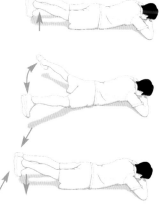

6
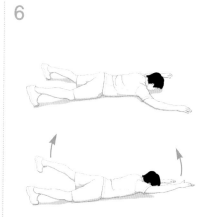

7
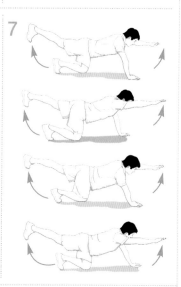

8

9

10

아우름